"十三五"职业教育规划教材

DIANQI KONGZHI YU PLC

电气控制与PLC

主　编　刘　刚　王荣华

副主编　温玉春　王景学

参　编　蔚　刚　陈启渊　武俊彪

　　　　韩晓雷　王晓奇

主　审　刘敏丽

中国电力出版社
CHINA ELECTRIC POWER PRESS

内 容 提 要

　　本书从实际工程应用和便于教学出发，以实际项目案例引入，主要介绍了电气控制与 PLC 目前应用较多的新型低压电器及 PLC 的高级应用。

　　全书内容共分为 10 个项目，前 6 个项目为电气控制部分，主要介绍了电气控制系统图的绘制和相关理论知识，常用低压电器的结构、工作原理和符号等，典型电气控制线路的组成、原理及安装调试。后 4 个项目为 PLC 应用部分，详细介绍了 S7-200 PLC 的结构组成、工作原理、内部元器件，同时针对应用讲解了编程软件 STEP7-Micro/WIN32 的使用基本指令、顺序控制指令以及功能指令的使用，并通过应用案例讲解了 PLC 程序设计的方法和技能。

　　本书可作为高职高专院校、职工大学机电类专业的教材，也可供工程技术人员参考。

图书在版编目（CIP）数据

电气控制与 PLC/刘刚，王荣华主编．—北京：中国电力出版社，2017.8

"十三五"职业教育规划教材

ISBN 978-7-5198-0747-4

Ⅰ.①电…　Ⅱ.①刘…　②王…　Ⅲ.①电气控制—高等职业教育—教材　②PLC 技术—高等职业教育—教材　Ⅳ.①TM571.2　②TM571.6

中国版本图书馆 CIP 数据核字（2017）第 140550 号

出版发行：中国电力出版社

地　　　址：北京市东城区北京站西街 19 号（邮政编码 100005）

网　　　址：http：//www.cepp.sgcc.com.cn

责任编辑：霍文婵（010—63412545）

责任校对：常燕昆

装帧设计：赵姗姗

责任印制：吴　迪

印　　　刷：北京天宇星印刷厂

版　　　次：2017 年 8 月第一版

印　　　次：2017 年 8 月北京第一次印刷

开　　　本：787 毫米×1092 毫米　16 开本

印　　　张：14

字　　　数：340 千字

定　　　价：30.00 元

前　言

  本书为"十三五"职业教育规划教材。为了适应高职高专教育，培养适合社会发展、服务于生产一线的高技能技术应用型人才，本书从实际工程应用出发，以实际项目案例引入，主要介绍了电气控制与 PLC 目前应用较多的新型低压电器及 PLC 的高级应用。

  为便于教学，本书将知识点贯穿于项目中。在内容上难易适中，加强实践内容，突出实用性和先进性。书中项目选自实际应用和主流教学仪器，每个项目都有完整的硬件设计和软件设计等。

  全书内容共分为两大部分，前 6 个项目为电气控制部分，首先介绍了电气控制系统图的识读和绘制原则，以 CA6140 车床电气控制、电动葫芦电气控制、X62W 万能铣床电气控制、T68 卧式镗床电气控制、M7120 平面磨床电气控制等项目引入，讲解了电气控制系统图的绘制和相关理论知识，常用低压电器的结构、工作原理和符号等，典型电气控制线路的组成、原理及安装调试。后 4 个项目为 PLC 应用部分，详细介绍了 S7-200 PLC 的结构组成、工作原理、内部元器件，同时针对应用讲解了编程软件 STEP7-Micro/WIN32 的使用基本指令、顺序控制指令以及功能指令的使用，并通过应用案例讲解了 PLC 程序设计的方法和技能，典型案例包括：运料小车循环工作的 PLC 控制系统设计安装与调试；喷泉控制系统设计安装与调试；PID 控制电炉温度等。

  本书由内蒙古机电职业技术学院刘刚、王荣华担任主编，内蒙古机电职业技术学院温玉春、王景学担任副主编，内蒙古机电职业技术学院蔚刚、陈启渊、武俊彪、韩晓雷、王晓奇参编，内蒙古机电职业技术学院刘敏丽担任主审。

  本书在编写过程中，参阅了许多同行专家们的论著文献，在此表示真诚的感谢。

  由于编者的学识水平和实践经验有限，书中疏漏之处在所难免，敬请广大读者批评指正。

编　者

2017 年 2 月 28 日

目　录

下篇　PLC 应用部分

上篇　电气控制部分

项目1　电气控制系统图识读

1.1　电气控制系统图的分类

电气控制系统是由许多电器元件按照一定要求连接而成的。为了表达生产机械电气控制系统的结构、原理等设计意图，同时也为了便于电器元件的安装、接线、运行、维护，将电气控制系统中各控制电器的连接用一定的图形符号表示出来，这种图就是电气控制系统图。

电气控制系统图描述的对象复杂，应用领域广泛，表达形式多种多样，表示一项电气工程或一种电器装置的电气控制系统图有多种，如电气原理图、电器元件布置图、电气安装接线图、功能图等，都是根据国家电气制图标准，用规定的图形符号、文字符号以及规定的画法进行绘制。本书主要介绍电气原理图、电器元件布置图、电气安装接线图。

一、电气原理图

电气原理图是为了便于阅读与分析控制线路，采用控制电器元件展开的形式绘制而成的一种电路图样。图样用规定的图形符号经线条连接而成，包括了控制电器元件所有的导电部分和接线端子，但并不按照电器元件的实际布置位置来绘制，也不反映电器元件的形状大小。其作用是便于了解控制线路的工作原理。

二、电器元件布置图

电器元件布置图主要用来表明电气设备上所有电机电器的实际位置，为生产机械的电气控制设备的制造、安装、维修提供必要的资料。一般电器元件布置图与电气安装接线图组合在一起，既起到电气安装接线图的作用，又能清晰表示出电器的布置情况。

三、电气安装接线图

电气安装接线图是根据电气设备和电器元件的实际位置和安装情况绘制的，只用来表示电气设备和电器元件的位置、配线方式和接线方式，而不明显表示电气动作原理。电气安装接线图主要用于安装接线、线路的检查维修和故障处理。

1.2　电　气　原　理　图

1.2.1　电气原理图的特点

一、电气原理图的表示方法——简图

电气原理图是一种简图，并不是按照几何尺寸和绝对位置绘制的，而是根据生产机械运动形式对电气控制系统的要求，采用国家统一规定的电气图形符号和文字符号，按照电气设备和电器的工作顺序，详细表示电路、设备和成套装置的全部基本组成和连接关系，而不考虑其实际位置。

二、电气原理图主要表示内容——电器元件和连接线

电气原理图的主要对象是电器元件和连接线。连接线可用单线法和多线法表示，两种表示方法可以在同一图纸上同时使用。电器元件在图幅上可以采用集中表示法、半集中表示法、分开表示法来表示。集中表示法是把一个元件的各个组成部分的图形符号绘制在一起；分开表示法是将同一元件的各个组成部分分开布置，有些画在主电路，有些画在辅助控制电路；半集中表示法介于上述两种方法之间，在图幅上将一个元件的某些部分的图形符号分开绘制，并用虚线表示其相互关系。

绘制电气原理图一般采用四种线条，如表 1.1 所示。

表 1.1　　　　　　　　　　　　　电气原理图的图线及其应用

序号	名称	应　　用
1	实线	基本线、主要用线、可见轮廓线、可见导线
2	虚线	辅助线、屏蔽线、连接线、不可见轮廓线、不可见导线、计划扩展线
3	点画线	分界线、结构围框线、分组围框线
4	双点画线	辅助围框线

图线采用两种宽度，粗与细之比应不小于 2∶1，线宽从以下范围选择：0.18、0.25、0.35、0.5、0.7、1.0、1.4、2.0mm。

平行线之间的最小距离不小于粗线宽度的 2 倍，建议不小于 0.7mm。

三、电气原理图的主要组成部分——图形符号和文字符号

一个电气系统或一种电气装置总是由各种元器件组成的，在主要以简图形式表达的电气图中，无论是表示构成、功能或电器接线等，都没有必要也不可能——画出各种元器件的外形结构，通常是用一种简单的图形符号表示的。在大多数情况下，在同一系统中，或者在同一个图上有两个以上作用不同的同一类型电器（例如在某一系统中使用了两个接触器），此时在一个图上用一个符号来表示是不严格的，还必须在符号旁标注不同的文字符号以区别其名称、功能、状态、特征及安装位置等。这样图形符号和文字符号结合，就能使人们一看就知道它是不同用途的电器。

1.2.2　电气原理图的图形符号和文字符号

一、图形符号

通常用于图样或其他文件以表示一个设备或概念的图形、标记或字符，统称为图形符号，由一般符号、符号要素、限定符号等组成。

1. 一般符号

用以表示一类产品或此类产品特征的一种通常很简单的符号，称为一般符号。如电动机的一般符号为"⊛"，"＊"号用 M 代替可以表示电动机，用 G 代替可以表示发电机。

2. 符号要素

符号要素是一种具有确定意义的简单图形，必须同其他图形组合，以构成一个设备或概念的完整符号。

3. 限定符号

一种加在其他符号上用以提供附加信息的符号，称为限定符号。限定符号一般不能单独使用，它可以使图形符号更具多样性。例如，在电阻器一般符号的基础上加上不同的限定符号，则可得到可变电阻器、压敏电阻器、热敏电阻器等的符号。

二、文字符号

文字符号适用于电气技术领域中文件的编制，也可表示在电气设备、装置和元器件上或其近旁，以标明电气设备、装置和元器件的名称、功能和特征。

文字符号分为基本文字符号（单字母或双字母）和辅助文字符号。文字符号用大写正体拉丁字母。

1. 基本文字符号

基本文字符号有单字母符号与双字母符号两种。单字母符号是按拉丁字母将各种电气设备、装置和元器件划分为 23 个大类，每一大类用一个专用单字母符号表示。如"C"表示电容器类，"R"表示电阻器类。

双字母符号是由一个表示种类的单字母符号与另一字母组成。其组合形式是单字母符号在前，另一个字母在后的次序列出。如"F"表示保护器件类，而"FU"表示熔断器。

2. 辅助文字符号

辅助文字符号是用以表示电气设备、装置和元器件以及线路的功能、状态和特征的，如"L"表示限制，"RD"表示红色等。辅助文字符号也可放在表示种类的单字母符号后边组成双字母符号，如"YB"表示电磁制动器，"SP"表示压力传感器等。为简化文字符号，辅助文字符号由两个以上字母组成时，允许只采用其第一位字母进行组合，如"MS"表示同步电动机等。辅助文字符号还可以单独使用，如"ON"表示接通，"PE"表示保护接地，"M"表示中间线等。

3. 补充文字符号的原则

如基本文字符号和辅助文字符号不能满足使用要求，可按国家标准的符号组成规则予以补充，补充原则如下：

（1）在不违备国家标准原则的条件下，可采用国际标准中规定的电气技术文字符号。

（2）在优先采用标准中规定的单字母符号、双字母符号和辅助文字符号的前提下，可补充标准中未列出的双字母符号和辅助文字符号。

（3）文字符号应按有关电气名词术语的国家标准或专业标准中规定的英文术语缩写而成。基本文字符号不得超过两个字母，辅助文字符号一般不能超过三个字母。

（4）因拉丁字母"I"和"O"易同阿拉伯数字"1"和"0"混淆，不允许单独作为文字符号使用。

电气图中的图形符号及文字符号见表 1.2。

表 1.2			电气图中的图形符号及文字符号				
类别	名称	图形符号	文字符号	类别	名称	图形符号	文字符号
开关	单极控制开关		SA	开关	三极隔离开关		QS
	手动开关一般符号		SA		三极负荷开关		QS
	三极控制开关		QS		组合旋钮开关		QS

类别	名称	图形符号	文字符号	类别	名称	图形符号	文字符号
开关	低压断路器		QF	接触器	动断辅助触点		KM
	控制器或操作开关	后　前 2 1 0 1 2	SA	时间继电器	通电延时（缓吸）线圈		KT
位置开关	动合触点		SQ		断电延时（缓放）线圈		KT
	动断触点		SQ		瞬时闭合的动合触点		KT
	复合触点		SQ		瞬时断开的动断触点		KT
按钮	动合按钮	E-\	SB		延时闭合的动合触点	或	KT
	动断按钮	E-7	SB		延时断开的动断触点	或	KT
	复合按钮	E-7-	SB		延时闭合的动断触点	或	KT
	急停按钮		SB		延时断开的动合触点	或	KT
	钥匙操作式按钮		SB	热继电器	热元件		FR
接触器	线圈操作器件		KM		动断触点		FR
	动合主触点		KM	中间继电器	线圈		KA
	动合辅助触点		KM		动合触点		KA

续表

类别	名称	图形符号	文字符号	类别	名称	图形符号	文字符号
中间继电器	动断触头		KA	电磁操作器	电磁制动器		YB
电流断电器	过电流线圈	$I>$	KA		电磁阀		YV
	欠电流线圈	$I<$	KA	非电量控制的继电器	速度继电器动合触点	n	KS
	动合触点		KA		压力继电器动合触点	p	KP
	动断触点		KA	发电机	发电机	G	G
电压继电器	过电压线圈	$U>$	KV		直流测速发电机	TG	TG
	欠电压线圈	$U<$	KV	电动机	三相笼型异步电动机	M 3～	M
	动合触点		KV		三相绕线转子异步电动机	M 3～	M
	动断触点		KV		他励直流电动机	M	M
电磁操作器	电磁铁的一般符号	或	YA		并励直流电动机	M	M
	电磁吸盘	⊠	YH		串励直流电动机	M	M
	电磁离合器		YC	熔断器	熔断器		FU

续表

类别	名称	图形符号	文字符号	类别	名称	图形符号	文字符号
变压器	单相变压器		TC	接插器	插头和插座	或	X 插头 XP 插座 XS
	三相变压器		TM	互感器	电压互感器		TV
灯	信号灯（指示灯）		HL		电流互感器		TA
	照明灯		EL		电抗器		L

三、线路和三相电气设备端标记

线路采用字母、数字、符号及其组合标记。

三相交流电源采用 L1、L2、L3 标记，中性线采用 N 标记。

电源开关之后的三相交流电源主电路分别按 U、V、W 顺序标记。

分级三相交流电源主电路采用三相文字代号 U、V、W 后加上阿拉伯数字 1、2、3 等来标记，如 U1、V1、W1 及 U2、V2、W2 等。

各电动机分支电路各接点标记，采用三相文字代号后面加数字来表示，数字中的个位数表示电动机代号，十位数表示该支路各接点的代号，从上到下按数字大小顺序标记。如 U11 表示 M1 电动机第一相的第一个接点代号，U21 为第一相的第二个接点代号，依此类推。电动机绕组首端分别用 u、v、w 标记，尾端分别用 u′、v′、w′标记，双绕组的中点用 u″、v″、w″标记。

控制电路采用阿拉伯数字编号，一般由 3 位或 3 位以下的数字组成，标记方法按等电位原则进行。在垂直绘制的电路中，标号顺序一般由上而下，凡是被线圈、绕组、触点或电阻、电容元件所间隔的线段，都应标以不同的线路标记。

1.2.3　电气原理图的绘制原则

系统图和框图可从整体上理解系统或装置的组成和主要特征，然而要详细理解电气作用原理，进行电气接线，分析和计算电路特性，还必须有另外一种图，这就是电气原理图。下面以图 1.1 所示的电气原理图为例介绍电气原理图的绘制原则、方法以及注意事项。

一、电气原理图的绘制原则和识读

（1）电气原理图一般分主电路和辅助电路两部分。主电路就是从电源到电动机大电流通过的路径。辅助电路包括控制电路、照明电路、信号电路及保护电路等，由继电器和接触器的线圈、继电器的触点、接触器的辅助触点、按钮、照明灯、信号灯、控制变压器等电器元件组成。这些电路通过的电流都较小。一般主电路用粗实线表示，画在左边（或上部），电源电路画成水平线，三相交流电源相序 L1、L2、L3 由上而下依次排列画出，经电源开关后

用 U、V、W 或 U、V、W 后加数字标志。中线 N 和保护地线 PE 画在相线之下，直流电源则正端在上、负端在下画出。辅助电路用细实线表示，画在右边（或下部）。

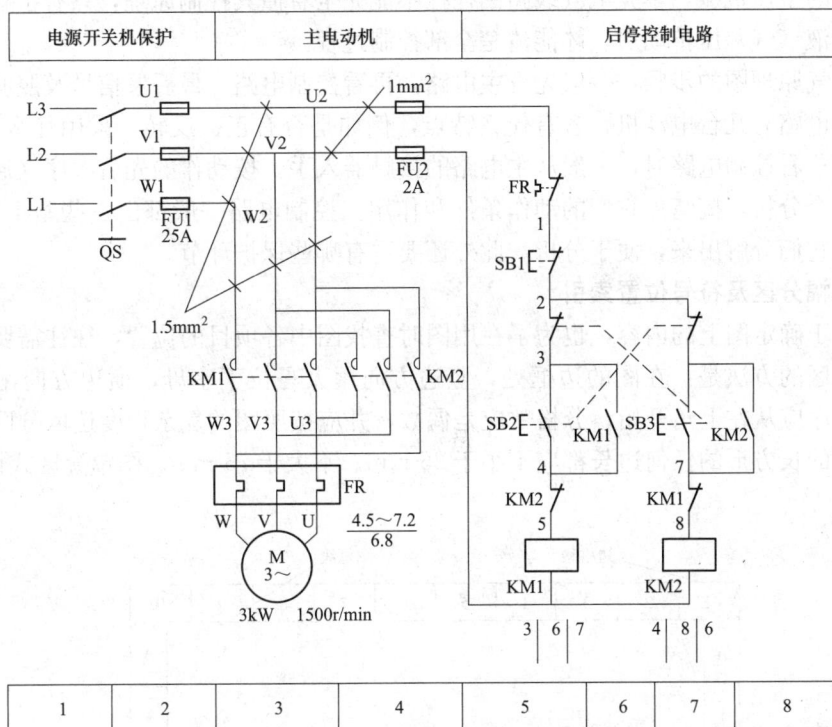

图 1.1　三相异步电动机正反转控制电气原理图

　　(2) 控制系统内的全部电机、电器和其他器械的带电部件，都应在原理图中表示出来。

　　(3) 原理图中各电器元件不画实际的外形图，而采用国家规定的统一标准图形符号，文字符号也要符合国家标准的规定。

　　(4) 各个电器元件和部件在控制线路中的位置，应根据便于阅读的原则安排。同一电器元件的各个部件可以不画在一起。例如，接触器、继电器的线圈和触点可以不画在一起

　　(5) 元件、器件和设备的可动部分，都按没有通电和没有外力作用时的开闭状态画出。例如，继电器、接触器的触点，按吸引线圈不通电状态画；主令控制器、万能转换开关按手柄处于零位时的状态绘制；按钮、行程开关的触点按不受外力作用时的状态绘制等。

　　(6) 电气原理图的绘制应布局合理、排列均匀，为了便于看图，可以水平布置，也可以垂直布置。

　　(7) 电器元件应按功能布置，并尽可能按工作顺序排列，其布局顺序应该是从上到下、从左到右。电路垂直布置时，类似项目宜横向对齐。水平布置时，类似项目应纵向对齐。例如，图中线圈属于类似项目，由于线路采用垂直布置，所以接触器线圈应横向对齐。

　　(8) 电气原理图中，有直接联系的交叉导线连接点，要用黑圆点表示；无直接联系的交叉导线连接点不画黑圆点。为了查线方便，两条以上导线的电气连接处要打一圆点，且每个接点要标一个编号，编号的原则是：靠近左边电源线的用单数标注，靠近右边电源线的用双数标注，通常都是以电器的线圈或电阻作为单、双数的分界线，故电器的线圈或电阻应尽量

放在各行的一边（左边或右边）。

在识读电气原理图以前，必须对控制对象有所了解，尤其对于机、液（或气）、电配合得比较密切的生产机械，单凭电气线路图往往不能完全看懂其控制原理，只有了解了有关的机械传动和液（气）压传动后，才能清楚全部控制过程。

识读电气原理图的步骤：一般先看主电路，再看控制电路，最后看信号及照明等辅助电路。先看主电路有几台电动机，各有什么特点，例如是否有正、反转，采用什么方法启动，有无制动等；看控制电路时，一般从主电路的接触器入手，按动作的先后次序（通常自上而下）一个一个分析，搞清楚它们的动作条件和作用。控制电路一般都由一些基本环节组成，阅读时可把它们分解出来，便于分析。此外还要看有哪些保护环节。

二、图幅分区及符号位置索引

为了便于确定图上的内容，也为了在用图时查找图中各项目的位置，往往需要将图幅分区。图幅分区的方法是：在图的边框处，竖边方向用大写拉丁字母，横边方向用阿拉伯数字，编号顺序应从左上角开始，分格数应是偶数，并应按照图的复杂程度选取分区个数，建议组成分区的长方形的任何边长都应不小于 25 mm、不大于 75 mm。图幅分区式样如图 1.2 所示。

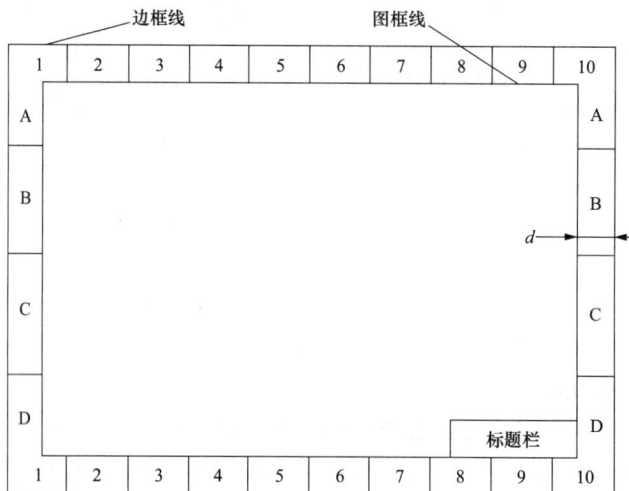

图 1.2　图幅分区式样

图幅分区以后，相当于在图上建立了一个坐标。图 1.2 中的 d 表示图框线与边框线的距离，A0、A1 号图纸为 20mm，A2～A4 号图纸为 10mm。项目和连接线的位置可用如下方式表示：①用行的代号（拉丁字母）表示；②用列的代号（阿拉伯数字）表示；③用区的代号表示。区的代号为字母和数字的组合，且字母在左、数字在右。

在具体使用时，对水平布置的电路，一般只需标明行的标记；对垂直布置的电路，一般只需标明列的标记；复杂的电路需标明组合标记。例如图 1.1 中，只标明了列的标记。

图 1.1 中，图区编号下方的"电源开关及保护"等字样，表明它对应的下方元件或电路的功能，使读者能清楚地知道某个元件或某部分电路的功能，以利于理解全电路的工作原理。

图 1.1 中 KM1 及 KM2 线圈下方的是接触器 KM1 和 KM2 相应触点的索引。它表示接触器 KM1 的主触点在图区 3，动合辅助触点在图区 6，动断辅助触点在图区 7；接触器

KM2 的主触点在图区 4，动合辅助触点在图区 8，动断辅助触点在图区 6。

电气原理图中，接触器和继电器线圈与触点的从属关系应用附图表示，即在原理图中相应线圈的下方，给出触点的文字符号，并在其下面注明相应触点的索引代号，对未使用的触点用"×"表明，有时可省略。

对于接触器，表示方法中各栏含义如下：

左栏	中栏	右栏
主触点所在图区号	动合辅助触点所在图区号	动断辅助触点所在图区号

对于继电器，表示方法中各栏含义如下：

左栏	右栏
动合触点所在图区号	动断触点所在图区号

三、电气原理图中技术数据的标注

电器元件的数据和型号，一般用小号字体注在电器代号下面。例如图 1.1 中，FR 下面的数据表示热继电器动作电流值的范围和整定值的标注；图中的 $1.5mm^2$ 和 $1mm^2$ 字样表明该导线的截面积。

1.3 电器元件布置图

电器元件布置图是根据电器元件在控制板上的实际安装位置，采用简化的外形符号（如正方形、矩形、圆形等）而绘制的一种简图。它不表达各电器的具体结构、作用、接线情况以及工作原理，主要用于电器元件的布置和安装。图中各电器的文字符号必须与电路图和接线图的标注一致。

一、电器布置图的绘制原则

（1）在一个完整的自动控制系统中，由于各种电器元件所起的作用不同，安装的位置也不同。因此，在进行电器元件布置图绘制之前应根据电器元件安装的位置划分各组件（根据生产机械的工作原理和控制要求，将控制系统划分为几个组成部分称为部件；根据电气设备的复杂程度，每一部分又可划分为若干组件）。同一组件内，电器元件的布置应满足以下原则：

1）体积大和较重的元件应安装在电器板的下面，发热元件应安装在电器板的上面。

2）强电与弱电分开，应注意弱电屏蔽，防止外界干扰。

3）需要经常维护、检修、调整的电器元件安装位置不宜过高或过低。

4）电器元件的布置应考虑整齐、美观、对称。结构和外形尺寸较类似的电器元件应安装在一起，以利于加工、安装、配线。

5）各种电器元件的布置不宜过密，要有一定的间距。

（2）各种电器元件的位置确定之后，可以绘制电器元件布置图。电器元件布置图根据电器元件的外形进行绘制，并要求标出各电器元件之间的间距尺寸。其中，每个电器元件的安装尺寸（即外形大小）及其公差范围应严格按其产品手册标准进行标注，以作为安装底板加工的依据，保证各电器元件的顺利安装。

（3）在电器元件布置图中，还要根据本部件进出线的数量和采用导线的规格，选择进出线方式及适当的接线端子板或接插件，按一定顺序在电器元件布置图中标出进出线的接线号。为便于施工，在电器元件布置图中往往还留有 10% 以上的备用面积及线槽位置。

二、电器元件布置图设计举例

下面以图 1.3 所示的 C620-1 型车床电气原理图为例，设计它的电器元件布置图。

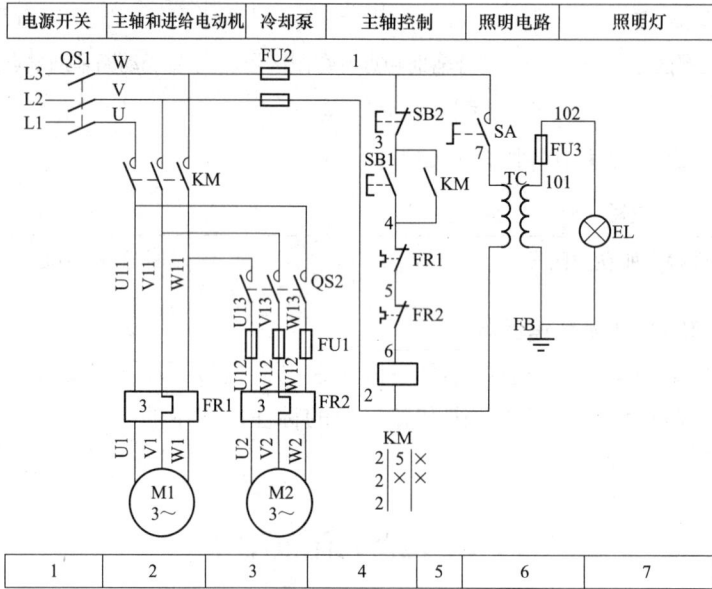

图 1.3　C620-1 型车床电气原理图

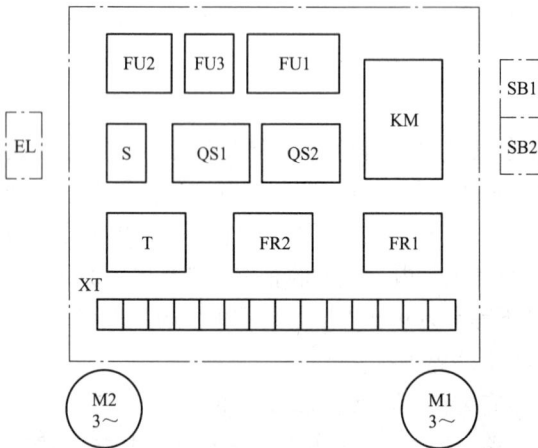

图 1.4　C620-1 型车床电器元件布置图

（1）根据各电器的安装位置不同进行划分。本例中的按钮 SB1、SB2、照明灯 EL 及电动机 M1、M2 等安装在电气箱外，其余各电器均安装在电气箱内。

（2）根据各电器的实际外形尺寸进行电器布置。如果采用线槽布线，还应画出线槽的位置。

（3）选择进出线方式，标出接线端子。

由此，设计出电器元件布置图如图 1.4 所示。

1.4　电气安装接线图

电气安装接线图是根据电气原理图和电器元件布置图进行绘制的，按照电器元件布置最合理、连接导线最经济等原则来安排，为安装电气设备、电器元件间的配线及电气故障的检修等提供依据。

一、电气安装接线图的绘制原则

（1）在接线图中，各电器元件的相对位置应与实际安装的相对位置一致。各电器元件按其实际外形尺寸以统一比例绘制。

（2）一个元件的所有部件画在一起，并用点画线框起来。

（3）各电器元件上凡需接线的端子均应予以编号，且与电气原理图中的导线编号必须一致。

（4）在接线图中，所有电器元件的图形符号、各接线端子的编号和文字符号必须与原理图中的一致，且符合国家的有关规定。

（5）电气安装接线图一律采用细实线。成束的接线可用一条实线表示。接线很少时，可直接画出电器元件间的接线方式；接线很多时，接线方式用符号标注在电器元件的接线端，标明接线的线号和走向，可以不画出两个元件间的接线。

（6）在接线图中应当标明配线用的电线型号、规格、标称截面。穿管或成束的接线还应标明穿管的种类、内径、长度等及接线根数、接线编号。

（7）安装底板内外的电器元件之间的连线需通过接线端子板进行。

（8）注明有关接线安装的技术条件。

二、电气安装接线图举例

以 C620-1 型车床为例，根据电器元件布置图，绘制电气安装接线图，如图 1.5 所示。

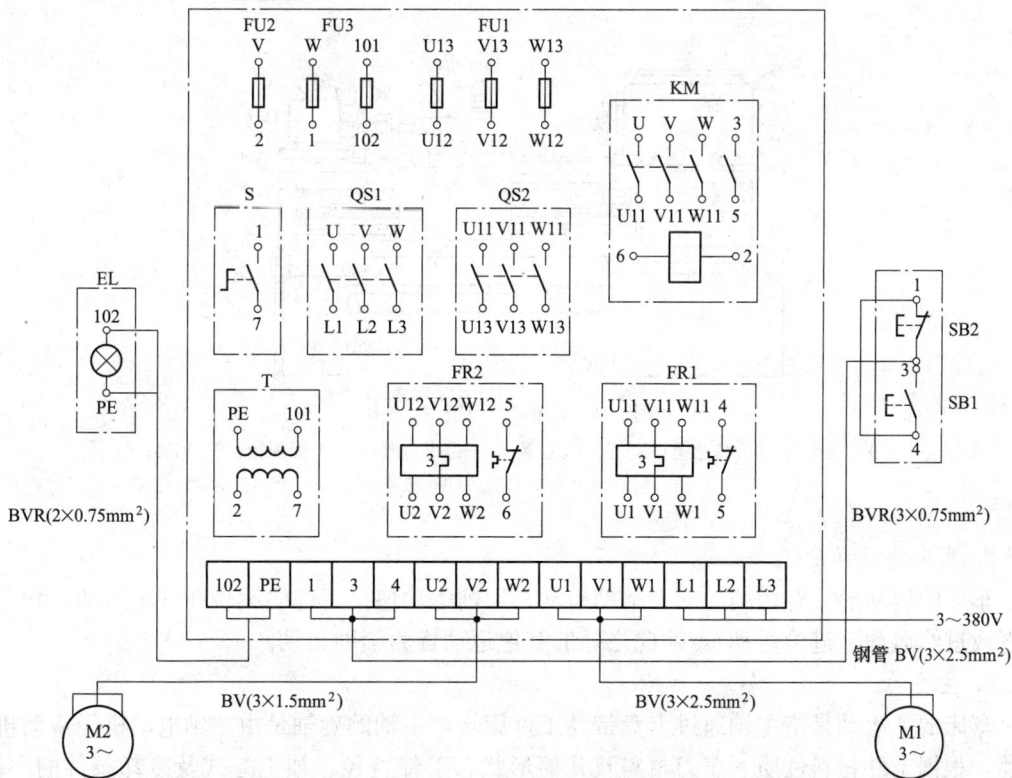

图 1.5　C620-1 型车床电气安装接线图

项目 2　CA6140 车床电气控制

2.1　CA6140 车床的控制要求

一、CA6140 车床的主要结构及运行方式

1. 车床的结构

CA6140 车床的结构如图 2.1 所示。

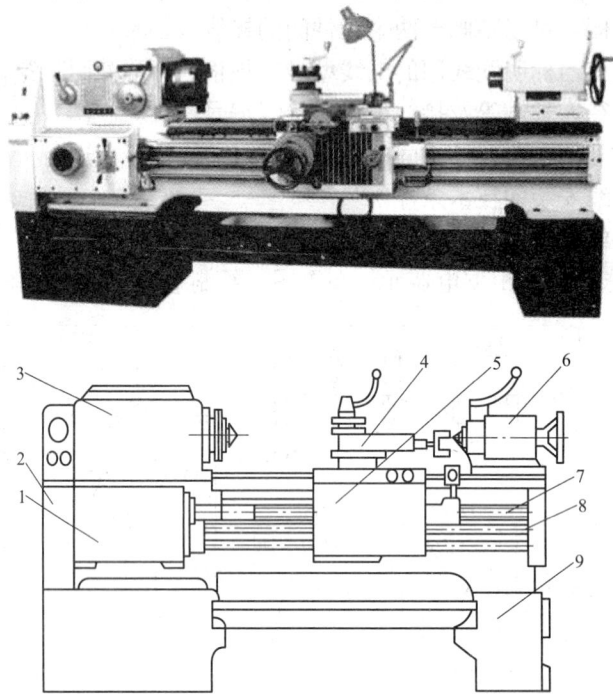

图 2.1　CA6140 车床的结构

1—进给箱；2—挂轮箱；3—主轴变速箱；4—拖板与刀架；5—溜板箱；6—尾架；

7—丝杠；8—光杠；9—床身

2. 车床的运动形式

车床的运动形式有切削运动和辅助运动，切削运动包括工件的旋转动（主运动）和刀具的直线进给运动（进给运动），除此之外的其他运动皆为辅助运动。

3. 主运动

车床的主运动是指主轴通过卡盘带动工件旋转，主轴的旋轴是由主轴电动机经传动机构拖动，根据工件材料性质、车刀材料及几何形状、工件直径、加工方式及冷却条件的不同，要求主轴有不同的切削速度。另外，为了加工螺丝，还要求主轴能够正反转。

主轴的变速是由主轴电动机经 V 型皮带传递到主轴变速箱实现的，CA6140 普通车床的主轴正转速度有 24 种（10～1400r/min），反转速度有 12 种（14～1580r/min）。

4. 进给运动

车床的进给运动是刀架带动刀具纵向或横向直线运动，溜板箱把丝杠或光杠的转动传递给刀架部分，变换溜板箱外的手柄位置，经刀架部分使车刀做纵向或横向进给。刀架的进给运动也是由主轴电动机拖动的，其运动方式有手动和自动两种。

5. 辅助运动

车床的辅助运动指刀架的快速移动、尾座的移动以及工件的夹紧与放松等。

二、CA6140 车床的电气控制要求

CA6140 的车床电气控制要求如下：

（1）主轴电动机一般选用三相笼型异步电动机。为满足螺丝加工要求，主运动和进给运动采用同一台电动机拖动，为满足调速要求，只用机械调速，不进行电气调速。

（2）主轴要能够正反转，以满足螺丝加工要求。

（3）主轴电动机的启动、停止采用按钮操作。

（4）溜板箱的快速移动，应由单独的快速移动电动机来拖动，并采用点动控制。

（5）为防止切削过程中刀具和工件温度过高，需要用切削液进行冷却，因此要配有冷却泵。

（6）电路必须有过载、短路、欠压、失压保护。

2.2　知识链接——常用低压电器

2.2.1　低压电器的作用及分类

电器就是根据外界施加信号和要求，能手动或自动地断开或接通电路，断续或连续改变电路参数，以实现对电量或非电量对象的切换、控制、检测、保护、变换和调节作用。

电器按其工作电压等级分为高压电器和低压电器。低压电器通常指工作在直流电压 1500V 以下，交流电压 1200V 以下的电器。本书仅介绍电力控制系统中常用的低压电器。

一、按操作方式分类

1. 自动电器

通过电磁（或压缩空气）做功来完成接通、断开、启动、反向和停止等动作的电器称为自动电器。常用的自动电器有接触器、继电器等。

2. 手动电器

通过人力做功来完成接通、断开、启动、反向和停止等动作的电器称为手动电器。常用的手动电器有刀开关、转换开关和主令电器等。

二、按用途和控制对象分类

1. 低压配电电器

低压配电电器包括刀开关、转换开关、自动空气断路器和熔断器等。对配电电器的主要技术要求是断流能力强，在系统发生故障时保护动作准确，工作可靠，热稳定性和动稳定性满足要求。

2. 低压控制电器

低压控制电器包括接触器、控制按钮、行程开关和各种控制继电器等。对控制电器的主要技术要求是操作频率高、寿命长，有相应的转换能力。

三、按工作原理分类

1. 电磁式电器

电磁式电器指根据电磁感应原理来工作的电器，如交直流接触器、电磁式继电器等。

2. 非电量控制电器

工作电量控制电器是靠外力或非电物理量的变化而动作的电器，如刀开关、行程开关、按钮、速度继电器、压力继电器和温度继电器等。

2.2.2　低压电器的发展方向

随着计算机、电子学、电弧等离子物理、信息和网络以及材料科学的发展，低压电器的发展更迅速便捷、更先进、更全面，主要体现在以下几个方面：

一、低压电器的智能化与网络化

将微处理器和计算机技术引入低压电器，一方面低压电器具有智能化的功能，另一方面低压开关电器实现了与中央控制计算机的双向通信。如智能化电动机控制器，低压配电系统和电动机控制中心已统一形成智能化的保护和信息网络系统。这种由新型低压电器元件和中央控制计算机组成的网络系统与传统的低压配电系统和电动机控制系统相比具有以下优点：

（1）实现中央计算机集中控制，提高了低压配电系统自动化程度，实现了信息化。

（2）使低压配电、控制系统的调度和维护达到新的水平。

（3）采用新的监控元件，使得开关柜屏幕上提供的信息量大幅增加。

（4）监控元件与传统的指示和主令电器相比，便于安装，提高了工作的可靠性。

（5）可以实现数据共享，避免了信息的重复，减少了信息通道。

二、设计与开发手段的现代化

产品开发手段的现代化主要体现在以下两个方面：三维计算机辅助设计与制作软件系统的引进；电器通断特性计算机仿真技术的发展。

随着计算机技术的发展，电器产品的计算机辅助设计从二维转向三维，辅助设计技术进入了一个新阶段。传统的二维设计软件仅能解决计算机制图问题，而三维设计系统集设计、制造和分析于一体，在三维空间内完成零部件的设计和装配，并在此基础上自动生成图纸，完成零部件的自动加工工艺并生成相应的代码，实现了设计与制造的自动化和优化。

三、环保材料的广泛使用

环境保护问题的日趋严重，对低压电器提出了新的要求。如低压电器中 80% 左右的材料是塑料，塑料常用作低压电器的外壳，一方面要保证长的寿命和电器本身的工作可靠性，另一方面还应考虑环保要求，即无污染，并且可以回收。再如，长期以来，由于 AgCdO 有较好的耐电弧侵蚀能力，因而在低压电器中作为控制电器的触点材料得到了广泛的应用。但由于 AgCdO 材料有毒，近年来，从环保要求出发，人们以 $AgSnO_2$ 代替 AgCdO。由于新型材料的采用和推广，低压电器在其应用的过程中更可靠、更环保。

四、结构设计的模块化、组合化、模数化和零部件通用化

（1）模块化。通过不同模块积木式的组合，电器可获得不同的附加功能，制造过程也大为简便。

（2）组合化。不同功能的电器组合在一起，其结构紧凑，可减少线路中所需元件品种，保护特性也能配合良好。

（3）模数化。电器外形尺寸规范化，便于安装和组合。

零部件通用化。不同额定值或不同类型电器实现零部件通用化，将大大减少产品开发和生产的费用，也便于维修和减少零部件的库存量。

2.2.3　开关电器

开关电器主要作用是隔离、转换及接通和分断电路，多数用作机床电路的电源开关和局部照明电路的控制开关，有时也用来直接控制小容量电动机的启动、停止和正、反转。

一、负荷开关

负荷开关又称闸刀开关，它是一种手动控制器，结构简单，一般用于不经常操作的低压电路中，主要用于接通或切断电源或者用来将电路与电源隔离，有时也用来直接控制小容量电动机的启动、停止和正、反转。

1. 开启式负荷开关

开启式负荷开关又名胶盖刀开关，它由刀开关和熔断器组合而成，其结构、符号如图2.2 所示。

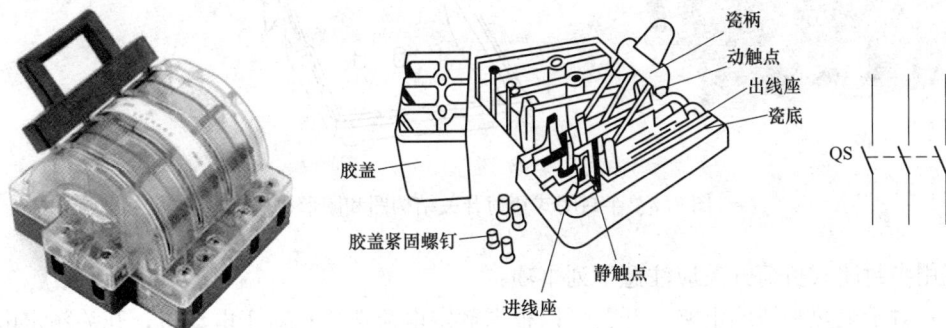

图 2.2　开启式负荷开关结构图及符号

这种开关无专门的灭弧装置易被电弧烧坏，因此不宜带负载接通或分断电路，故不宜频繁分、合电路。但其结构简单，价格低廉，常用作照明电路的电源开关，也用于 5.5kW 以下三相异步电动机不频繁启动和停止的控制。按极数不同，刀开关分单极、双极和三极三种。常用的 HK 系列刀开关的额定电压 220V 或 380V，额定电流为 10~60A 不等。

对于照明和电热负载，可选用额定电压 220V 或 250V，额定电流大于所有负载额定电流的开关。对于电动机的控制，可选用额定电流大于电动机额定电流 3 倍的开关。

负荷开关安装及使用的注意事项：

（1）选择开关前，应注意检查动刀片对静触点接触是否良好、是否同步。如有问题，应予以修理或更换。

（2）电源进线应接在静触点一边的进线端（进线座应在上方），用电设备应接在动触点一边的出线端。这样，当开关断开时，闸刀和熔体均不带电，以保证更换熔体时的安全。

（3）安装时，负荷开关在合闸状态下手柄应该向上，不能倒装和平装，以防止闸刀松动落下时误合闸。

（4）安装后应检查闸刀和静触点是否成直线和紧密可靠连接。

（5）更换熔丝时，必须先拉闸断电后，按原规格安装熔丝。

（6）胶盖刀开关不适合用来直接控制 5.5kW 以上的交流电动机。

（7）合闸、拉闸动作要迅速，使电弧很快熄灭。

2．半封闭式负荷开关

半封闭式负荷开关又名铁壳开关，其结构如图 2.3 所示。这种开关的操作机构中，在手柄转轴与底座间装有速断弹簧，使负荷开关的接通和断开速度与手柄操作速度无关，这样有利于迅速灭弧。为了保证用电安全，它还装有机械联锁装置，必须将壳盖闭合后，手柄才能（向上）合闸；只有当手柄（向下）拉闸后，壳盖才能打开。

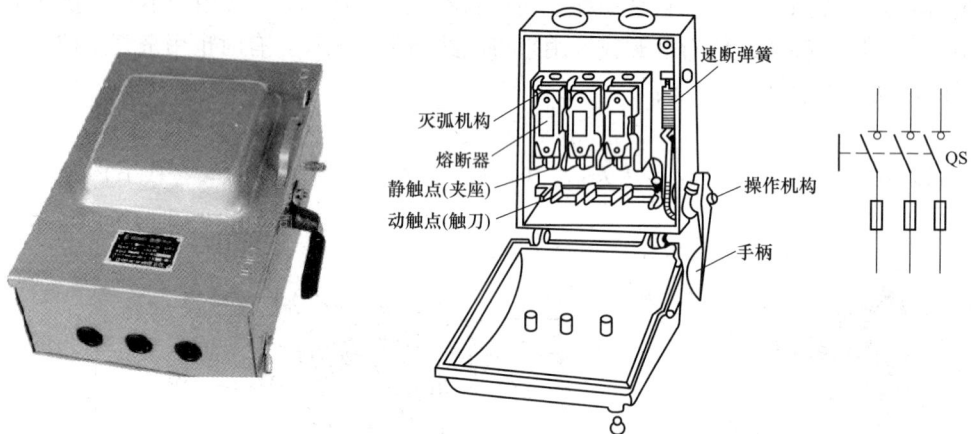

图 2.3　半封闭式负荷开关结构图和图形符号

使用半封闭式负荷开关应注意下列事项：

（1）对于电热和照明电路，开关可以根据额定电流选择；对于电动机，开关额定电流可选为电动机额定电流的 3 倍。

（2）外壳应可靠接地，以防止意外漏电造成触电事故。

二、组合开关

组合开关包括转换开关和倒顺开关。其特点是用动触片的旋转代替闸刀的推合和拉开，实质上是一种由多组触点组合而成的刀开关。这种开关可用作交流 50Hz、380V 和直流 220V 以下的电路电源引入开关或控制 5.5kW 以下小容量电动机的直接启动，以及电动机正、反转控制和机床照明电路控制。额定电流有 6、10、15、25、60、100A 等多种。组合开关在电器设备中主要作为电源引入开关，用于非频繁接通和分断电路。其优点是体积小、寿命长、结构简单、操作方便、灭弧性能较好，多用于机床控制电路。

（1）转换开关。转换开关的外形、结构及电气符号如图 2.4 所示。当转动手柄时，每层的动触片随方形转轴一起转动，动触片插入静触片中，电路接通；或者动触片离开静触片，电路分断。各极是同时通断的。为了使开关在切断电路时能迅速灭弧，在开关转轴上装有扭簧储能机构，使开关能快速接通与断开，从而提高了开关的通断能力。

（2）倒顺开关。倒顺开关的外形、结构和电气符号如图 2.5 所示，多用于控制机床的进刀、退刀，电动机的正、反转和停止，升降机的上升、下降和停止，也可作为控制小电流负

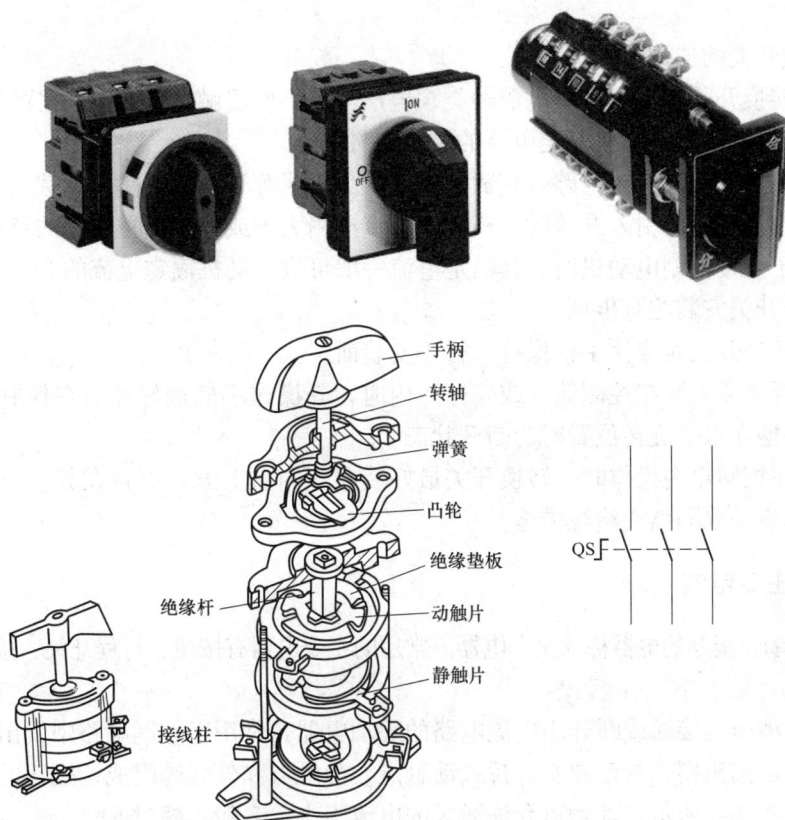

图 2.4 转换开关的外形、结构及电气符号

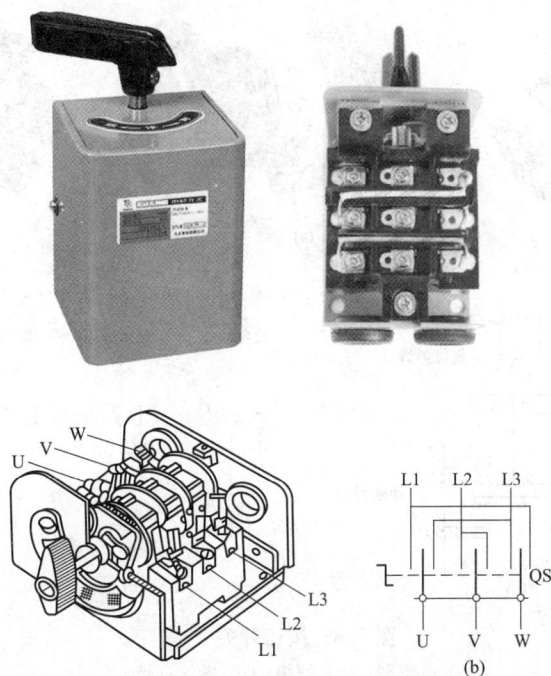

图 2.5 倒顺开关的外形、结构和电气符号

载的负荷开关。

（3）组合开关的选用。

1）选用转换开关时，应根据电源种类、电压等级、所需触点数及电动机的容量来选用，开关的额定电流一般取电动机额定电流的 1.5～2 倍。

2）用于一般照明、电热电路，其额定电流应大于或等于被控电路的负载电流总和。

3）当用作设备电源引入开关时，其额定电流应稍大于或等于被控电路的负载电流总和。

4）当用于直接控制电动机时，其额定电流一般可取电动机额定电流的 2～3 倍。

（4）组合开关安装注意事项。

1）安装转换开关时应使手柄保持平行于安装面。

2）转换开关需安装在控制箱（或壳体）内时，其操作手柄最好伸出在控制箱的前面或侧面，应使手柄在水平旋转位置时为断开状态。

3）若需在控制箱内操作时，转换开关最好装在箱内右上方，而且在其上方不宜安装其他电器，否则应采取隔离或绝缘措施。

2.2.4　主令电器

用于发送动作指令的电器称为主令电器。常用的主令电器有按钮、行程开关、接近开关等。

一、按钮

按钮是一种短时接通或断开小电流电路的手动电器，常用于控制电路中发出启动或停止等指令。按钮由按钮帽、复位弹簧、桥式动触点、静触点和外壳等组成。按钮的外形、结构和图形符号如图 2.6 所示。其触点允许通过的电流很小，一般不超过 5A。

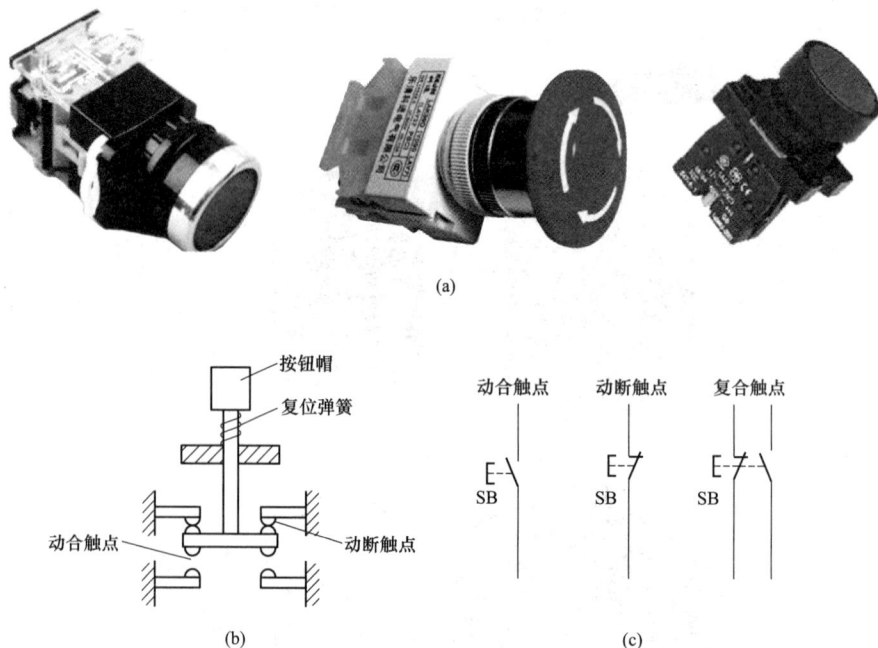

图 2.6　按钮开关

（a）外形图；（b）结构；（c）电气符号

动合按钮（启动按钮）：手指未按下时，触点是断开的；当手指按下时，触点接通；手指松开后，在复位弹簧作用下触点又返回原位断开。

动断按钮（停止按钮）：手指未按下时，触点是闭合的；当手指按下时，触点断开；手指松开后，在复位弹簧作用下触点又返回原位闭合。

复合按钮：将动合按钮和动断按钮组合为一体。当手指按下时，其动断触点先断开，然后动合触点闭合；手指松开后，在复位弹簧作用下触点又返回原位。它常用在控制电路中起电气联锁作用。

为便于识别各个按钮的作用，避免误操作，通常在按钮帽上作出不同标记或涂上不同颜色，如蘑菇形表示急停按钮，红色表示停止按钮，绿色表示启动按钮等。

按钮安装在面板上时，应布置合理，排列整齐。可根据生产机械或机床启动、工作的先后顺序，从上到下或从左至右依次排列。如果它们有几种工作状态，如上、下，前、后，左、右、松、紧等，则应使每一组正、反状态的按钮安装在一起。

二、行程开关

行程开关又称限位开关，是一种小电流的控制器。它根据运动部件的位置而切换，可将机械信号转换为电信号。它的原理与按钮类似，利用生产机械运动部件的碰压使其触点动作，从而将机械信号转变为电信号，运动机械实现自动停止、反向运动、自动往复运动、变速运动等控制要求。

各系列行程开关的结构基本相同，主要由触点系统、操作机构和外壳组成。行程开关的外形、结构和电气符号如图 2.7 所示。行程开关按其结构可分为按钮式（又称直动式）、旋

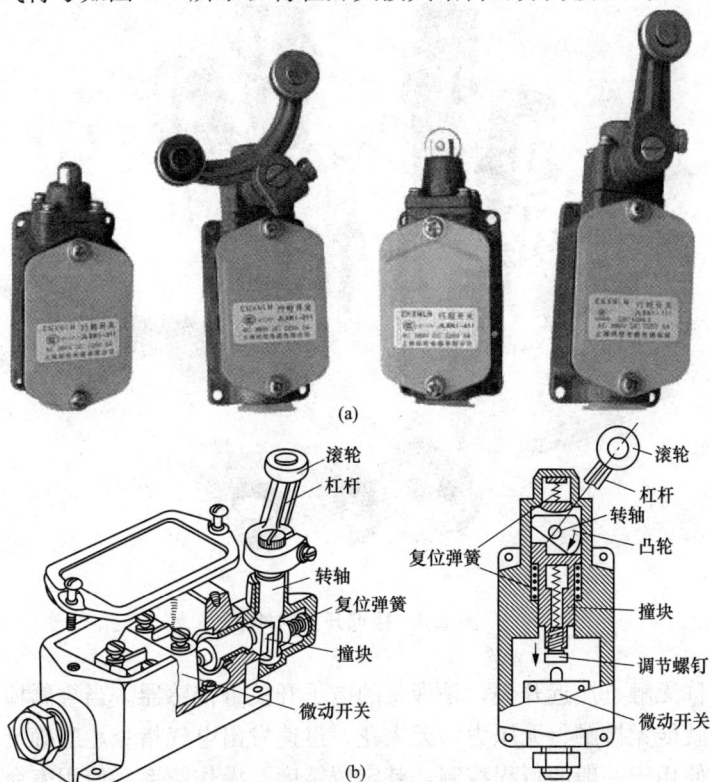

图 2.7　行程开关的外形、结构和电气符号（一）

（a）外形；（b）结构

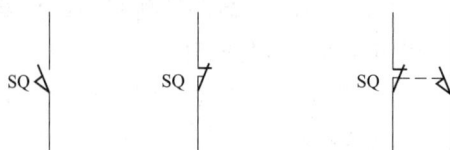

(c)

图 2.7　行程开关的外形、结构和电气符号（二）

（c）电气符号

转式（又称滚轮式）和微动式三种。行程开关动作后，复位方式有自动复位和非自动复位两种。按钮式和单轮旋转式行程开关为自动复位式，双轮旋转式行程开关没有复位弹簧，在挡铁离开后不能自动复位，必须由挡铁从反方向碰撞后，开关才能复位。

三、接近开关

接近开关（见图 2.8）是一种无需与运动部件进行机械直接接触就可以操作的位置开关，当物体接近其感应面达到动作距离时，不需要机械接触及施加任何压力开关即可动作。接近开关是一种开关型传感器（即无触点开关），它既有行程开关、微动开关的特性，同时具有传感性能，且动作可靠，性能稳定，频率响应快，应用寿命长，抗干扰能力强等，并具有防水、防振、耐腐蚀等特点。

图 2.8　接近开关的外形

接近开关又称无触点接近开关，是理想的电子开关量传感器。当金属检测体接近开关的感应区域，开关就能无接触、无压力、无火花、迅速发出电气指令，准确反映出运动机构的位置和行程，即使用于一般的行程控制，其定位精度、操作频率、使用寿命、安装调整的方便性和对恶劣环境的适用能力，是一般机械式行程开关所不能相比的。接近开关广泛地应用于机床、冶金、化工、轻纺和印刷等行业，在自动控制系统中可作为限位、计数、定位控制和自动保护环节等。

在接近开关中，有一种对接近它的物件有"感知"能力的元件——位移传感器。利用位移传感器对接近物体的敏感特性达到控制开关通或断的目的。

不同的位移传感器对物体的"感知"方法也不同，常见的接近开关有以下几种。

1. 无源接近开关

无源接近开关不需要电源，当磁或者铁质触发器靠近开关磁场时，通过开关内部磁力感应作用控制开关的闭合状态。其特点是不需要电源，非接触式，免维护，环保。

2. 涡流式接近开关

涡流式接近开关也叫电感式接近开关导电物体移近开关磁场时，物体内部产生涡流，这个涡流反作用到开关，开关内部电路参数发生变化，由此识别出有无导电物体移近，进而控制开关的通或断。这种接近开关所能检测的物体必须是导电体。

3. 电容式接近开关

电容式接近开关测量时，通常是构成电容器的一个极板，而另一个极板是开关的外壳，这个外壳在测量过程中通常接地或与设备的机壳相连接，当有物体移近接近开关时，不论它是否为导体，由于它的接近，电容的介电常数发生变化，从而电容量发生变化，与测量头相连的电路状态也随之发生变化，由此便可控制开关的接通或断开。这种接近开关检测的对象，不限于导体，可以是绝缘的液体或粉状物等。

4. 霍尔接近开关

霍尔元件是一种磁敏元件，利用霍尔元件做成的接近开关，叫霍尔接近开关。当磁性物件移近霍尔接近开关时，开关检测面上的霍尔元件产生霍尔效应，开关内部电路状态发生变化，由此识别附近有磁性物体存在，进而控制开关的通或断。这种接近开关的检测对象必须是磁性物体。

5. 光电式接近开关

利用光电效应做成的接近开关叫光电式接近开关。将发光器件与光电器件按一定方向装在同一个检测头内，当有反光面（被检测物体）接近时，光电器件接收到反射光后便在信号输出，由此便可感知有物体接近。

6. 其他型式

当观察者或系统对波源的距离发生改变时，接近到的波的频率会发生偏移，这种现象称为多普勒效应。声呐和雷达就是利用多普勒效应制成的。利用多普勒效应可制成超声波接近开关、微波接近开关等。当有物体移近时，接近开关接收到的反射信号会产生多普勒频移，由此可以识别出有无物体接近。

2.2.5　接触器

接触器是一种通用的自动电磁式开关电器，是电力拖动与自动控制系统中一种重要的低压电器。它可以频繁地接通和分断交、直流主电路及大容量控制电路。其主要控制对象是电动机，也可用于控制其他设备，如电焊机、电阻炉和照明器具等电力负载。它利用电磁力的吸合和反向弹簧力作用使触点闭合和分断，从而使电路接通和断开。它具有欠电压释放保护及零压保护，控制容量大，可运用于频繁操作和远距离控制，且工作可靠，寿命长，性能稳定，维护方便。接触器不能切断短路电流，因此通常需与熔断器配合使用。

按主触点通过的电流种类，接触器分为交流接触器和直流接触器两种。以交流接触器为例介绍。

一、交流接触器的结构与工作原理

交流接触器由电磁机构、触点系统和灭弧系统三部分组成。电磁机构是接触器的重要组成部分，它由线圈、铁芯（静触点）和衔铁（动触点）三部分组成，如图2.9所示。其作用是利用电磁线圈的通电或断电，使衔铁和铁芯吸合或释放，从而带动动触点与静触点接通或断开，实现接通或断开电路的目的。

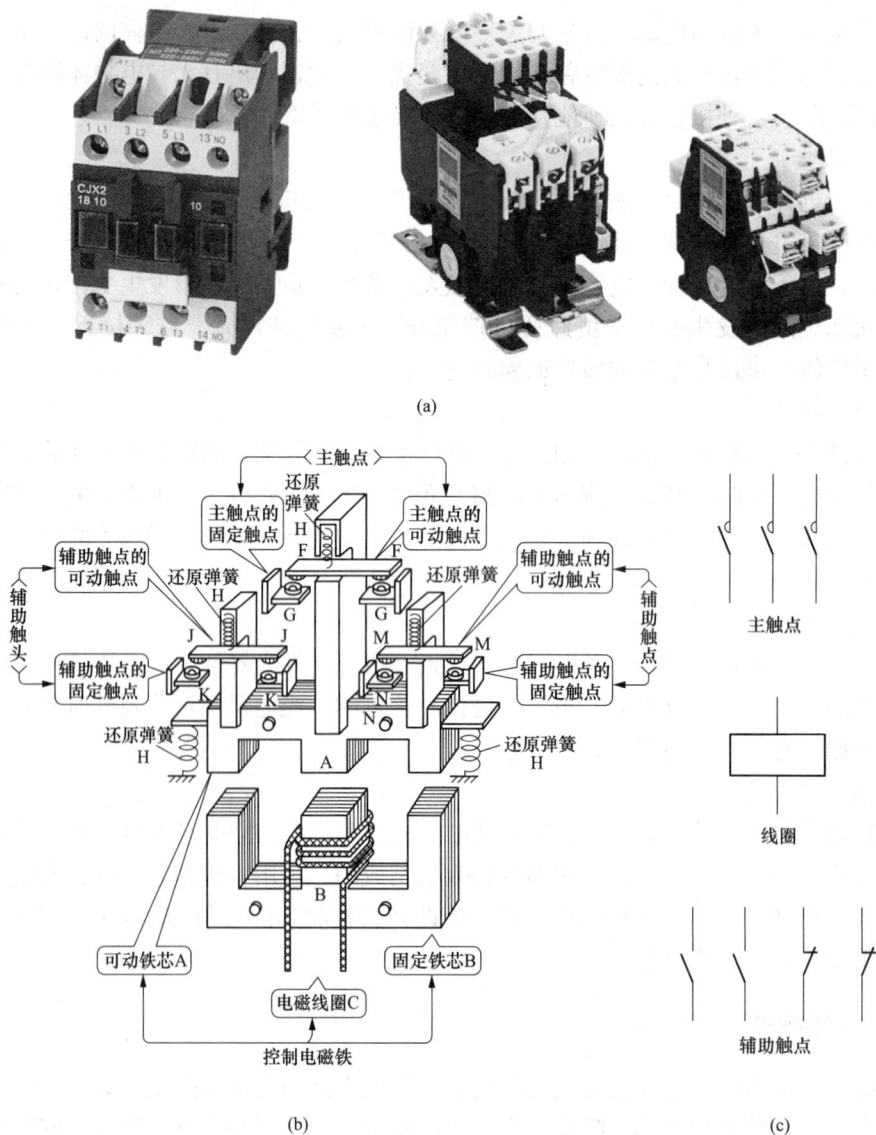

(a)

(b)

(c)

图2.9 交流接触器

(a) 外形；(b) 结构；(c) 电气符号

　　交流接触器的线圈是由漆包线绕制而成的，以减少铁芯中的涡流损耗，避免铁芯过热。铁芯和衔铁一般用 E 形硅钢片叠压铆成。为了减少吸合时的振动和噪声，在铁芯上装有一个短路的铜环作为减振器，铁芯中便产生了不同相位的磁通量 Φ_1、Φ_2，以减少交流接触器吸合时的振动和噪声，其材料一般为铜、康铜或镍铬合金。短路环如图 2.10 所示。

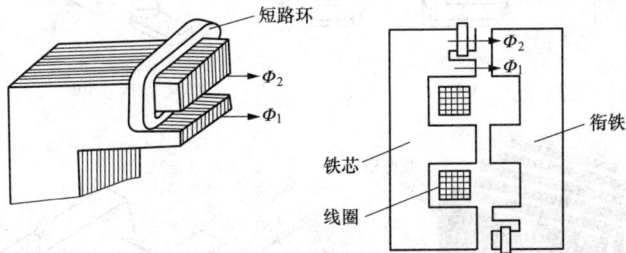

图 2.10　交流接触器的短路环

　　触点系统用来直接接通和分断所控制的电路，根据用途不同，接触器的触点分主触点和辅助触点两种。主触点通常为三对动合触点，用于通断主电路。主触点通过的电流较大，接在电动机主电路中。辅助触点一般有动合、动断触点各两对，用在控制电路中起电气自锁和互锁作用。辅助触点通过的电流较小，通常接在控制回路中。

　　当接触器触点断开时，若电路中动、静触点之间的电压超过 10～12V，电流超过 80～100mA，则动、静触点之间将出现强烈火花，这实际上是一种空气放电现象，通常称为"电弧"。随着两触点间距离的增大，电弧也相应地拉长，不能迅速切断。由于电弧的温度高达 3000℃或更高，导致触点被严重烧灼，缩短了电器的寿命，给设备的运行安全和人身安全等都造成了极大的威胁，因此，必须尽可能消灭电弧。常采用的灭弧方法和灭弧装置有：

　　（1）电动力灭弧：电弧在触点回路电流磁场的作用下，受到电动力作用拉长，并迅速离开触点而熄灭，如图 2.11（a）所示。

　　（2）纵缝灭弧：电弧在电动力的作用下，进入由陶土或石棉水泥制成的灭弧室窄缝中，电弧与室壁紧密接触，被迅速冷却而熄灭，如图 2.11（b）所示。

　　（3）栅片灭弧：电弧在电动力的作用下，进入由许多定间隔的金属片所组成的灭弧栅之中，电弧被栅片分割成若干段短弧，每段短弧上的电压达不到燃弧电压，同时栅片具有强烈的冷却作用，致使电弧迅速降温而熄灭，如图 2.11（c）所示。

　　（4）磁吹灭弧：灭弧装置设有与触点串联的磁吹线圈，电弧在吹弧磁场的作用下受力拉长，吹离触点，加速冷却而熄灭，如图 2.11（d）所示。

二、接触器的基本技术参数与型号含义

1. 额定电压

接触器额定电压是指主触点上的额定电压。其电压等级为：交流接触器，220、380、500V；直流接触器，220、440、660V。

2. 额定电流

接触器额定电流是指主触点的额定电流。其电流等级为：交流接触器，10、15、25、40、60、150、250、400、600A，最高可达 2500A；直流接触器，25、40、60、100、150、250、400、600A。

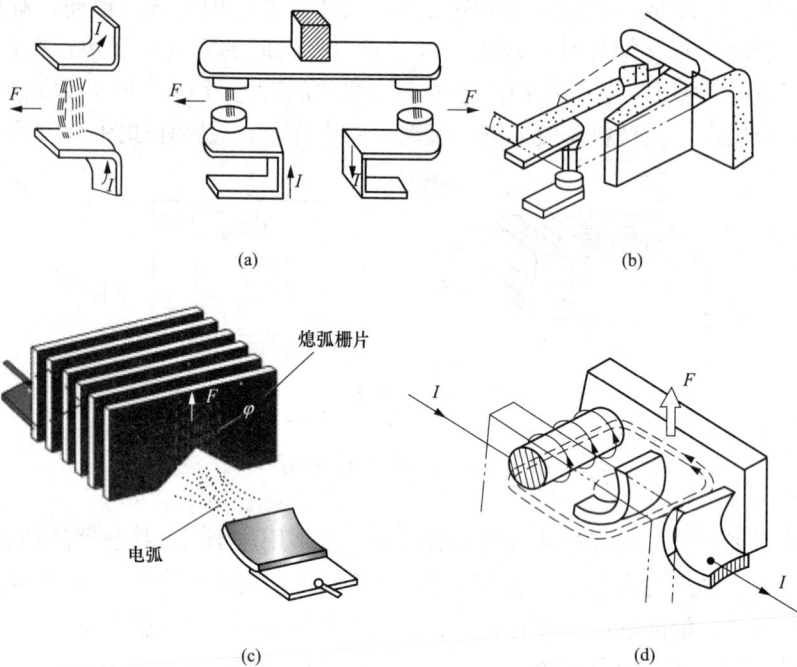

图 2.11　接触器的灭弧示意图
（a）电动力灭弧；（b）纵缝灭弧；（c）栅片灭弧；（d）磁吹灭弧

3. 线圈的额定电压

其电压等级为：交流线圈，36、110、127、220、380V；直流线圈，24、48、110、220、440V。

4. 额定操作频率

额定操作频率即每小时通断次数，交流接触器的额定操作频率可高达 6000 次/h，直流接触器的额定操作频率可达 1200 次/h。电气寿命达 500 万～1000 万次。

三、接触器的选用

接触器主触点的额定电压应大于或等于负载电路的额定电压；主触点的额定电流应大于负载电路的额定电流，或者根据经验公式计算，计算公式如下

$$I_C = P_N \times 10^3 / (K U_N)$$

式中　K——经验系数，一般取 1～1.4；

　　　P_N——电动机额定功率（kW）；

　　　U_N——电动机额定电压（V）；

　　　I_C——接触器主触点电流（A）。

如果接触器控制的电动机启动、制动或正反转较频繁，则一般将接触器主触点的额定电流降一级使用。

接触器线圈的额定电压不一定等于主触点的额定电压，从人身和设备安全角度考虑，线圈电压可选择低一些；但当控制线路简单，线圈功率较小时，为了节省变压器，可选 220V 或 380V。

四、接触器使用注意事项

接触器安装前应检查线圈的额定电压等技术数据是否与实际相符，然后将铁芯极面上的防锈油脂或锈垢用汽油擦净，以免多次使用后被油垢粘住，造成接触器断电时不能释放触点。接触器安装时，一般应垂直安装，其倾斜度不得超过 5°，以免会影响接触器的动作特性。安装有散热孔的接触器时，应将散热孔放在上下位置，以利于线圈散热。接触器安装与接线时，注意不要把杂物失落到接触器内，以免引起卡阻而烧毁线圈，同时，应将螺钉拧紧，以防振动松脱。

五、接触器维护及常见故障处理

接触器的触点应定期清扫并保持整洁，但不得涂油，当触点表面因电弧作用形成金属小珠时，应及时铲除，但银及银合金触点表面产生的氧化膜，由于接触电阻很小，可不必修复。

触点过热的主要原因有接触压力不足、表面接触不良、表面被电弧灼伤等，造成触点接触电阻过大，使触点发热。

触点磨损有两种原因：一是电气磨损，由于电弧的高温使触点上的金属氧化和蒸发所致；二是机械磨损，由于触点闭合时的撞击，触点表面相对滑动摩擦所致。

线圈失电后触点不能复位，其原因有：触点被电弧熔焊在一起；铁芯剩磁太大，复位弹簧弹力不足，活动部分被卡住等。

衔铁振动有噪声的主要原因：短路环损坏或脱落；衔铁歪斜；铁芯端面有锈蚀尘垢，动静铁芯接触不良；复位弹簧弹力太大；活动部分有卡滞，衔铁不能完全吸合等。

线圈过热或烧毁的主要原因：线圈匝间短路；衔铁吸合后有间隙；操作频繁，超过允许操作频率；外加电压高于线圈额定电压等。

2.2.6　熔断器

熔断器是一种结构简单、使用方便、价格低廉的保护电器，广泛用于供电线路和电气设备的短路保护电路中。在使用时，熔断器串联接在所保护的电路中，当电路发生短路或严重过载时，它的熔体能自动迅速熔断，从而切断电路，保护导线和电气设备不致损坏。

熔断器（见图 2.12）按结构形式分为插入式、螺旋式、有填料密封管式、无填料密封管式等。在电气控制系统中经常选用螺旋式熔断器，它有明显的分断指示，不用任何工具就可取下或更换熔体。

图 2.12　熔断器

一、熔断器的类型

1. 瓷插式熔断器

瓷插式熔断器也称为半封闭插入式熔断器，主要由瓷座、瓷盖、静触点、动触点和熔丝等组成，熔丝安装在瓷插件内。熔丝通常用铅锡合金或铅锑合金等制成，也有的用铜丝作熔丝。常用 RC1A 系列瓷插式（插入式）熔断器的结构和电气符号如图 2.13 所示。

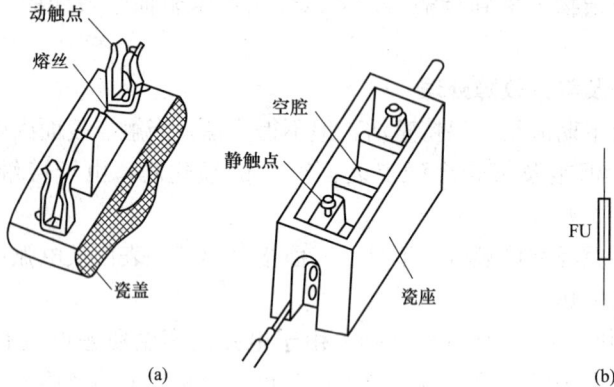

图 2.13　RC1A 系列瓷插式（插入式）熔断器
(a) 结构；(b) 电气符号

瓷座中部有一空腔，与瓷盖的凸出部分组成灭弧室。60A 以上的瓷插式熔断器空腔中还垫有纺织石棉层，以增强灭弧能力。该系列熔断器具有结构简单、价格低廉、体积小、带电更换熔丝方便等优点，且具有较好的保护特性，主要用于交流 400V 以下的照明电路中。但其分断能力较小，电弧较大，只适用于小功率负载的保护。其额定电压为 380V，额定电流有 5、10、15、30、60、100、200A 七个等级。

2. 螺旋式熔断器

螺旋式熔断器是一种有填料的封闭管式熔断器，结构较瓷插式熔断器复杂，其结构如图 2.14 所示。螺旋式熔断器主要由瓷帽、熔管、瓷套、上接线端、下接线端和底座等组成，

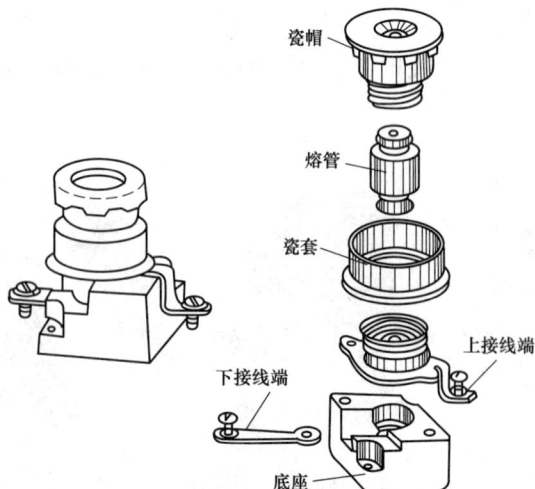

图 2.14　RL1 系列螺旋式熔断器

熔丝安装在熔体的瓷质熔管内,熔管内部充满起灭弧作用的石英砂。熔体自身带有熔体熔断指示装置。

3. 有填料封闭管式熔断器

有填料封闭管式熔断器由底座、熔体两部分组成,熔体安放在瓷质熔管内,熔管内部充满石英砂作灭弧用,其结构如图 2.15 所示。

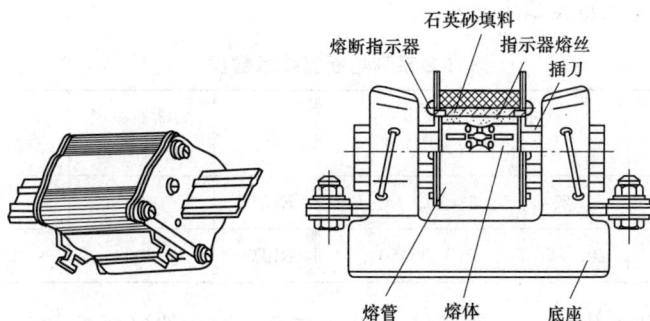

图 2.15　有填料封闭管式熔断器

4. 无填料封闭管式熔断器

无填料封闭管式熔断器主要用于低压电力网以及成套配电设备中,其结构如图 2.16 所示。

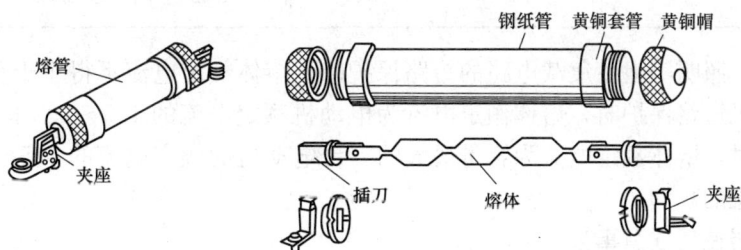

图 2.16　无填料封闭管式熔断器

二、熔断器的主要参数

1. 额定电压

熔断器的额定电压,是从灭弧角度出发,规定熔断器所在电路工作电压的最高限额。如果线路的实际电压超过熔断器的额定电压,一旦熔体熔断,则有可能发生电弧不能及时熄灭的现象。

2. 额定电流

熔断器的额定电流实际上是指熔座的额定电流,这是由熔断器长期工作所允许的温升决定的电流值。配用的熔体的额定电流应小于或等于熔断器的额定电流。

3. 熔体的额定电流

熔体长期通过而不熔断的最大电流,即为熔体的额定电流。

4. 极限分断能力

熔断器的极限分断能力是指熔断器所能分断的最大短路电流值。分断能力的大小与熔断器的灭弧能力有关，而与熔断器的额定电流值无关。熔断器的极限分断能力必须大于线路中可能出现的最大短路电流值。

三、熔断器的选择

熔断器应根据其特点、应用场所及实际应用的具体要求来确定。在选用熔断器的具体参数时，应保证熔断器的额定电压大于或等于被保护电路的工作电压，其额定电流大于或等于所装熔体的额定电流，如表 2.1 所示。

表 2.1 　　　　　　　　　　　　RL 系列熔断器技术数据

型号	熔断器额定电流（A）	可装熔丝的额定电流（A）	型号	熔断器额定电流（A）	可装熔丝的额定电流（A）
RL15	15	2、4、5、6、10、15、	RL100	100	60、80、100
RL60	60	20、25、30、35、40、50、60	RL200	200	100、125、150、200

熔体额定电流值的大小与熔体线径的粗细有关，熔体线径越粗的额定电流值越大。表2.2 列出了熔体的熔断时间。

表 2.2 　　　　　　　　　　　　熔体的熔断时间

熔断电流倍数	1.25～1.3	1.6	2	3	4	8
熔断时间	∞	1h	40s	4.6s	2.6s	瞬时

用于电炉、照明等阻性负载电路的短路保护时，熔体额定电流不得小于负载额定电流；用于单台电动机短路保护时，熔体额定电流为电动机额定电流的 1.5～2.5 倍；用于多台电动机短路保护时，熔体额定电流为容量最大的一台电动机的额定电流的 1.5～2.5 倍与其余电动机额定电流的总和。

四、熔断器使用注意事项

安装熔断器时应注意：必须在断电情况下操作；熔断器必须完整无损（不可拉长），接触紧密可靠，但也不能绷紧；熔断器应安装在线路的各相线上，在三相四线制的中性线上严禁安装熔断器，在单相二线制的中性线上应安装熔断器；螺旋式熔断器在接线时，为了更换熔管时的安全，下接线端应接电源，而连螺口的上接线端应接负载。

💡 想 一 想

1. 什么是三相四线制供电系统？
2. 为什么三相四线制的中性线上严禁安装熔断器？

2.3　知识链接——点动控制和自锁控制电路

2.3.1　点动控制电路

电动机短时断续工作时，按下按钮电动机转动，松开按钮电动机停止动作，这样的控制即为点动控制。将点动按钮直接与接触器的线圈串联即可实现点动控制，电动机的运行时间由按钮按下的时间决定。点动控制是用按钮、接触器来控制电动机运转的最简单的正转控制线路，生产机械在试车和调整时通常要求点动控制，电动葫芦和机床快速移动装置、龙门刨床横梁的上下移动，摇臂钻床立柱的夹紧与放松，桥式起重机吊钩、大车运行的操作控制等，都需要单向点动控制。点动控制如图 2.17 所示。

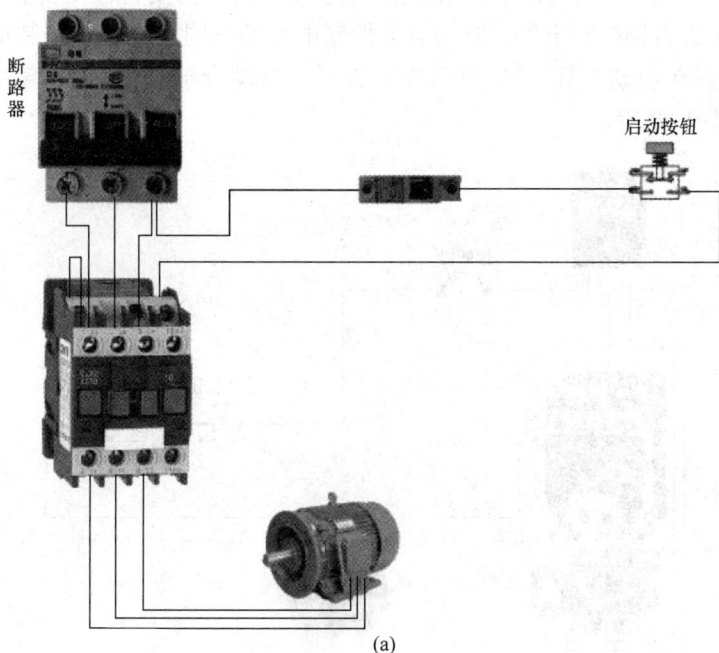

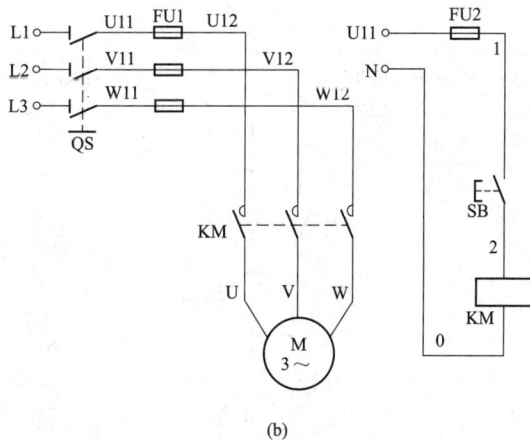

图 2.17　点动控制电路

（a）实物接线；（b）控制电路

电路控制动作过程：

（1）启动：先合上电源开关 QS，按下按钮 SB→交流接触器 KM 线圈得电→KM 主触点闭合→电动机 M 转动。

（2）停止：松开按钮 SB→交流接触器 KM 线圈失电→KM 主触点断开→电动机 M

停止。

2.3.2 自锁控制电路

点动控制电路中，要使电动机转动，就必须按住按钮不放，而在实际生产中，有些电动机需要长时间连续地运行，使用点动控制是不现实的，这就需要自锁控制电路。

图 2.18 所示为自锁控制电路，其与点动控制电路的不同之处在于控制电路中增加了一个停止按钮 SB1，在启动按钮 SB3 的两端并联了一对动合触点 KM1，增加了（热继电器 FR1）作为过载保护装置。

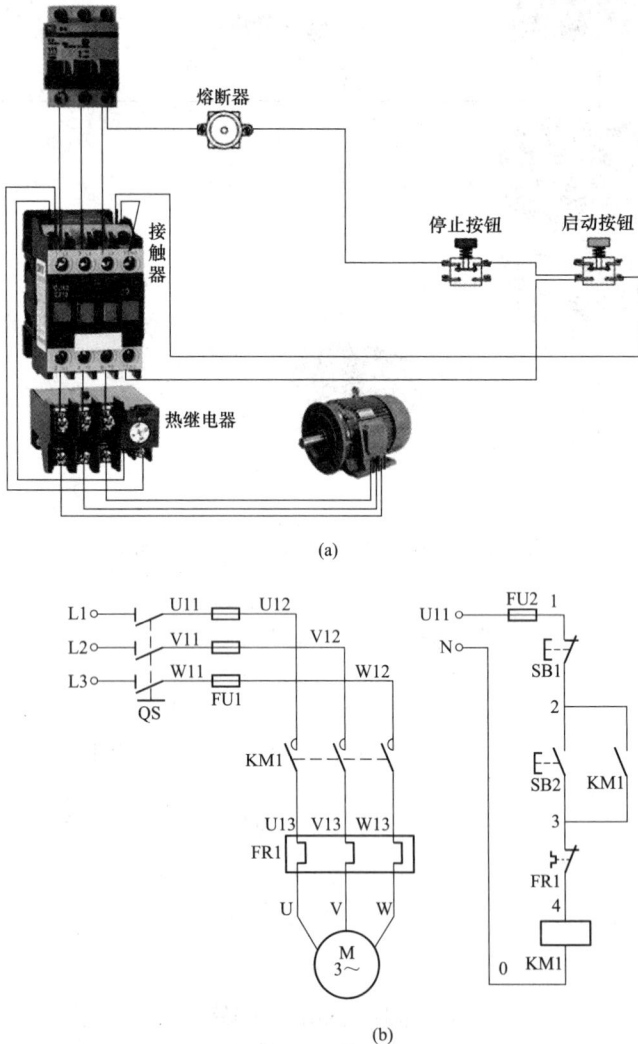

(a)

(b)

图 2.18 自锁控制电路

(a) 实物接线；(b) 控制电路

工作过程：按下启动按钮 SB2，接触器 KM1 线圈通电，主触点闭合，电动机 M 启动旋转，接触器 KM1 线圈通过辅助触点继续维持通电，保证主触点 KM1 仍处在接通状态，这样，松开按钮时电动机 M 就不会失电停转。

自锁控制电路具有欠电压保护、失电压保护、过载保护的作用。

欠电压是指电路电压低于电动机应加的额定电压。欠电压的后果是电动机转矩降低，转速下降，影响电动机的正常运行，欠电压严重时会损坏电动机，发生事故。在具有接触器自锁的控制电路中，当电动机运转时，电源电压降低到一定值（一般低到 85％额定电压以下），由于接触器线圈磁通减弱，电磁吸力克服不了反作用弹簧的压力，动铁芯释放，从而使接触器主触点分开，自动切断主电路，电动机停转，起到欠电压保护的作用。

生产设备运行时发生故障，引起瞬时断电，生产机械停转，当故障排除恢复供电时，由于电动机的重新启动，很可能引起设备与人身事故的发生。采用自锁控制电路，即使电源恢复供电，由于自锁触点仍然保持断开，接触器线圈不会通电，所以电动机不会自行启动，从而避免了可能出现的事故。这种保护称为失电压保护或零电压保护。

电动机运行过程中，若长期负载过大或操作频繁，或三相电路断掉一相运行等原因，可能使电动机的电流超过其额定值，在这种情况下熔断器有时尚不会熔断，将引起电动机绕组过热，损坏电动机绝缘，因此，应对电动机设置过载保护，通常采用三相热继电器。

想 一 想

试分析图 2.19 所示电气原理图的工作过程。

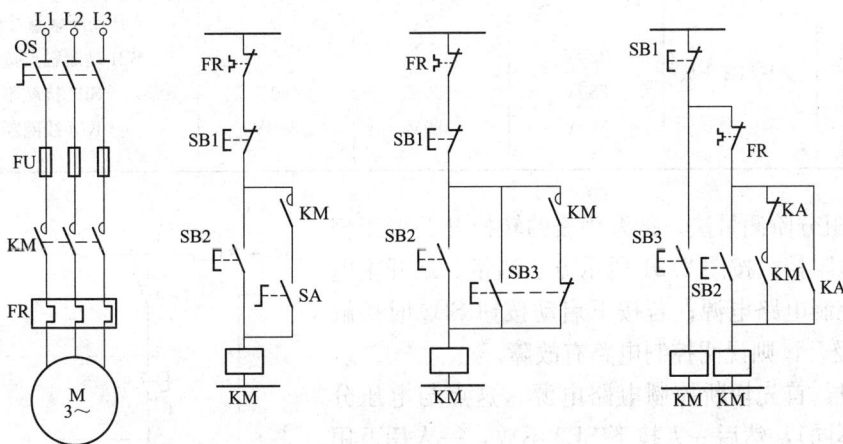

图 2.19　电气控制原理图示例

2.3.3　电动机控制线路的检修

电动机控制线路故障检修的一般步骤和方法：

（1）用试验法观察故障现象，初步判定故障范围。在不扩大故障范围，不损坏电气设备和机械设备的前提下，对线路进行通电试验，观察电气设备和电器元件的动作是否正常，各控制环节的动作程序是否符合要求，找出故障发生部位或回路。

（2）用逻辑分析法缩小故障范围。根据电气控制线路的工作原理、控制环节的动作程序以及它们之间的联系，结合故障现象具体分析，缩小故障范围，从而判断出故障所在。这种方法特别适用于复杂线路。

（3）用测量法确定故障点。利用电工工具和仪表（如测电笔、万用表、钳形电流表、绝缘电阻表等）对线路进行带电或断电测量，从而查找出故障点。下面分别介绍电压分阶测量法和电阻分阶测量法。

1）电压分阶测量法。把万用表的转换开关置于交流电压 500V 挡位，按图 2.20 所示方法测量。断开主电路，接通控制电路的电源。若按下启动按钮 SB2 时接触器 KM 不吸合，则说明控制电路有故障。

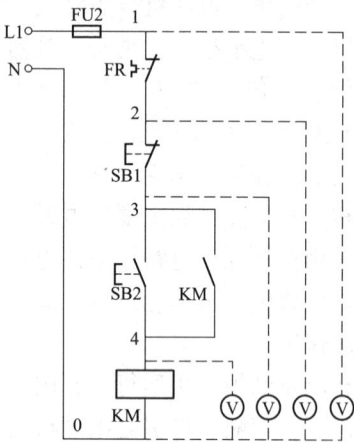

图 2.20　电压分阶测量法

测量时，需要两人配合进行。一人先测量 0、1 两点之间的电压，若电压为 380V，则说明控制电路的电源电压正常。然后由另一人按下 SB2 不放，一人把黑表棒接到 0 点上，红表棒依次接到 2、3、4 各点上，分别测量出 0-2、0-3、0-4 各两点之间的电压，像下或上台阶一样依次测量电压，所以叫电压分阶测量法。根据测量结果即可找出故障点，见表 2.3。

表 2.3　　　　　　　　　　　　　　电压分阶测量法查找故障点

故障现象	测量状态	0-2	0-3	0-4	故障点
按下 SB2 时，KM 不吸合	按下 SB2 不放	0	0	0	FR 动断触点接触不良
		380V	0	0	SB1 动断触点接触不良
		380V	380V	0	SB2 接触不良
		380V	380V	380V	KM 线圈断路

2）电阻分阶测量法。把万用表的转换开关置于倍率适当的电阻挡，按图 2.21 所示方法测量。断开主电路，接通控制电路电源；若按下启动按钮 SB2 时接触器 KM 不吸合，则说明控制电路有故障。

测量时，首先切断控制电路电源（这点与电压分阶测量法不同），然后一人按下 SB2 不放，一人用万用表依次测量出 0-1、0-2、0-3、0-4 各两点之间的电阻值。根据测量结果即可找出故障点，见表 2.4。

根据故障点的不同情况，采取正确的方法排除故障。检修完毕，进行通电空载校验或局部空载校验。

电动机基本控制线路检修注意事项：

（1）用测电笔检测故障时，必须检查测电笔是否符合使用要求。

（2）不能随意更改线路，也不能带电触摸元器件。

（3）仪表使用要正确，以防止引起错误判断。

（4）带电检修故障时，必须有人现场监护，并要确保用电安全。

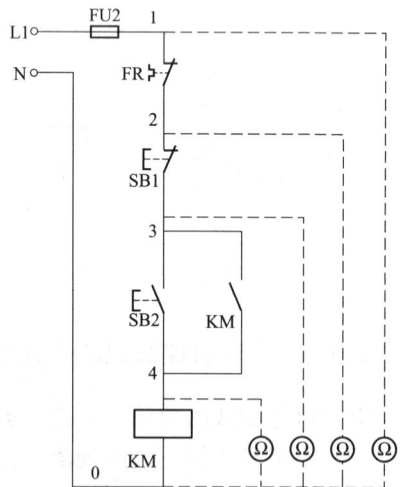

图 2.21　电阻分阶测量法

表 2.4		电阻分阶测量法查找故障点				
故障现象	测量状态	0-1	0-2	0-3	0-4	故障点
按下 SB2 时， KM 不吸合	按下 SB2 不放	∞	R	R	R	FR 动断触点接触不良
		∞	∞	R	R	SB1 动断触点接触不良
		∞	∞	∞	R	SB2 接触不良
		∞	∞	∞	∞	KM 线圈断路

2.4　CA6140 车床电气控制电路分析及故障检修

CA6140 普通车床的电气控制电路如图 2.22 所示。

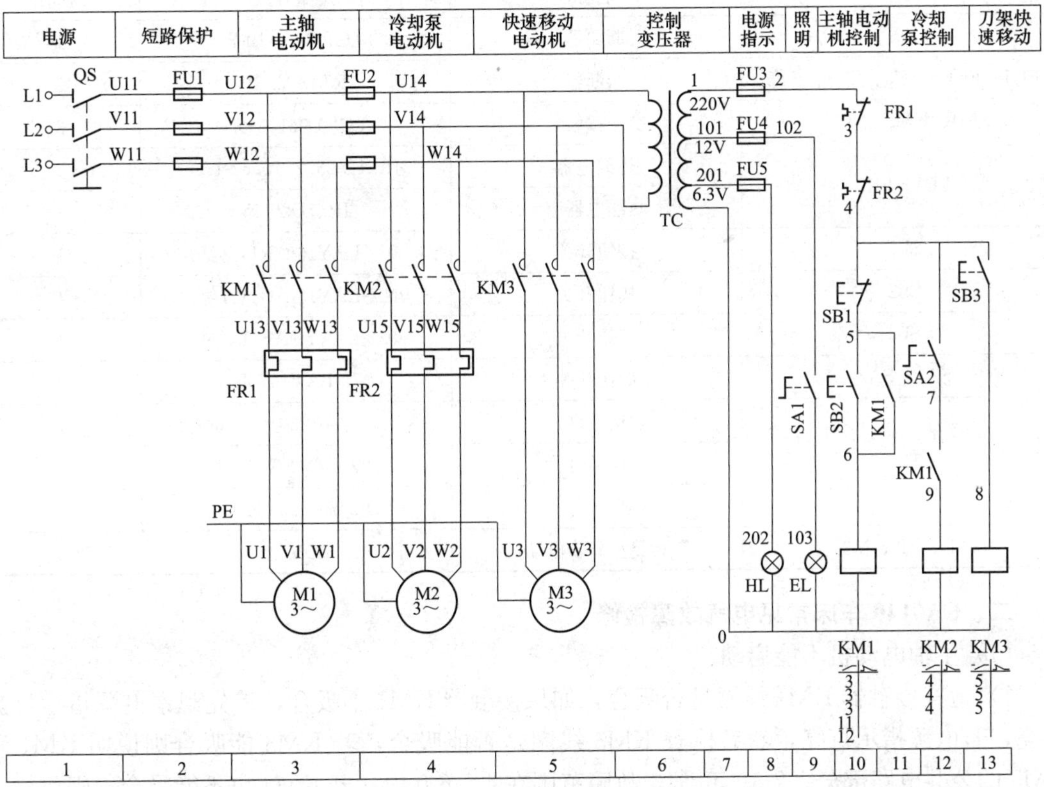

图 2.22　CA6140 普通车床电气控制电路

一、CA6140 车床控制电路的分析

识读电路图的一般方法和步骤：一般先看标题栏，了解电路图的名称及标题栏中有关内容，对电路图有个初步认识。其次看主电路，了解主电路控制电动机有几台，各有什么功能。最后看控制电路，了解用什么方法来控制电动机，与主电路如何配合，属于哪一种典型电路。

（1）主轴电动机控制。主电路中的 M1 为主轴电动机，按下启动按钮 SB2，KM1 线圈得电吸合，KM1 辅助触点 5-6 闭合自锁，KM1 主触点闭合，主轴电动机 M1 启动，同时 KM1 辅助触点 7-9 闭合，为冷却泵启动做好准备。

（2）冷却泵控制。主电路中的 M2 为冷却泵电动机。在主轴电机启动后，KM1 触点 7-9 闭合，将开关 SA2 闭合，KM2 线圈吸合，冷却泵电动机启动；将 SA2 断开，冷却泵停止，将主轴电机停止，冷却泵也自动停止。

（3）刀架快速移动控制。刀架快速移动电动机 M3 采用点动控制，按下 SB3，KM3 线圈吸合，其主触点闭合，M3 启动，松开 SB3，KM3 线圈释放，电动机 M3 停止。

（4）照明和信号灯电路。接通电源，控制变压器输出电压，HL 直接得电发光，作为电源信号灯。EL 为照明灯，开关 SA1 闭合 EL 亮，SA1 断开 EL 灭。

（5）电器元件明细表见表 2.5。

表 2.5　　　　　　　　　　　　　电器元件明细表

代号	名称	型号	数量
QS	断路器	DZ108-20/10-F	1
FU1、FU2、FU3、FU4、FU5	熔断器	RT18-32-3P	3
KM1、KM2 、KM3	交流接触器	LC1-D0610M5N	3
FR1、FR2	热继电器	JRS1D-25/Z（0.63-1A）	2
	热继电器座	JRS1D-25 座	2
SB1	按钮开关	Φ22-LAY16-AR11（红）	1
SB2	按钮开关	Φ22-LAY16-AG11（绿）	1
SB3	按钮开关	Φ22-LAY16-AB11（黑）	1
SA1、SA2	旋钮开关	Φ22-LAY16-DB11	2
HL	信号灯	XDJ2/AC220VY（黄）	1
	信号灯	XDJ2/AC220VY（黄）	1
	信号灯	XDJ2/AC220VR（红）	1
M1、M2、M3	三相笼型异步电动机	380V/△	3

二、CA6140 车床常见电气故障检修

（1）主轴电动机不能启动。

1）检查接触器 KM1 线圈是否吸合，如果接触器 KM1 不吸合，首先观察电源指示灯是否亮，若电源指示灯亮，然后检查 KM3 线圈是否能吸合，若 KM3 能吸合则说明 KM1 和 KM3 的公共电路部分 1-2-3-4 正常，故障范围在 4-5-6-0 内，若 KM3 也不能吸合，则要检查 FU3 是否熔断，热继电器 FR1、FR2 是否动作，控制变压的输出电压是否正常，线路 1-2-3-4 之间是否开路。

2）若 KM1 能吸合，则判断故障在主电路。

3）KM1 能吸合，说明 U、V 相正常（若 U、V 相不正常，控制变压器输出就不正常，则 KM1 无法正常吸合），测量 U、W 之间和 V、W 之间有无 380V 电压，没有，则可能是 FU1 的 W 相熔断或连线开路。

（2）主轴电动机启动后不能自锁。按下启动按钮 SB2 后，主轴电动机能够启动，但松开 SB2 后主轴电动机也随之停止，造成这种故障的原因是 KM1 的自锁触点 5-6 接触不良或连线松动脱落。

（3）主轴电动机在运行过程中突然停止。这种故障主要是由于热继电器动作造成，原因可能是三相电源不平衡、电源电压过低、负载过重等。

（4）刀架快速移动电动机不能启动。首先检查主轴电动机能否启动，如果主轴电动机能够启动，则有可能是 SB3 接触不良或导线松动脱落造成 4-8 间电路不通。

三、CA6140 普通车床的操作

（1）准备工作：查看各电器元件上的接线是否紧固，各熔断器是否安装良好；将各开关置分断位置。

（2）操作试运行。接通电源，参看电气原理图，按下列步骤进行操作：

1）合上开关 QS，"电源"指示灯亮；将照明开关 SA1 旋到"开"的位置，"照明"指示灯亮，将 SA1 旋到"关"，照明指示灯灭。按下"主轴启动"按钮 SB2，KM1 吸合，主轴电动机转，"主轴启动"指示灯亮，按下"主轴停止"按钮 SB1，KM1 释放，主轴电动机停转。

2）冷却泵控制。按下 SB2 主轴启动，将冷却泵开关 SA2 旋到"开"位置，KM2 吸合，冷却泵电动机转动，"冷却泵启动"指示灯亮，将 SA2 旋到"关"，KM2 释放，冷却泵电动机停转。

3）快速移动电动机控制。按下 SB3，KM3 吸合，"刀架快速移动"指示灯亮，快速移动电动机转动；松开 SB3，KM3 释放，"刀架快速移动"指示灯灭，快速移动电动机停止。

（3）操作注意事项：

1）设备通电后，严禁在电器侧随意扳动电器元件。尽量采用不带电检修。若带电检修，则必须有人在现场监护。

2）必须安装好各电动机、支架接地线，操作前要仔细查看各接线端，有无松动或脱落，以免通电后发生意外或损坏电器。

3）在操作中若发出不正常声响，应立即断电，查明故障原因。故障噪声主要来自电机缺相运行，接触器、继电器吸合不正常等。

4）发现熔芯熔断，找出故障后，方可更换同规格熔芯。

5）操作时用力不要过大，速度不宜过快，操作频率不宜过于频繁。

6）结束后，应断开电源，将各开关置分断位。

项目 3 电动葫芦电气控制

3.1 电动葫芦简介

电动葫芦（见图 3.1）是特种起重设备，安装于天车、龙门吊之上，具有体积小、自重轻、操作简单、使用方便等特点，用于工矿企业、仓储码头等场合，其起重量一般为 0.1～80t，起升高度为 3～30m。

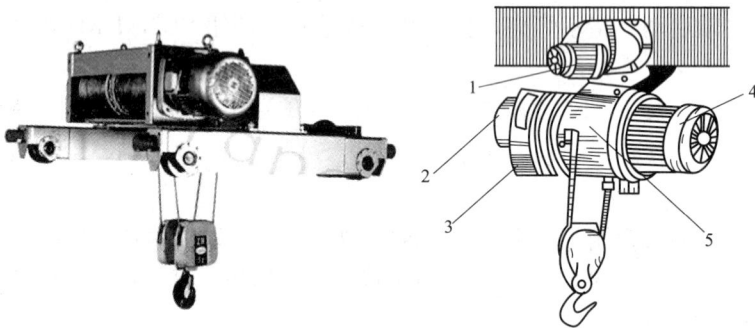

图 3.1 电动葫芦
1—移动电动机；2—电磁制动器；3—减速器；4—提升电动机；5—卷筒

3.2 知识链接——常用控制继电器

本项目涉及的低压电器主要介绍继电器。继电器主要用于控制与保护电路中进行信号转换。继电器具有输入电路（又称感应元件）和输出电路（又称执行元件），当感应元件中的输入量（如电流、电压、温度、压力等）变化到一定值时继电器动作，执行元件便接通和断开控制回路。

常用的继电器有中间继电器、时间继电器、热继电器电流继电器、电压继电器，以及温度、压力、计数、频率继电器等。

中间继电器、电流继电器和电压继电器属于电磁式继电器，结构、工作原理与接触器相似，由电磁系统、触点系统和释放弹簧等组成。由于继电器用于控制电路，流过触点的电流小，故不需要灭弧装置。

3.2.1 中间继电器

中间继电器实质上是电压继电器的一种，触点数多，触点电流容量大，动作灵敏。中间继电器的主要用途是当其他继电器的触点数或触点容量不够时，可借助中间继电器来扩大它们的触点数或触点容量，从而起到中间转换的作用。中间继电器的结构及工作原理与接触器基本相同，因而中间继电器又称为接触器式继电器。中间继电器的触点对数多，且没有主辅之分，各对触点允许通过的电流大小相同，多数为 5A。因此，对于工作电流小于 5A 的电气控制电路，可用中间继电器代替接触器实施控制。中间继电器的外形、结构、电气符号如图 3.2 所示。

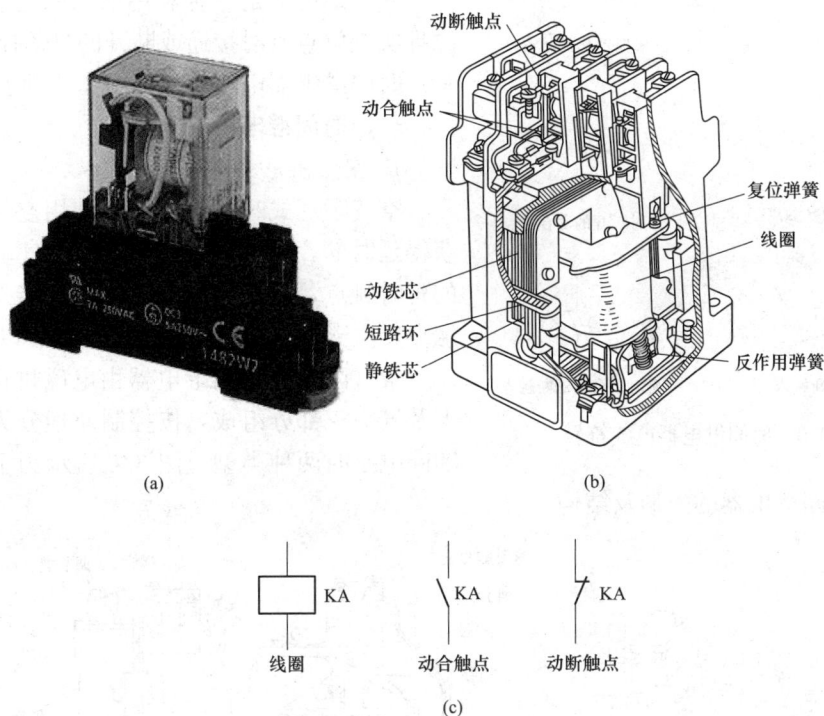

(a)　　　　　　　　　　(b)

(c)

图 3.2　中间继电器
(a) 实物；(b) 结构；(c) 电气符号

中间继电器主要作用如下：

（1）增加触点数量。在电路控制系统中一个接触器的触点需要控制多个接触器或其他元件时，可在线路中增加一个中间继电器。

（2）增加触点容量。中间继电器的触点容量虽然不大，但也具有一定的带负载能力，同时其驱动所需要的电流又很小，因此可以用中间继电器来扩大触点容量。比如一般不能直接用感应开关、三极管的输出去控制负载比较大的电器元件，而是在控制线路中使用中间继电器，通过中间继电器来控制其他负载，达到扩大控制容量的目的。

（3）转换触点类型。在工业控制线路中，常常会出现这样的情况，需要使用接触器的动断触点才能达到控制目的，但是接触器本身的动断触点已经用完，无法完成控制任务，这时可以用一个中间继电器与原来的接触器线圈并联，用中间继电器的动断触点去控制相应的元件，转换一下触点类型，达到控制目的。

（4）用作开关。在一些控制线路中，一些电器元件的通断常常使用中间继电器，用其触点的通断来控制，例如电视机或显示器中常见的自动消磁电路，利用三极管控制中间继电器的通断，从而控制消磁线圈通断。

（5）转换电压。

（6）消除电路中的干扰。

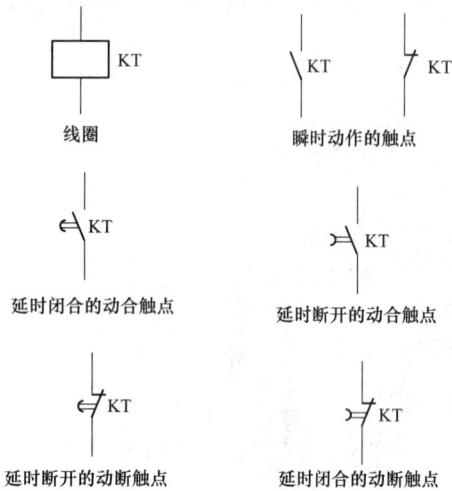

线圈　　　　　　瞬时动作的触点

延时闭合的动合触点　　　延时断开的动合触点

延时断开的动断触点　　　延时闭合的动断触点

图 3.3　时间继电器电气符号

气阻尼式时间继电器的外形及结构。

3.2.2　时间继电器

时间继电器是一种利用电磁原理或机械动作原理实现触点延时接通或断开的自动控制电器。

时间继电器电气符号如图 3.3 所示。

一、时间继电器的分类

1. 空气阻尼式时间继电器

空气阻尼式时间继电器是利用空气阻尼原理获得延时的，既具有由空气室中的气动机构带动的延时触点，也具有由电磁机构直接带动的瞬动触点，电磁机构可以是直流的，也可以是交流的。

空气阻尼式时间继电器由电磁机构、工作触点及气室三部分组成，按控制原理分为通电延时和断电延时两种类型。图 3.4 所示为 JS7-A 型空

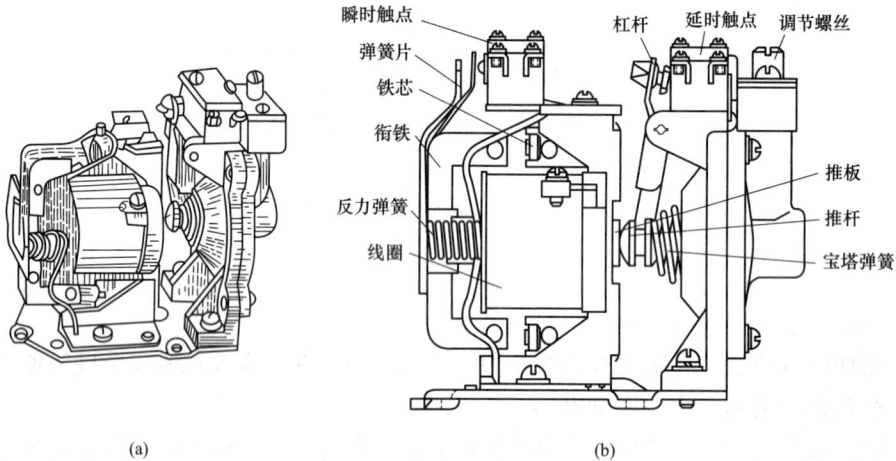

(a)　　　　　　　　　　　　(b)

图 3.4　JS7-A 型空气阻尼式时间继电器的外形及结构

(a) 外形；(b) 结构

空气阻尼式时间继电器工作原理如图 3.5 所示。

通电延时型时间继电器电磁铁线圈 1 通电后，将衔铁 4 吸下，于是顶杆 6 与衔铁间出现一个空隙。当与顶杆 6 相连的活塞 12 在弹簧 7 作用下由上向下移动时，在橡皮膜 9 上面形成空气稀薄的空间（气室），空气由进气孔 11 逐渐进入气室，活塞 12 因受到空气的阻力，不能迅速下降。降到一定位置时，杠杆 15 使延时触点 14 动作（动合触点闭合，动断触点断开）。线圈断电时，弹簧 8 使衔铁和活塞等复位，空气经橡皮膜 9 与顶杆 6 之间推开的气隙迅速排出，触点瞬时复位。

断电延时型时间继电器与通电延时型时间继电器的原理与结构均相同，只是将其电磁机

构翻转 180°安装。

空气阻尼式时间继电器的延时时间有 0.4～180s 和 0.4～90s 两种,具有延时范围较宽、结构简单、工作可靠、价格低廉、寿命长等优点。

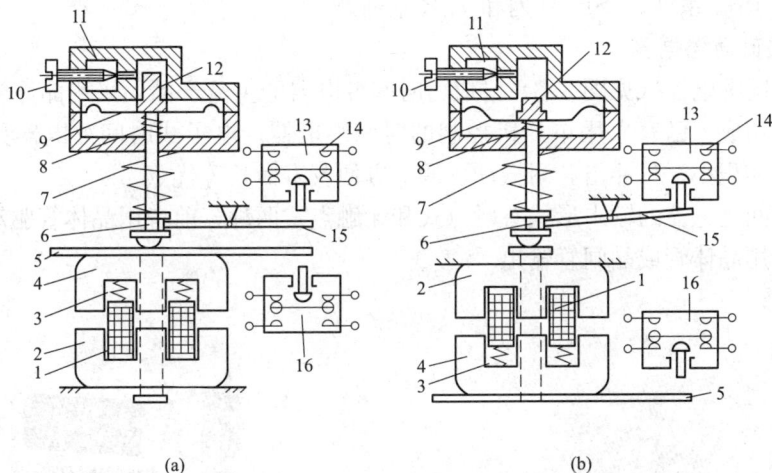

图 3.5 空气阻尼式时间继电器工作原理图

(a) 通电延时型;(b) 断电延时型

1—线圈;2—静铁芯;3、7、8 弹簧;4—衔铁;5—推板;6—顶杆;9—橡皮膜;10—螺钉;

11—进气孔;12—活塞;13、16—微动开关;14—延时触点;15—杠杆

2. 直流电磁式时间继电器

在直流电磁式电压继电器的铁芯上增加一个阻尼铜套,即可构成时间继电器,如图 3.6 所示。它是利用电磁阻尼原理产生延时的,由电磁感应定律可知,在继电器线圈通断电过程中铜套内将感应电动势,并流过感应电流,此电流产生的磁通总是反对原磁通变化。继电器通电时,由于衔铁处于释放位置,气隙大,磁阻大,磁通小,铜套阻尼作用相对也小,因此衔铁吸合时延时不显著(一般忽略不计)。而当继电器断电时,磁通变化量大,铜套阻尼作用也大,使衔铁延时释放而起到延时作用。因此,这种继电器仅用作断电延时。这种时间继电器延时较短,JT3 系列最长不超过 5s,而且准确度较低,一般只用于要求不高的场合。

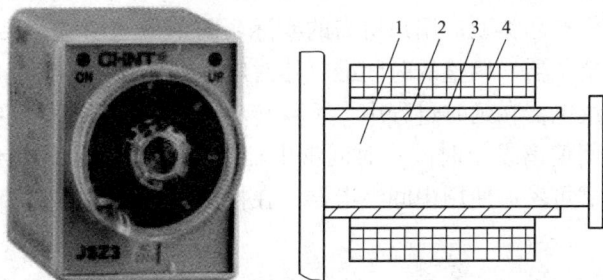

图 3.6 直流电磁式时间继电器

1—铁芯;2—阻尼铜套;3—绝缘层;4—线圈

3. 电动式时间继电器

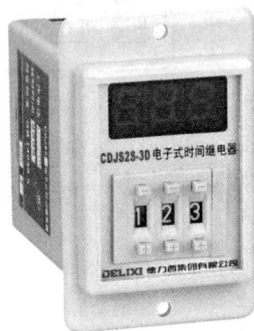

电动式时间继电器（见图 3.7）由同步电动机、减速齿轮机构、电磁离合系统及执行机构构成。电动式时间继电器延时时间长，可达数十小时，延时精度高，但结构复杂，体积较大，常用的有 JS10 系列、JS11 系列和 7PR 系列。

4. 电子式时间继电器

电子式时间继电器（见图 3.8）已成为时间继电器的主流产品，采用晶体管或集成电路和电子元件等构成，已有采用单片机控制的时间继电器。电子式时间继电器具有延时范围广、精度高、体积小、耐冲击和耐振动、调节方便及寿命长等优点。

半导体时间继电器的输出形式有触点式和无触点式两种，前者用晶体管驱动小型磁式继电器，后者采用晶体管或晶闸管输出。

图 3.7　电动式时间继电器　　　　　　　　　图 3.8　电子式时间继电器

随着微电子技术的发展，采用集成电路、功率电路和单片机等电子元件构成的时间继电器大量应用，如 DHC48 系列多制式单片机控制时间继电器，J5S17、J3320、JSZ13 等系列大规模集成电路数字时间继电器，J5145 等系列电子式数显时间继电器，J5G1 等系列固态时间继电器等。

二、时间继电器的选用

选用时间继电器时应注意：其线圈（或电源）的电流种类和电压等级应与控制电路相同；按控制要求选择延时方式和触点型式；校核触点数量和容量，若不够时，可用中间继电器进行扩展；根据具体的使用场所和要求，如延时精度要求、整定误差、数字显示、安装方式、产品价格等来选择产品类型；用户所需的实际延时值应与所选产品最大延时值相吻合，尤其是在选用旋钮（电位器）调整的时间继电器时应特别注意，应避免用长延时的产品对短延时进行控制；时间继电器在延时过程中，不要转动已设定旋钮或拨动拨码预置开关和倍率开关，以免使延时时间偏离设定时间；时间继电器的触点工作电流应不超过其额定工作电流，如需控制较大负载可考虑使用中间继电器，在控制较大感性负载时，还应考虑在工作触点并联 RC 吸收电路。

3.2.3　热继电器

热继电器是专门用来对连续运行的电动机进行过载及断相保护，以防止电动机过热而烧毁的保护电器，其外形及电气符号如图 3.9 所示。

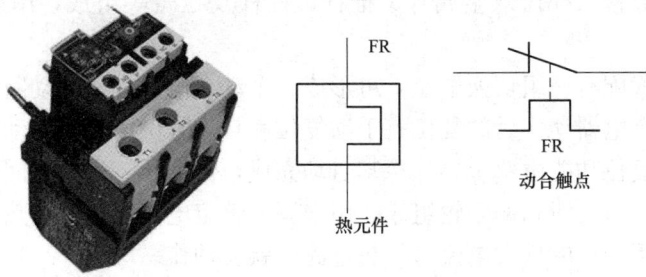

图 3.9 热继电器的外形及电气符号

1. 热继电器的组成

常用的热继电器有两种：由两个热元件组成的两相结构，由三个热元件组成的三相结构。两相结构的热继电器主要由热元件、双金属片动作机构、触点系统、电流整定装置、复位机构和温度补偿元件等组成，如图 3.10 所示。

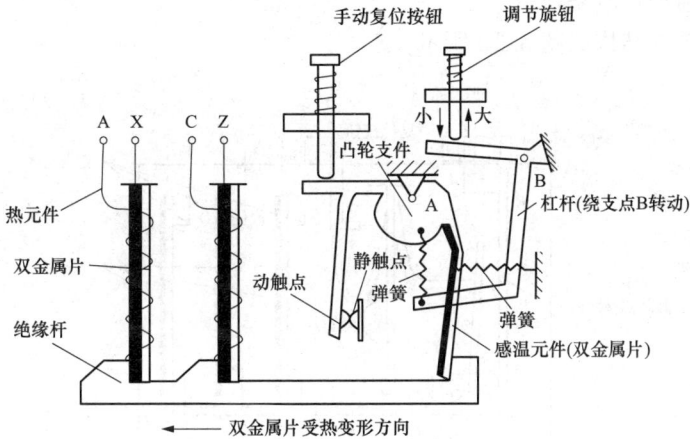

图 3.10 两相热继电器结构示意图

热元件：是热继电器接收过载信号的部分，由双金属片及绕在双金属片外面的绝缘电阻丝组成。双金属片由两种热膨胀系数不同的金属片复合而成，如铁-镍-铬合金和铁-镍合金。电阻丝用康铜和镍铬合金等材料制成，使用时串联在被保护的电路中。当电流通过热元件时，热元件对双金属片进行加热，两层金属片受热后因伸长率不同而有所弯曲。热元件对双金属片加热的方式有直接加热、间接加热和复式加热三种，如图 3.11 所示。

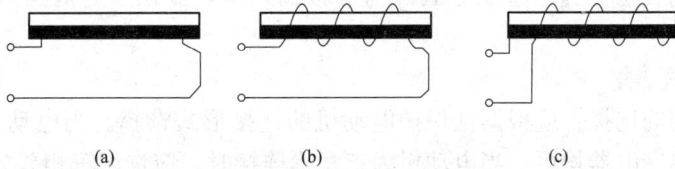

图 3.11 热继电器双金属片加热方式示意图

（a）直接加热；（b）间接加热；（c）复式加热

动作机构：由导板、补偿双金属片、推杆、杠杆及拉簧等组成，用来补偿环境温度的影响。

触点系统：一般配有一组切换触点，可形成一个动合触点和一个动断触点。

复位按钮：热继电器动作后的复位有手动复位和自动复位两种，手动复位的功能由复位按钮来完成，自动复位功能由双金属片冷却自动完成，但需要一定的时间。

整定电流装置：由旋钮和偏心轮组成，用来调节整定电流的数值。热继电器的整定电流是指热继电器长期不动作的最大电流值，超过此值就要动作。

2. 热继电器的工作原理

将热继电器的三相热元件分别串接在电动机三相主电路中，当电动机正常运行时，热元件产生的热量不会使触点系统动作；当电动机过载时，流过热元件的电流加大，经过一定的时间，热元件产生的热量使双金属片的弯曲程度超过一定值，通过导板推动热继电器的触点动作（动合触点闭合，动断触点断开）。通常用热继电器串接在接触器线圈电路的动断触点来切断线圈电流，使电动机主电路失电。故障排除后，按手动复位按钮，热继电器触点复位，可以重新接通控制电路。

三相热继电器的结构如图 3.12 所示。

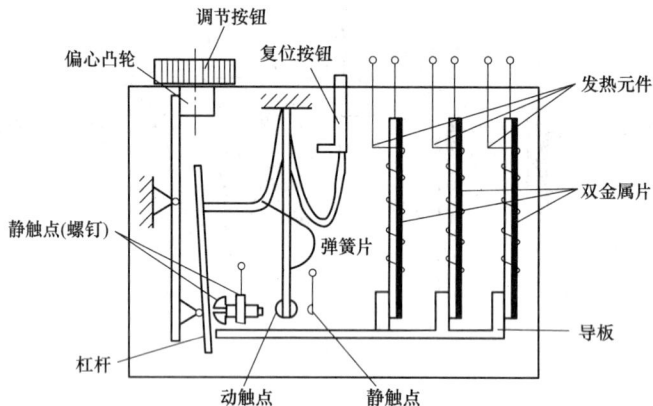

图 3.12　三相热继电器结构示意图

3. 热继电器的主要参数

额定电流是指热继电器中可以安装的热元件的最大整定电流值。

整定电流是指热元件能够长期通过而不致引起热继电器动作的最大电流值。通常热继电器的整定电流是按电动机的额定电流整定的。对于某一热元件的热继电器，可手动调节整定电流旋钮，通过偏心轮机构调整双金属片与导板的距离，能在一定范围内调节其电流的整定值。

4. 热继电器的选用

热继电器种类的选择：应根据被保护电动机的连接形式选择。当电动机为星形连接时，选用两相或三相热继电器均可；当电动机为三角形连接时，应选用三相差分放大结构的热继电器。主要根据电动机的额定电流来确定其型号和使用范围。

选择时，要求额定电压大于或等于触点所在线路的额定电压，要求额定电流大于或等于被保护电动机的额定电流。

　　热继电器的整定电流要根据电动机的额定电流、工作方式等而定，一般情况下可按电动机额定电流值整定。

　　对过载能力较差的电动机，可将热元件整定值调整到电动机额定电流的 0.6~0.8 倍。对启动时间较长，拖动冲击性负载或不允许停止的电动机，热元件的整定电流应调节到电动机额定电流的 1.1~1.15 倍。

　　对于重复短时工作制的电动机（例如起重电动机等），由于电动机不断重复升温，热继电器双金属片的温升跟不上电动机绕组的温升变化，故不宜采用双金属片式热继电器作过载保护。

5. 热继电器使用注意事项

　　热继电器安装接线时，应清除触头表面污垢，以避免因电路不通或接触电阻加大而影响热继电器的动作特性。

　　如电动机启动时间过长或操作次数过于频繁，则可能使热继电器误动作或烧坏热继电器，这种情况一般不用热继电器作过载保护，如仍用热继电器，则应在热元件两端并接一对接触器或继电器的动断触点，待电动机启动完毕，使动断触点断开后，再将热继电器投入工作。

　　热继电器周围介质的温度，原则上应和电动机周围介质的温度相同，以免破坏已调整好的配合情况。当热继电器与其他电器安装在一起时，应将它安装在其他电器的下方，以免其动作特性受到其他电器发热的影响。

　　热继电器出线端的连接导线不宜过细，如连接导线过细，轴向导热性差，则热继电器可能提前动作；反之，连接导线太粗，轴向导热快，热继电器可能滞后动作。在电动机启动或短时过载时，由于热元件的热惯性，热继电器不能立即动作，从而保证了电动机的正常工作。如果过载时间过长，超过一定时间（由整定电流的大小决定），则热继电器的触点动作，切断电路，起到保护电动机的作用。

3.2.4　固态继电器

　　相对机电继电器，固态继电器（SSR）是一种没有机械运动，不含运动零件的继电器，但它具有与机电继电器本质上相同的功能。固态继电器是一种全部由固态电子元件组成的无触点开关元件，它利用电子元器件的电、磁和光特性完成输入与输出的可靠隔离，利用大功率三极管、功率场效应管、单向晶闸管和双向晶闸管等器件的开关特性，来达到无触点、无火花地接通和断开被控电路。固态继电器的外形见图 3.13。

　　SSR 按使用场合可以分成交流型和直流型两大类，分别在交流或直流电源上做负载的开关。

　　下面以交流型的 SSR 为例来说明它的工作原理，如图 3.14 所示①~④构成交流 SSR 的主体。从整体看，SSR 只有两个输入端（A 和 B）及两个输出端（C 和 D），是一种四端器件。工作时只要在 A、B 上加上一定的控制信号，就可以控制 C、D 两端之间的"通"和"断"，实现"开关"的功能，其中耦合电路的功能是为 A、B 端输入的控制信号提供一个输入、输出端之间的通道，但又在电气上断开 SSR 中输入端和输出端之间的电联系，以防止输出端对输入端的影响。耦合电路用的元件是光电耦合器，它动作灵敏，响应速度高，输入、输出端间的绝缘（耐压）等级高，由于输入端的负载是发光二极管，因此 SSR 的输入

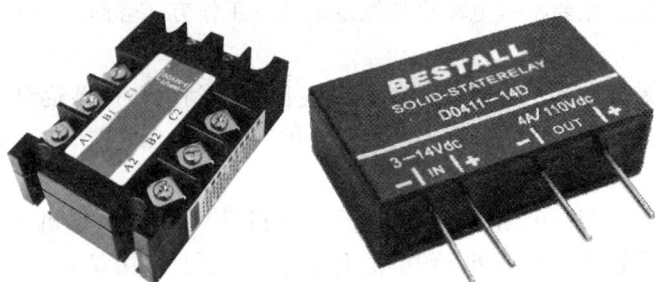

图 3.13　固态继电器

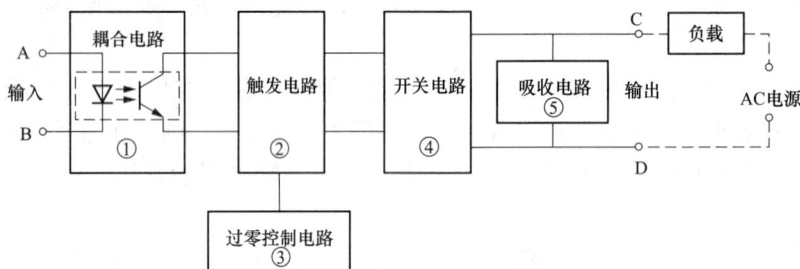

图 3.14　交流固态继电器

端很容易做到与输入信号电平相匹配,使用时可直接与计算机输出接口相接,即受"1"与"0"的逻辑电平控制。触发电路的功能是产生合乎要求的触发信号,驱动开关电路④工作,但由于开关电路在不加特殊控制电路时,将产生射频干扰,且以高次谐波或尖峰等污染电网,为此设置了过零控制电路。所谓"过零",是指加入控制信号,交流电压过零时,SSR即为通态;而断开控制信号后,SSR 要等待交流电的正半周与负半周的交界点(零电位)时,SSR 才为断态。这种设计能防止高次谐波的干扰和对电网的污染。吸收电路是为防止从电源中传来的尖峰、浪涌(电压)对开关器件双向晶闸管的冲击和干扰(甚至误动作)而设计的,一般采用 RC 串联吸收电路或非线性电阻(压敏电阻器)。图 3.15 是一种典型的交流固态继电器的电气原理图。

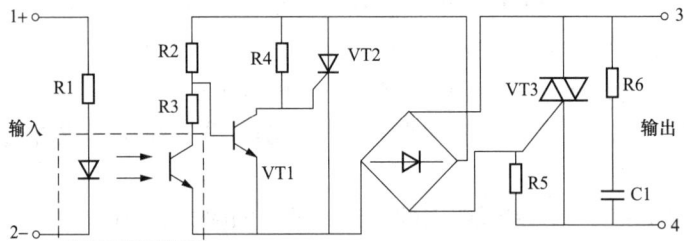

图 3.15　交流固态继电器的电气原理图

　　与交流型的 SSR 相比,直流型的 SSR 无过零控制电路,也不必设置吸收电路,开关器件一般用大功率开关三极管,其他工作原理相同。直流型 SSR 在使用时应注意:①负载为感性负载时,如直流电磁阀或电磁铁,应在负载两端并联一只二极管,极性如图 3.16 所示,二极管的电流应等于工作电流,电压应大于工作电压的 4 倍;②SSR 工作时应尽量靠近负载，其输出引线应满足负荷电流的需要；③使用电源是经交流降压整流所得时，其滤波电解电容应足够大。

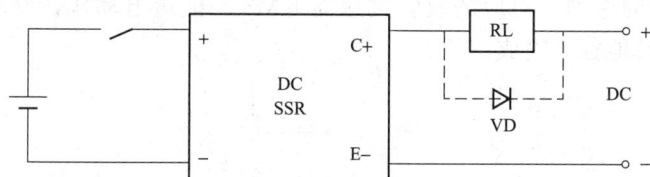

图 3.16　直流固态继电器接线图

3.3　知识链接——三相异步电动机正、反转控制电路

生产机械需要前进、后退，上升、下降等，这就要求拖动生产机械的电动机能够改变旋转方向，也就是实现对电动机的正、反转控制。在工厂动力设备中，通常采用改变接入三相异步电动机绕组的电源相序来实现正、反转控制，如图 3.17 所示。

正、反转控制最基本的要求是正转交流接触器和反转交流接触器线圈不能同时带电，正、反转交流接触器主触点不能同时吸合，否则会发生电源相间短路问题。实现三相异步电动机正、反转控制常用的有接触器联锁、按钮联锁和接触器按钮双重联锁三种形式。

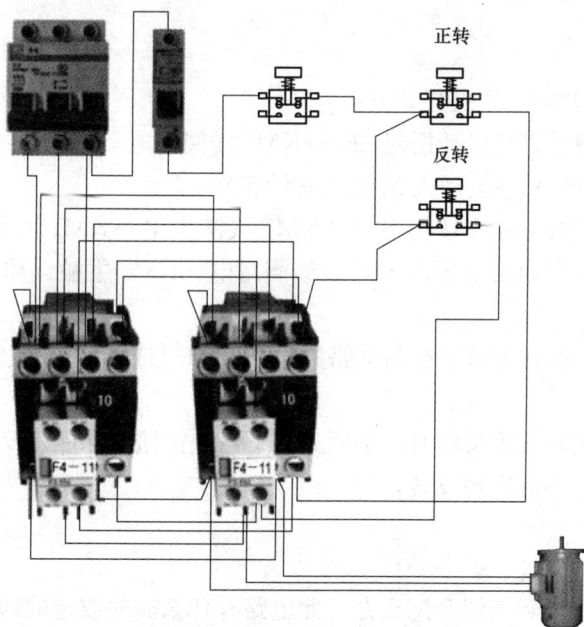

图 3.17　正、反转电气控制实物接线图

3.3.1　接触器联锁正、反转控制

1. 工作原理

接触器联锁正、反转控制原理如图 3.18 所示。利用控制电路中的两个按钮，即正转按

钮 SB2 和反转按钮 SB3，来控制电动机的正、反转。为了避免两只接触器同时动作，在两个电路中分别串入对方接触器的一个动断辅助触点。当正转接触器 KM1 得电动作时，由于 KM1 动断触点联锁的原因，对应的反转接触器 KM2 不能得电动作，反之亦然，这样就保证电动机的正、反转能独立完成。

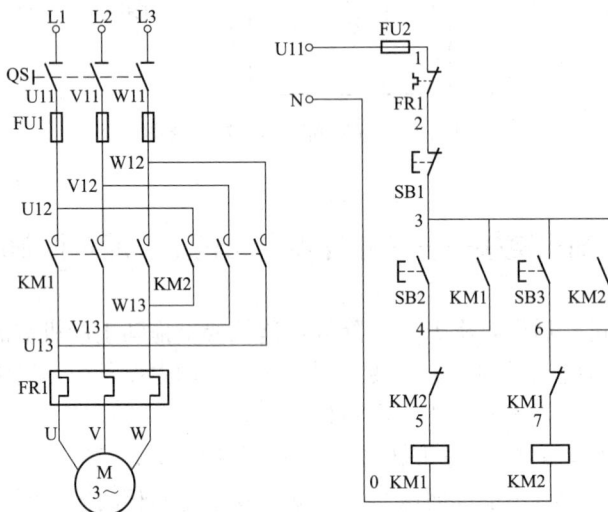

图 3.18　接触器联锁正、反转控制原理图

2. 工作过程

先合上电源开关 QS，工作过程如下：

（1）正转控制。按下正转启动按钮 SB2→KM1 线圈得电→KM1 主触点和自锁触点闭合（KM1 动断互锁触点断开）→电动机 M 启动连续正转。

（2）反转控制。先按下停止按钮 SB1→KM1 线圈失电→KM1 主触点分断→电动机 M 失电停转→再按下反转启动按钮 SB3→KM2 线圈得电→KM2 主触点和自锁触点闭合→电动机 M 启动连续反转。

（3）停止。按停止按钮 SB1→控制电路失电→KM1（或 KM2）主触点分断→电动机 M 失电停转。

注意：电动机从正转变为反转时，必须先按下停止按钮后才能按反转启动按钮，否则由于接触器的联锁作用，不能实现反转。

想 一 想

正在正转时若按下反转按钮会怎么办，此电路有什么需要改进的地方？

3.3.2　按钮联锁正、反转控制

1. 工作原理

按钮联锁控制与接触器联锁控制的原理基本一样，区别在于接触器联锁是采用接触器自身的动断辅助触点来联锁接触器的主触点，使电动机工作，而按钮联锁是采用按钮自身的动断触点来联锁接触器的主触点，使电动机工作，二者操作步骤和动作过程基本上是一样的。

按钮联锁的三相异步电动机正、反转控制原理如图 3.19 所示。

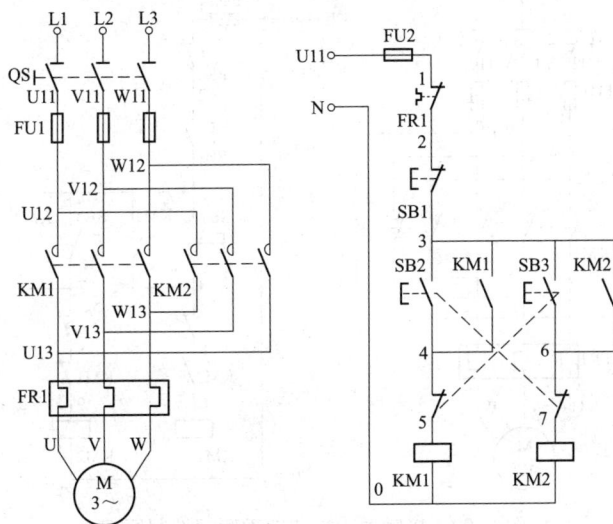

图 3.19 按钮联锁正、反转控制原理图

2. 工作过程

闭合电源开关 QS，工作过程如下：

（1）正转控制。按下按钮 SB2→SB2 动断触点先分断对 KM2 的联锁（切断反转控制电路）→SB2 动合触点后闭合→KM1 线圈得电→KM1 主触点和辅助触点闭合→电动机 M 启动连续正转。

（2）反转控制。按下按钮 SB3→SB3 动断触点先分断→KM1 线圈失电→KM1 主触点分断→电动机 M 失电→SB3 动合触点后闭合→KM2 线圈得电→KM2 主触点和辅助触点闭合→电动机 M 启动连续反转。

（3）停止。按停止按钮 SB1→整个控制电路失电→KM1（或 KM2）主触点和辅助触点分断→电动机 M 失电停转。

💡 **想 一 想**

这种线路控制的可靠程度如何，有什么需要改进的地方？

3.3.3 接触器、按钮双重联锁正、反转控制

1. 工作原理

接触器、按钮双重联锁（互锁）的正、反转控制原理如图 3.20 所示。

若接触器 KM1 和 KM2 同时通电，它们的主触点同时闭合，将造成 L1、L3 两相电源短路，为此在 KM1 和 KM2 线圈各自的支路中相互串接了对方的一对动断辅助触点，以保证 KM1 和 KM2 不会同时通电，KM1 和 KM2 这两对动断辅助触点在线路中所起的作用称为联锁（互锁）作用。另一个联锁是按钮联锁，SB2 动作时 KM2 线圈不能通电，SB3 动作时 KM1 线圈不能通电。

2. 工作过程

先合上电源开关 QS，工作过程如下：

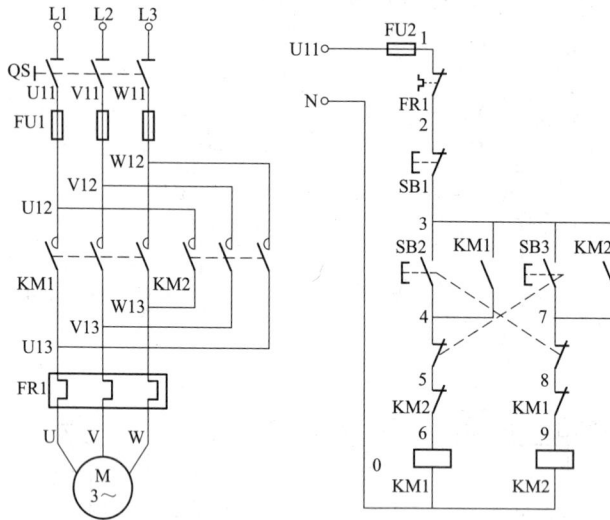

图 3.20　接触器、按钮双重联锁控制原理

（1）正转控制。按下按钮 SB2→SB2 动断触点先分断对 KM2 的联锁（切断反转控制电路）→SB2 动合触点后闭合→KM1 线圈得电→KM1 主触点闭合→电动机 M 启动连续正转。KM1 联锁触点分断对 KM2 的联锁（切断反转控制电路）。

（2）反转控制。按下按钮 SB3→SB3 动断触点先分断→KM1 线圈失电→KM1 主触点分断→电动机 M 失电→SB3 动合触点后闭合→KM2 线圈得电→KM2 主触点闭合→电动机 M 启动连续反转。KM2 联锁触点分断对 KM1 的联锁（切断正转控制电路）。

（3）停止。按停止按钮 SB1→整个控制电路失电→KM1（或 KM2）主触点分断→电动机 M 失电停转。

3.3.4　工作台自动往返控制

生产机械的某个运动部件，如机床的工作台，需要在一定的范围内往复循环运动，以便连续加工。这种情况要求拖动运动部件的电动机必须能自动地实现正、反转控制，从而实现自动往返运动，接线如图 3.21 所示。

1. 工作原理

行程开关控制的电动机自动往返控制原理如图 3.22 所示。为了使电动机的正、反转控制与工作台的左右运动相配合，在控制线路中设置了四个位置开关 SQ1、SQ2、SQ3 和 SQ4，安装在工作台需限位的地方。其中 SQ1、SQ2 用来自动换接电动机正、反转控制电路，实现工作台的自动往返行程控制；SQ3、SQ4 用来作终端保护，以防止 SQ1、SQ2 失灵，工作台越过限定位置而造成事故。在工作台边的 T 形槽中装有两块挡铁，挡铁 1 只能和 SQ1、SQ3 相碰撞，挡铁 2 只能和 SQ2、SQ4 相碰撞。当工作台运动到所限位置时，挡铁碰撞位置开关，使其触点动作，自动换接电动机正、反转控制电路，通过机械传动机构使工作台自动往返运动。工作台行程可通过移动挡铁位置来调节，拉开两块挡铁间的距离，行程就短，反之则长。

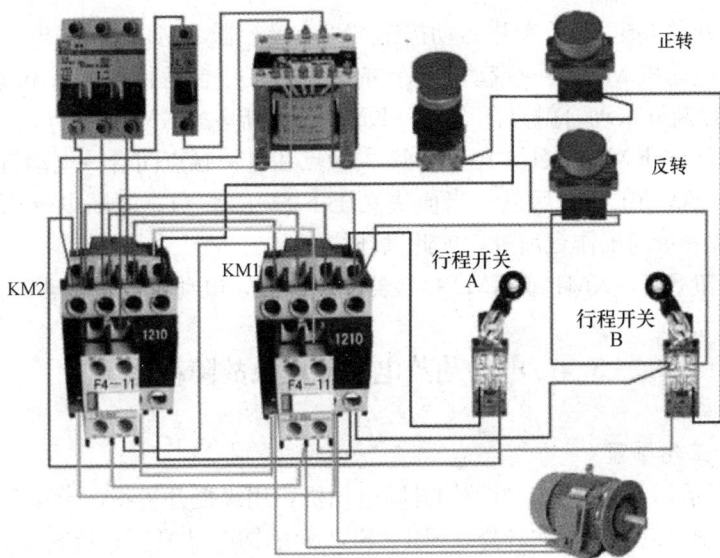

图 3.21　工作台自动往返控制接线

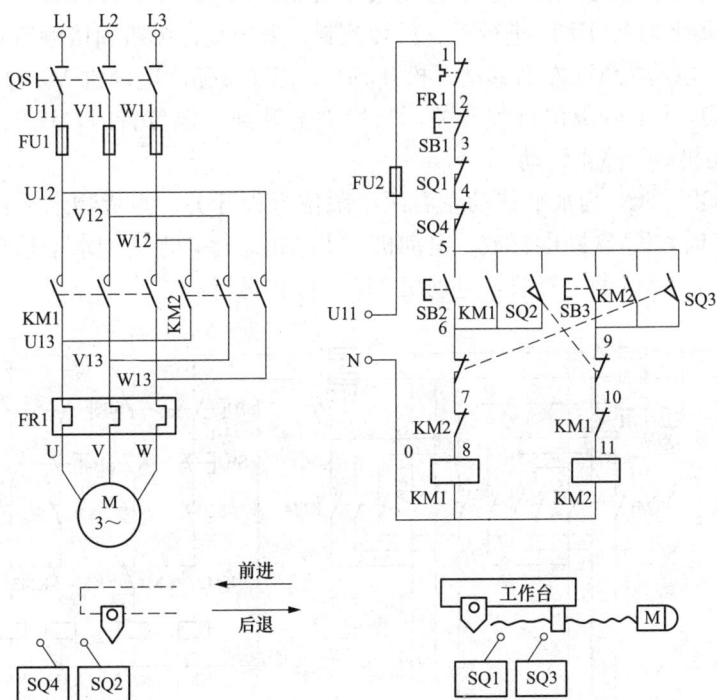

图 3.22　行程开关控制的电动机自动往返控制

想 一 想

自动往返控制和正、反转控制有何区别与联系？

2. 工作过程

先合上电源开关 QS，按下前进启动按钮 SB2→接触器 KM1 线圈得电→KM1 主触点和自锁触点闭合→电动机 M 正转→带动工作台前进→当工作台运行到 SQ2 位置时→撞块压下 SQ2→其动断触点断开（动合触点闭合）→KM1 线圈断电→KM1 主触点和自锁触点断开，KM1 动合触点闭合→KM2 线圈得电→KM2 主触点和自锁触点闭合→电动机 M 因电源相序改变而变为反转→拖动工作台后退→当撞块又压下 SQ1 时→KM2 断电→KM1 又得电动作→电动机 M 正转→带动工作台前进，如此循环往复。

按下停止按钮 SB1，KM1 或 KM2 接触器断电释放，电动机停止转动，工作台停止。

3.4 电动葫芦电气原理及故障检修

1. 电动葫芦工作原理

如图 3.23 所示，电动机 M1 为吊钩升降电动机，用来提升货物，由接触器 KM1、KM2 进行正、反转控制，以实现吊钩升降。SB1、SB2 为吊钩电动机正、反转复合按钮，正、反转接触器 KM1、KM2 线圈电路间采用复合按钮和接触器双重联锁。由于无自锁触点，因此松开 SB1 或 SB2，KM1 或 KM2 就失电释放，电动机 M1 就停止转动。

M2 为移动机构电动机，用来水平移动搬运货物，SB3、SB4 为移动电动机正、反向复合按钮，由接触器 KM3、KM4 进行正、反转控制，采用复合按钮和接触器双重联锁。按下 SB3、SB4 按钮，电动机 M2 左右移动。松开 SB3、SB4 按钮，电动机 M2 停止运行。

行程开关 SQ1 为上升限位行程开关，当货物上升到一定位置时，压下行程开关 SQ1，KM1 断电，电动机 M1 停止转动。

行程开关 SQ2、SQ3 为水平移动左右两个限位行程开关，当货物水平移动到左限位压下行程开关 SQ2 时，KM3 断电释放，电动机 M2 停止运行。当货物水平移动到右限位压下行程开关 SQ3 时，KM4 断电释放，电动机 M2 也停止运行。

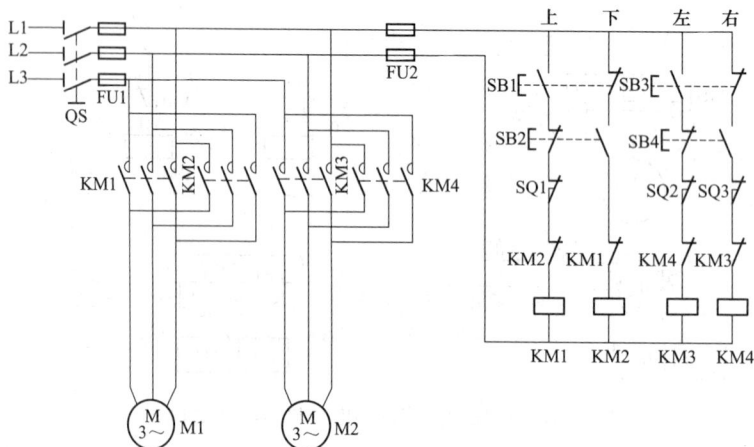

图 3.23 电动葫芦电气原理图

2. 电动葫芦故障检修

按启动开关后电动电葫芦不工作，主要是因电动葫芦没接通额定工作电压，一般有 3 种情况：

（1）供电系统是否对电动电葫芦电源送电，一般用试电笔测试，如没送电，等送电后再工作。

（2）电动葫芦主、控回路的电器损坏、线路断开或接触不良，也会使电动葫芦电动机无法通电。出现这种情况，需检修主、控回路，检修时，为了防止主、控回路送给三相电机的电源缺相而烧毁电动机，或电动机突然得电运转，一定要将电动机从电源线路上断开，只给主、控回路送电，然后点动启动和停止开关，检查分析控制电器及线路的工作情况，对有问题的电器或线路进行修复或更换，当确认主、控回路无故障，方可重新试车。

（3）电动葫芦电动机端电压比额定电压低 10％以上，电动机启动转矩过小，电动葫芦吊不起来货物。检查时，用万用表或电压表等测量电动机输入端电压，确因电压过低，使电动机无法启动时，需等系统电压恢复正常后再使用电葫芦。有时，电动葫芦电动机的电压正常，而电动葫芦却不工作，这需考虑其他原因，例如：电动机被烧毁，检修时需更换电动机；电动葫芦长期不用，保养不善等原因使制动轮与端盖锈死，启动时制动轮脱不开，电动机只发出"哼"的响声，转动不起来，这时，应卸下制动轮，清洗锈蚀表面，然后重新试车；电动机严重扫膛，也会造成电动机不转动，发现这种情况，应停止使用，必须进行大修或更换电动机。严禁超载使用电葫芦，当货物过度超载，电动葫芦吊不动货物，电动机仅发出"哼"的响声，而不运转，严重时会烧毁电动机，甚至引发事故，这时应立即停机，减轻货物，保证电动葫芦在额定功率下工作。

项目4 X62W 万能铣床电气控制

4.1 X62W 万能铣床控制要求

1. 铣床的主要结构及运动

铣床主要由床身、主轴、刀杆、横梁、工作台、回转盘、横溜板和升降台等组成，如图 4.1 所示。

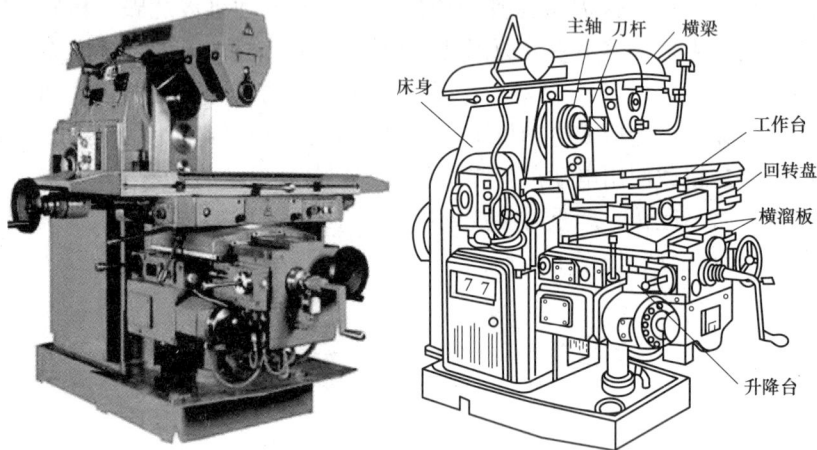

图 4.1 X62W 万能铣床外形图

主轴转动是由主轴电动机通过弹性联轴器来驱动传动机构，当机构中的一个双联滑动齿轮块啮合时，主轴即可旋转。

工作台面的移动是由进给电动机驱动，通过机械机构，工作台能进行三种形式六个方向的移动：工作台面能直接在溜板上部可转动部分的导轨上作纵向（左、右）移动；工作台面借助横溜板作横向（前、后）移动；工作台面还能借助升降台作垂直（上、下）移动。

2. 铣床电气控制要求

（1）要求有 3 台电动机，分别为主轴电动机、进给电动机和冷却泵电动机。

（2）由于加工时有顺铣和逆铣两种，所以要求主轴电动机能正、反转及在变速时能瞬时冲动一下，以利于齿轮的啮合，并要求能制动停车和实现两地控制。

（3）工作台六个方向的移动是依靠机械的方法来达到的，对进给电动机要求能正、反转，且要求纵向、横向、垂直三种运动形式相互间应有联锁。同时要求工作台进给变速时，电动机也能瞬间冲动、快速进给及两地控制。

（4）冷却泵电动机只要求正转。

（5）进给电动机与主轴电动机需联锁控制，即主轴工作后才能进给。

4.2　知识链接——控制继电器和低压断路器

4.2.1　电流继电器

　　根据输入（线圈）电流大小而动作的继电器称为电流继电器，按用途不同可分为过电流继电器和欠电流继电器。其电气符号如图 4.2 所示。过电流继电器的任务是当电路发生短路及过电流时立即将电路切断。当过电流继电器线圈通过的电流小于整定电流时，继电器不动作；只有超过整定电流时，继电器才动作。欠电流继电器的任务是当电路电流过低时立即将电路切断。当欠电流继电器线圈通过的电流大于或等于整定电流时，继电器吸合；只有电流低于整定电流时，继电器才释放。欠电流继电器一般是自动复位的。

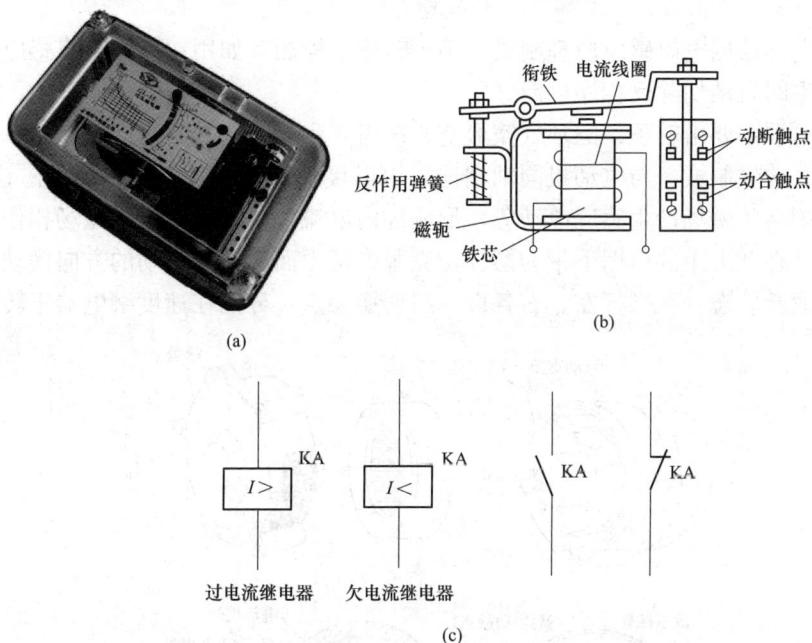

图 4.2　电流继电器
（a）外形；（b）结构；（c）电气符号

4.2.2　电压继电器

　　电压继电器是根据输入电压大小而动作的继电器，按用途不同可分为过电压继电器、欠电压继电器和零电压继电器。其电气符号如图 4.3 所示。过电压继电器是当电压大于其过电压整定值时动作的电压继电器，主要用于电路或设备的过电压保护。欠电压继电器是当电压小于其电压整定值时动作的电压继电器，主要用于电路或设备的欠电压保护。零电压继电器是欠电压继电器的一种特殊形式，是当继电器的端电压降至或接近消失时才动作的电压继电器。

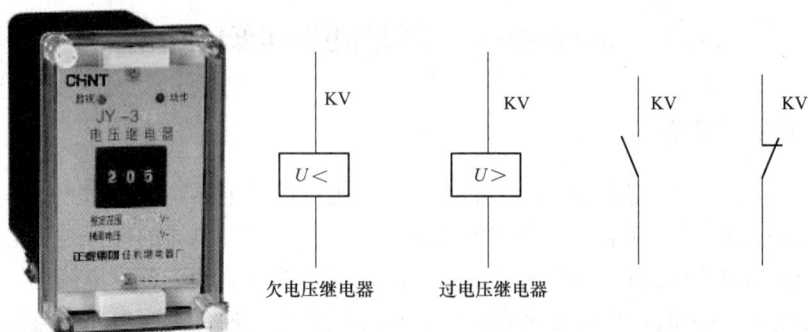

欠电压继电器　　过电压继电器

图 4.3　电压继电器

4.2.3　速度继电器

速度继电器根据电磁感应原理制成，用于转速的检测，如用在三相交流感应电动机反接制动转速过零时自动切除反相序电源。

速度继电器主要由转子、圆环（笼形空心绕组）和触点三部分组成，如图 4.4 所示。转子由一块永久磁铁制成，与电动机同轴相连，用以接收转动信号。当转子（磁铁）旋转时，笼形绕组切割转子磁场产生感应电动势，形成环内电流，此电流与磁铁磁场相作用，产生电磁转矩，圆环在此力矩的作用下带动摆杆，克服弹簧力而顺转子转动的方向摆动，并拨动触点，改变其通断状态（在摆杆左、右各设一组切换触点，分别在速度继电器正转和反转时发

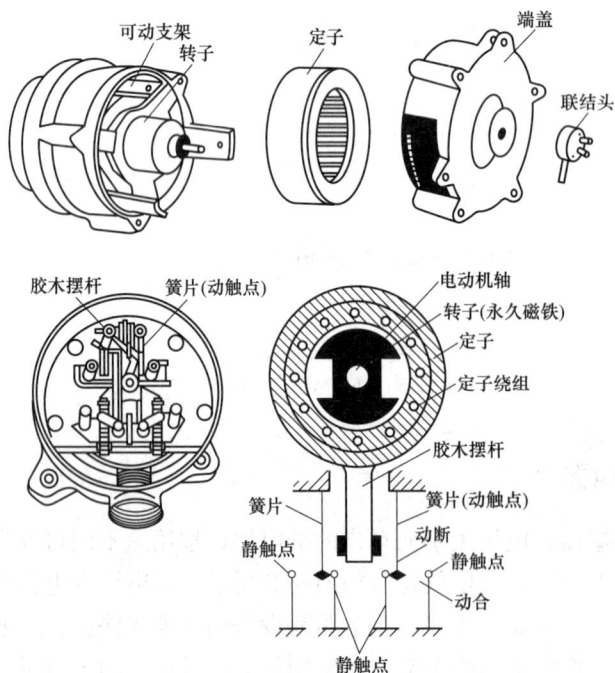

图 4.4　速度继电器

生作用）。调节弹簧弹力，速度继电器可在不同转速时切换触点，改变通断状态。

速度继电器的动作转速一般不低于 120r/min，复位转速在 100r/min 以下，工作时允许的转速高达 1000～3900r/min。由速度继电器的正转和反转切换触点的动作来反映电动机转向和速度的变化。

速度继电器电气符号如图 4.5 所示。

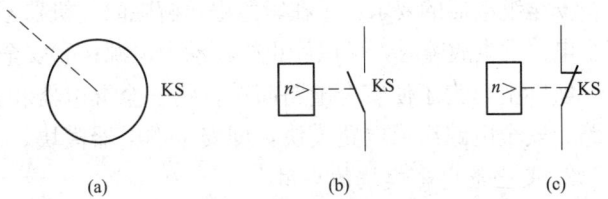

图 4.5　速度继电器电气符号
(a) 转子 (b) 动合触点；(c) 动断触点

4.2.4　安全继电器

1. 安全继电器简介

所谓"安全继电器"并不是"没有故障的继电器"，而是发生故障时做出有规则的动作。安全继电器（见图 4.6）是由数个继电器与电路组合而成，它具有强制导向触点结构，万一发生接点熔结现象也能确保安全，这与一般继电器完全不同。

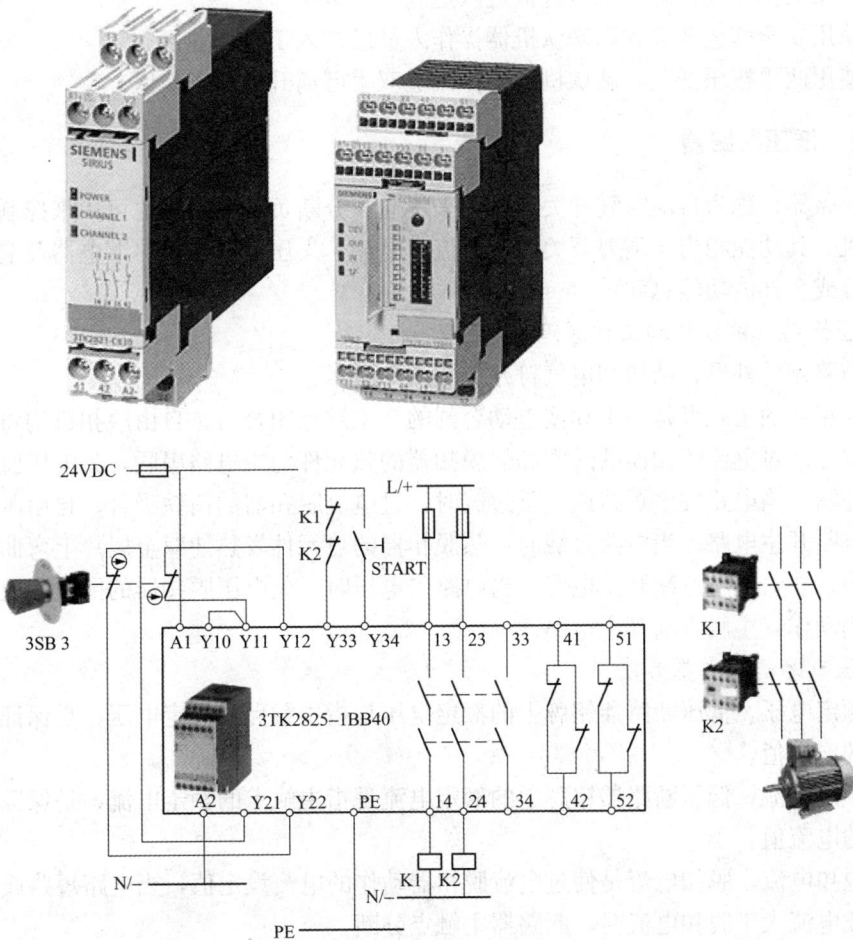

图 4.6　安全继电器外形图及原理图

　　强制导向触点结构的主要作用就是不让继电器内部 a 触点及 b 触点处于同时动作状态。当其中有一个 a 触点发生故障（熔著）时，线圈在无励磁状态下，所有 b 触点必须保持 0.5mm 以上的间隔。或是当有一个 b 触点发生故障（熔著）时，线圈在无励磁状态下，所有的 a 触点必须保持 0.5mm 以上的间隔。

　　安全继电器的要求：①在紧急停止解除时，机器不能出现突然再启动的情况；②万一机器安全电路发生故障时，可以停止机器动力电源；③安全电路发生故障时，机器不能再启动。

　　实际上，为了使安全电路简单，将安全继电器和其他组件组合配套，把基本的紧急停止电路、安全电路组成电路模块，即安全继电器模块。

　　2. 安全继电器模块的应用

　　安全继电器模块可配合以下安全保护开关使用：

　　(1) 使用电磁锁门锁开关，以确保作业区的安全（机器不能立即停止）。

　　(2) 使用紧急停止开关，在紧急情况时停止机器。

　　(3) 使用钥匙配合安全门开关用于检测门的开闭（机器需立即停止）。

　　(4) 使用安全限位开关，用于检测门的位置、开或关。

　　(5) 使用安全光栅，防止工作人员进入危险工作范围。

　　(6) 使用安全踏垫开关，以确认机器操作人员已进入工作作业区。

　　(7) 使用两手按压开关，确认机器操作人员双手已离开危险工作区。

4.2.5　低压断路器

　　低压断路器也称为自动空气开关，可用来接通和分断负载电路，也可用来控制不频繁启动的电动机。其功能相当于闸刀开关、过电流继电器、失压继电器、热继电器及漏电保护器等电器部分或全部的功能总和。

　　1. 低压断路器的结构和工作原理

　　低压断路器的外形、结构和电气符号如图 4.7 所示。

　　低压断路器的主触点是靠手动或电动合闸的。主触点闭合后，自由脱扣机构将主触点锁在合闸位置上。过电流脱扣器的线圈和热脱扣器的热元件与主电路串联，欠电压脱扣器的线圈和电源并联。当电路发生短路或严重过载时，过电流脱扣器的衔铁吸合，自由脱扣机构动作，主触点断开主电路。当电路过载时，热脱扣器的热元件发热使双金属片上弯曲，推动自由脱扣机构动作，主触点断开主电路。当电路欠电压时，欠电压脱扣器的衔铁释放，也使自由脱扣机构动作，主触点断开主电路。

　　2. 低压断路器的主要参数

　　(1) 额定电压。低压断路器铭牌上的额定电压是指主触点的额定电压，是保证触点长期正常工作的电压值。

　　(2) 额定电流。低压断路器铭牌上的额定电流是指主触点的额定电流，是保证触点长期正常工作的电流值。

　　(3) 脱扣电流。脱扣电流是使过电流脱扣器动作的电流设定值，当电路短路或负载严重超载，负载电流大于脱扣电流时，断路器主触点分断。

　　(4) 过载保护电流。过载保护电流为反时限特性曲线，过载电流越大，热脱扣器动作的时间就越短。

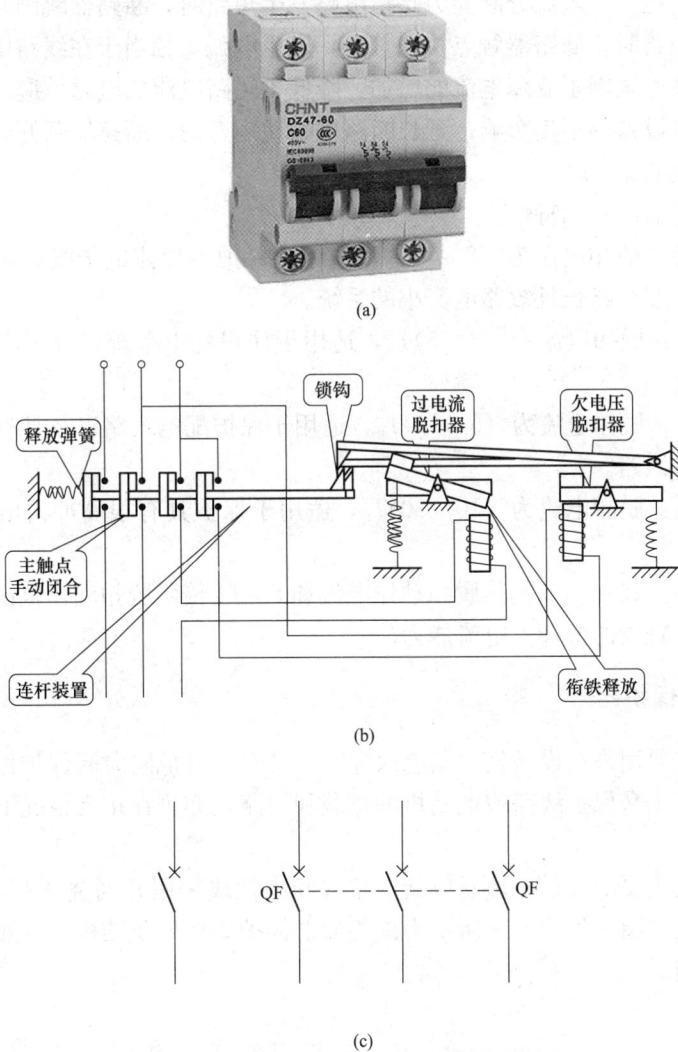

(a)

(b)

(c)

图 4.7　低压断路器的外形、结构和电气符号

(a) 外形；(b) 结构；(c) 电气符号

(5) 欠电压脱扣器线圈的额定电压。欠电压脱扣器线圈的额定电压一定要等于线路额定电压。

(6) 分励脱扣器线圈的额定电压。分励脱扣器线圈的额定电压一定要等于控制控制电源电压。

(7) 额定极限短路分断能力 I_{cu}。断路器的分断能力指标包括：额定极限短路分断能力 I_{cu} 和额定运行短路分断能力 I_{cs}。额定极限短路分断能力 I_{cu}，是断路器分断能力极限参数，分断几次短路故障后，断路器分断能力将有所下降。

额定运行短路分断能力 I_{cs}，是断路器的一种分断指标，即分断几次短路故障后，还能保证其正常工作。

对塑壳式断路器而言，I_{cs} 只要大于 $25\%I_{cu}$ 就算合格，市场上大多数断路器的 I_{cs} 在 $(50\%\sim75\%)I_{cu}$ 之间。

（8）限流分断能力。限流分断能力是指电路发生短路时，断路器跳闸时限制故障电流的能力。电路发生短路时，断路器触点快速打开，产生电弧，相当于在线路中串入一个迅速增加的电弧电阻，从而限制了故障电流的增加，降低了短路电流的电磁效应、电动效应和热效应对断路器和用电设备的不良影响，延长断路器的使用寿命。断路器断开时间越短，限流效果就越好，I_{cs}就越接近I_{cu}。

（9）微型断路器的脱扣特性。

A型脱扣特性：脱扣电流为（2～3）I_n，适用于保护半导体电子线路，带小功率电源变压器的测量线路，或线路长且短路电流小的系统。

B型脱扣特性：脱扣电流为（3～5）I_n，适用于住户配电系统，家用电器的保护和人身安全保护。

C型脱扣特性：脱扣电流为（5～10）I_n，适用于保护配电线路以及具有较高接通电流的照明线路和电动机回路。

D型脱扣特性：脱扣电流为（10～20）I_n，适用于保护具有很高冲击电流的设备，如变压器、电磁阀等。

K型脱扣特性：具备1.2倍热脱扣动作电流和8～14倍磁脱扣动作范围，适用于保护电动机线路设备，有较高的抗冲击电流能力。

4.2.6　漏电保护器

漏电保护器主要用来在设备发生漏电故障时以及有人身危险时起保护作用，具有过载和短路保护功能，可用来保护线路或电动机的过载和短路，亦可在正常情况下用于线路的不频繁转换启动。

漏电保护器的主要部件是磁环感应器，相线和中性线采用并列绕法在磁环上缠绕几圈，在磁环上还有二次线圈。如图4.8所示为单相漏电保护器外形及结构，一般漏电保护器与低压断路器组合使用。

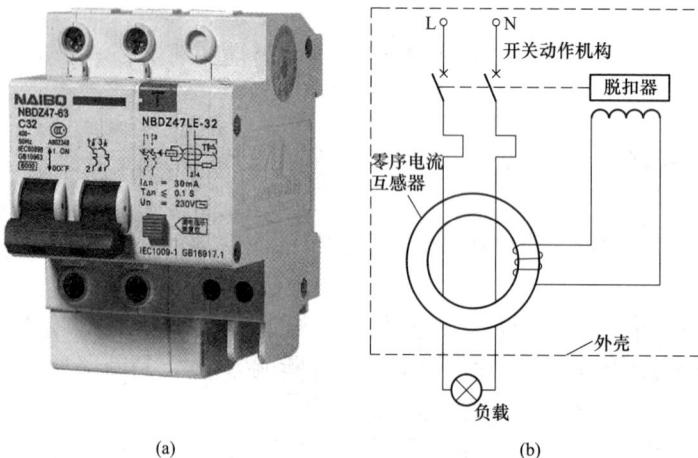

(a)　　　　　　　　　(b)

图4.8　单相漏电保护器的外形与结构

（a）外形；（b）结构

漏电保护器工作原理：相线和中性线正常工作时，两条线路产生的磁场大小相等、方向相反，电流产生的磁通正好相互抵消，二次线圈无感应电压。因此，在漏电保护器中不产生电流，电磁脱扣器不动作。如果某一线路有漏电，或未接中性线，磁环中通过的相线和中性线的电流就会不平衡，磁场不再相互抵消，而产生穿过磁环的磁通，在二次线圈中产生感应电流，电磁脱扣器的电磁铁吸合并动作，开关的锁扣脱开，开关在回复弹簧的作用下跳闸，切断电源起到保护作用。

三相漏电保护器的原理如图 4.9 所示。一次线圈的相线 L1、L2、L3 和中性线 N 均通过零序电流互感器。正常情况下，设备三相负荷平衡，其一次电流的相量和为零，即 $\dot{i}_u + \dot{i}_v + \dot{i}_w = 0$；漏电保护器的二次线圈无电流输出，电磁脱扣器不动作，低压断路器正常合闸运行。当设备发生漏电或人身触电时，故障电流经大地回到电源变压器的中性点构成回路。由于对地出现漏电电流，则流经漏电保护器电流的相量和不等于零，即通过漏电保护器的 $\dot{i}_u + \dot{i}_v + \dot{i}_w + \dot{i}_n \neq 0$，漏电保护器的二次侧有剩余电流流过，电磁脱扣器中有电流流过，当电流达到整定值时，电磁脱扣器动作，漏电保护器组合的低压断路器跳闸，切断故障电路，从而起到保护作用。

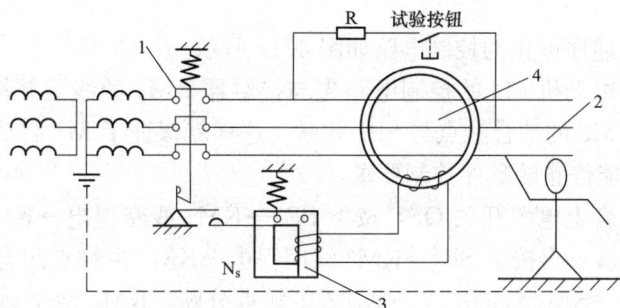

图 4.9　三相漏电保护器原理图
1—主触点；2—用电线路；3—电磁脱扣器；4—零序电流互感器

4.3　知识链接——顺序控制和多地控制电路

顺序控制电路：车床主轴转动时，要求油泵先给润滑油，主轴停止后，油泵方可停止润滑，即要求油泵电动机先启动，主轴电动机后启动，主轴电动机停止后，才允许油泵电动机停止。

4.3.1　顺序启动控制电路

（1）电动机顺序启动控制电路如图 4.10 所示。

（2）线路特点。电动机 M2 主电路的交流接触器 KM2 接在接触器 KM1 之后，只有 KM1 的主触点闭合后，KM2 才可能闭合，这样就保证了 M1 启动后 M2 才能启动的顺序控制要求。

（3）工作过程。合上电源开关 QS，按下 SB1→KM1 线圈得电→KM1 主触点闭合→电

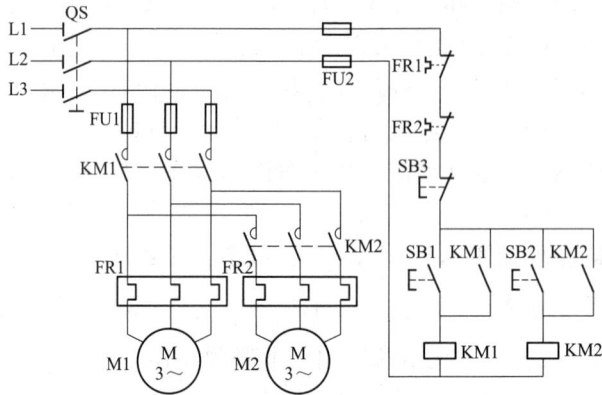

图 4.10　顺序启动控制的电路

动机 M1 启动连续运转→再按下 SB2→KM2 线圈得电→KM2 主触点闭合→电动机 M2 启动
连续运转。按下 SB3→KM1 和 KM2 主触点分断→电动机 M2 和 M1 同时停转。

4.3.2　顺序启动、逆序停止控制电路

（1）顺序启动、逆序停止的控制电路如图 4.11 所示。

（2）线路特点。电动机 M2 的控制电路先与接触器 KM1 的线圈并接后，再与 KM1 的
自锁触点串接，而 KM2 的动合触点与 SB1 并联，这样就保证了 M1 启动后 M2 才能启动以
及 M2 停止后 M1 才能停止的顺序控制要求。

（3）工作过程。合上电源开关 QS，按下 SB3→KM1 线圈得电→KM1 主触点闭合→电
动机 M1 启动连续运转→再按下 SB4→KM2 线圈得电→KM2 主触点闭合→电动机 M2 启动
连续运转。按下 SB2→KM2 线圈失电→KM2 主触点分断，KM2 两个动合辅助触点断开→
电动机 M2 停转→再按下 SB1→KM1 主触点分断，KM1 两个动合辅助触点断开→电动机
M1 停转。

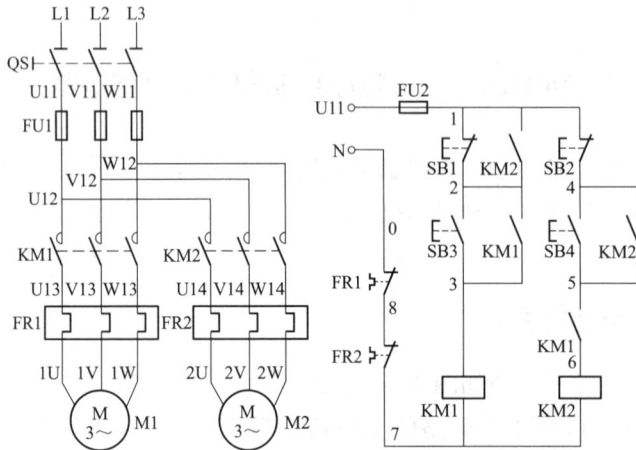

图 4.11　顺序启动、逆序停止控制电路

想 一 想

①试设计顺序启动、顺序停止控制电路。

②试分析图 4.12 所示电路的工作过程。

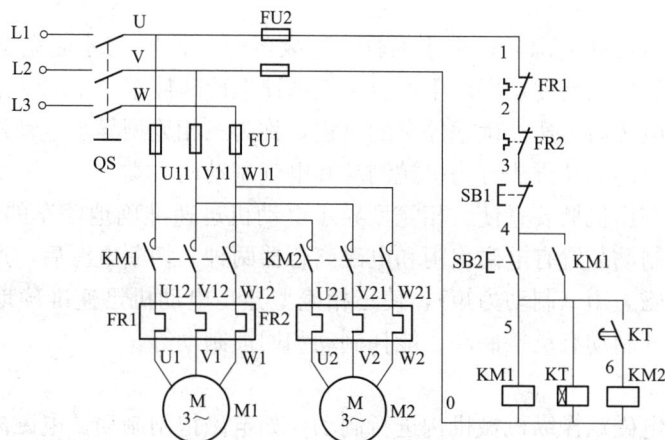

图 4.12　顺序控制电路图

4.3.3　多地控制电路

为了操作方便，有些生产设备需要在两地或多地控制一台电动机，例如普通铣床的控制电路，就采用多地控制方式。这种能在两地或多地控制一台电动机的控制方式，称为电动机的多地控制。在实际应用中，大多为两地控制。

（1）工作原理。图 4.13 所示为两地控制电路，SB12、SB11 分别为安装在甲地的启动按钮和停止按钮；SB22、SB21 分别为安装在乙地的启动按钮和停止按钮。两地的启动按钮 SB12、SB22 要并联在一起，停止按钮 SB11、SB21 要串联在一起，这样就可以分别在甲、乙两地启动和停止同一台电动机。对三地或多地控制，只要把各地的启动按钮并接、停止按钮串接就可以实现。

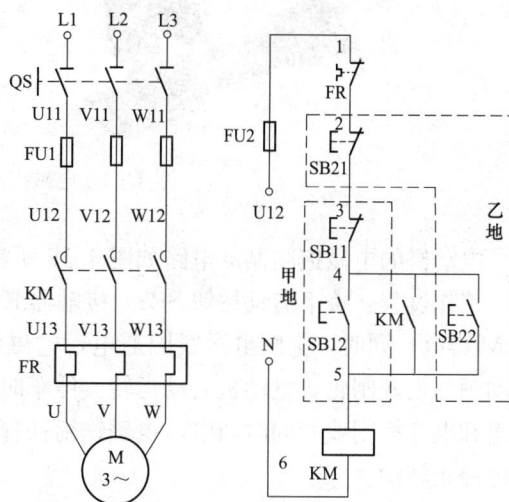

图 4.13　异地控制电路图

（2）工作工程。合上电源开关 QS，实现甲乙两地都可以启动。按下甲地启动按钮 SB12（或乙地启动按钮 SB22）→KM 线圈得电→KM 主触点闭合，其动合自锁触点闭合→电动机 M 启动连续运转。

实现甲乙两地都可以停止：按下甲地停止按钮 SB11（或乙地停止按钮 SB21）→KM 线圈失电→KM 主触点断开，其动合自锁触点断开→电动机 M 启动连续运转。

三地控制如何实现?

4.3.4　制动控制电路

三相异步电动机切断电源后，由于惯性，总要经过一段时间才能完全停止。为缩短时间，提高生产效率和加工精度，要求生产机械能迅速准确地停车。采取一定措施使三相笼型异步电动机在切断电源后迅速准确地停车的过程，称为三相笼型异步电动机的制动。

三相异步电动机的制动方法分为机械制动和电气制动两大类。

切断电源后，利用机械装置使三相笼型异步电动机迅速准确地停车的制动为机械制动，应用较普遍的机械制动装置有电磁抱闸和电磁离合器两种。切断电源后，产生与电动机实际旋转方向相反的电磁力矩（制动力矩），使三相笼型异步电动机迅速准确地停车的制动为电气制动。常用的电气制动有反接制动、能耗制动和回馈制动等。

一、机械制动

机械制动是用电磁铁操纵机械机构进行制动，如电磁抱闸制动、电磁离合器制动等。

电磁抱闸器（见图 4.14）的主要工作部分是电磁铁和闸瓦制动器。

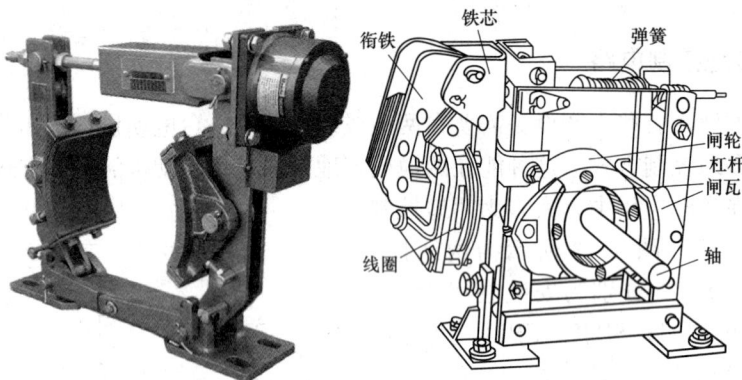

图 4.14　电磁抱闸器的外形与结构

电动机的电磁抱闸制动电路如图 4.15 所示。电磁线圈由 380V 交流供电。

工作过程：按下启动按钮 SB2，接触器 KM 线圈通电，其自锁触点和主触点闭合，电动机 M 得电；同时，抱闸电磁线圈通电，电磁铁产生磁场力吸合衔铁，带动制动杠杆动作，推动闸瓦松开闸轮，电动机启动运转。停车时，按下停止按钮 SB1，KM 线圈断电，电动机绕组和电磁抱闸线圈同时断电，电磁铁衔铁释放，弹簧的弹力使闸瓦紧紧抱住闸轮，电动机立即停止转动。

电路特点：断电时制动闸处于"抱住"状态。

适用场合：用于升降机械，防止发生电路断电或电气故障时重物自行下落。

二、电气制动

1. 反接制动

反接制动是将运动中的电动机电源反接（即将任意两根相线接法对调），以改变电动机

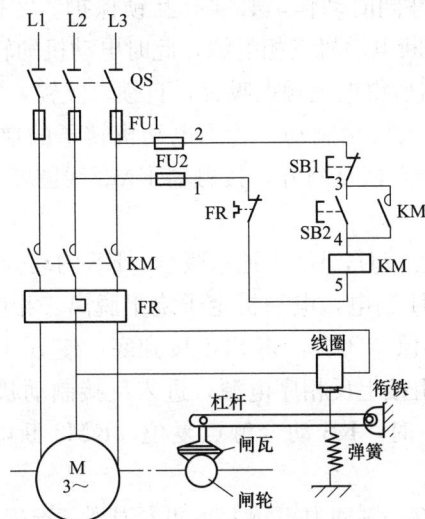

图 4.15　电动机的电磁抱闸制动电路

定子绕组的电源相序，定子绕组产生反向的旋转磁场，转子受到与原旋转方向相反的制动力矩而迅速停转。反接制动时，转子与定子旋转磁场的相对速度接近于 2 倍同步转速，所以，定子绕组中的反接制动电流相当于全电压直接启动时电流的 2 倍，因此，在主电路中串入限流电阻 R。10kW 以上电动机的定子电路中串入对称电阻或不对称电阻（称为制动电阻），以限制制动电流和减少制动冲击力。反接制动原理如图 4.16 所示。

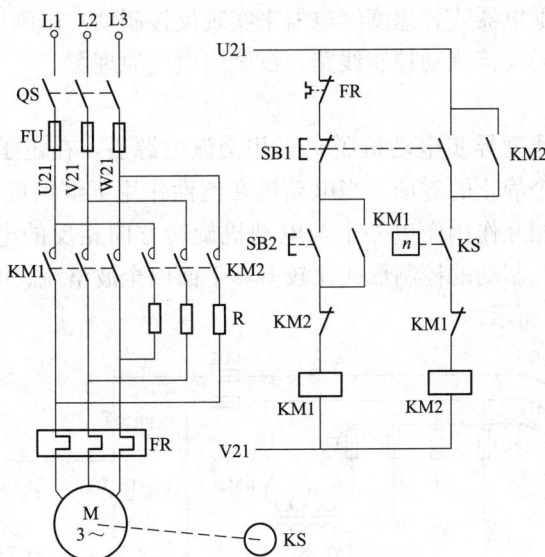

图 4.16　反接制动原理图

　　工作过程：①按下启动按钮 SB2，接触器 KM1 线圈得电，主触点吸合，自锁、互锁，电动机启动运行。当转速达到 120r/min 时，速度继电器 KS 动作，其动合触点闭合。在电动机正常运行时，速度继电器 KS 的动合触点已闭合，为反接制动接触器 KM2 线圈通电准备条件。KM1 和 KM2 不允许同时动作，必须有互锁保护。②按下停止按钮 SB1，接触器 KM1 线圈先断电，复位，切断电动机三相电源，此时电动机的转速仍然很高，KS 的动合触点仍闭合，接触器 KM2 线圈后得电主触点吸合，自锁、互锁，定子绕组得到相反相序的电源，电动机串制动电阻 R 进入反接制动。③当电动机转子的惯性转速接近零（100r/min）时，速度继电器 KS 的动合触点恢复断开，接触器 KM2 线圈断电，复位，主触点释放，切断电源，制动结束，M 停止。

原理说明：电动机正常运转时，KM1 通电吸合，KS 的动合触点闭合，为反接制动作准备。按下停止按钮 SB1，KM1 断电，电动机定子绕组脱离三相电源，电动机因惯性仍以很高速度旋转，KS 动合触点仍保持闭合，将 SB1 按到底，使 SB1 动合触点闭合，KM2 通电并自锁，电动机定子串接电阻接上反相序电源，进入反接制动状态。电动机转速迅速下降，当电动机转速接近 100r/min 时，KS 动合触点复位，KM2 断电，电动机断电，反接制动结束。

反接制动特点：设备简单，制动力矩较大，冲击强烈，准确度不高。

反接制动适用场合：适用于要求制动迅速，制动不频繁（如各种机床的主轴制动）的场合。容量较大（4.5kW 以上）的电动机采用反接制动时，需在主回路中串联限流电阻。由于反接制动时，振动和冲击力较大，影响机床的精度，所以使用时受到一定限制。

反接制动的关键是电动机电源相序的改变，且当转速下降接近于零时，能自动将反向电源切除，防止反向再启动。

想一想

①是否可以用时间继电器代替速度继电器来实现反接制动？试画出电气原理图。

②如何实现正反转的反接制动控制线路，试画出电气原理图。

2. 能耗制动

能耗制动是在三相笼型异步电动机脱离三相交流电源后，在定子绕组上加一个直流电源，则定子绕组产生一个静止的磁场，当电动机在惯性作用下继续旋转时会产生感应电流，该感应电流与静止磁场相互作用产生一个与电动机旋转方向相反的电磁转矩（制动转矩），使电动机迅速停转。能耗制动的控制形式比较多，下面以全波整流、时间控制原则为例来说明，控制线路如图 4.17 所示。

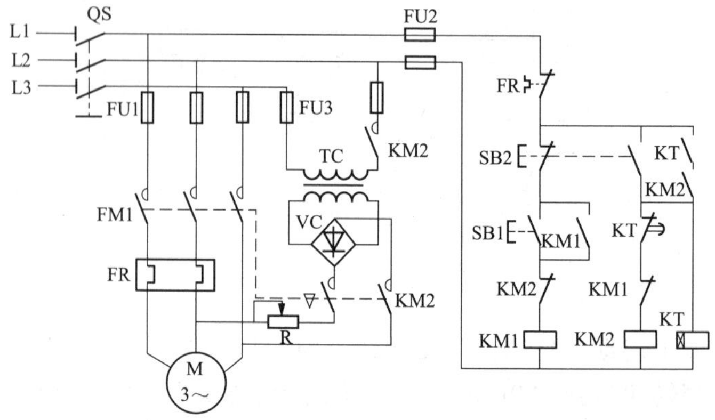

图 4.17　能耗接制动原理图

工作过程：①先合上电源开关 QS。②按启动按钮 SB1，接触器 KM1 得电动作，自锁、互锁，电动机正常运行，接触器 KM2 和时间继电器 KT 不得电。③按下停止按钮 SB2，KM1 线圈先断电，主触点断开，电动机脱离三相交流电源，KM1 辅助触点闭合，KM2 与 KT 线圈后得电，KM2 主触点闭合，自锁、互锁，将经过整流后的直流电压接至电机两相定子绕组上，开始能耗制动。④当转子速度接近零时，时间继电器 KT 的动断触点断开，接触器 KM2 线圈和 KT 线圈相继断电，切断能耗制动的直流电流，切断电源，制动结束。

从能量角度看，能耗制动是把电动机转子运转所储存的动能转变为电能，且又消耗在电动机转子的电阻上，与反接制动相比，能量损耗少，制动停车准确。

主电路中的 R 用于调节制动电流的大小；能耗制动结束，应及时切除直流电源。KM2 动合触点上方应串接 KT 瞬动动合触点，防止 KT 故障时其通电延时动断触点无法断开，致使 KM2 不能失电而导致电动机定子绕组长期通入直流电。该线路具有手动控制能耗制动的能力，只要停止按钮 SB1 处于按下的状态，电动机就能实现能耗制动。

能耗制动的特点（与反接制动相比）：优点是能耗小，制动电流小，制动准确度较高，制动转矩平滑；缺点是需直流电源整流装置，设备费用高，制动力较弱，制动转矩与转速成比例减小。

能耗制动适用场合：适用于电动机能量较大，要求制动平稳、制动频繁以及停位准确的场合，常用在铣床、龙门刨床及组合机床的主轴定位等。

3. 回馈制动

回馈制动只适用于电动机转子转速 n 高于同步转速 n_1 的场合。

下面以起重机从高处下降重物为例来说明，如图 4.18 所示。

电动机的转子转速 n 与定子旋转磁场的旋转方向相同，当电动机转子轴上受外力作用，且转子转速比旋转磁场的转速高（如起重机吊着重物下降），即 $n > n_1$ 时，转子绕组切割旋转磁场，产生的感应电流的方向与原来电动机状态时相反，电磁转矩方向也与转子旋转方向相反，电磁转矩变为制动转矩，重物不致下降太快。

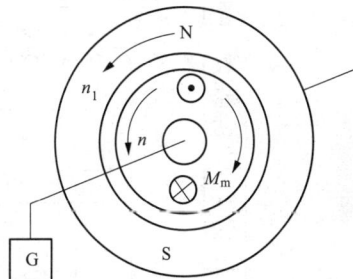

图 4.18　回馈制动原理示意图

当转子转速大于旋转磁场的转速时，有电能从电动机的定子返回给电源，实际上这时电动机已经转入发电机运行，所以能耗制动又称为再生发电制动或发电回馈制动。

4.4　X62W 万能铣床电气控制电路分析及故障检修

一、X62W 万能铣床电气控制原理

X62W 万能铣床电气控制线路如图 4.19 所示，该电路由主电路、控制电路和照明电路三部分组成。

1. 电气控制要求

（1）主电路有 3 台电动机：M1 是主轴电动机；M2 是进给电动机；M3 是冷却泵电动机。

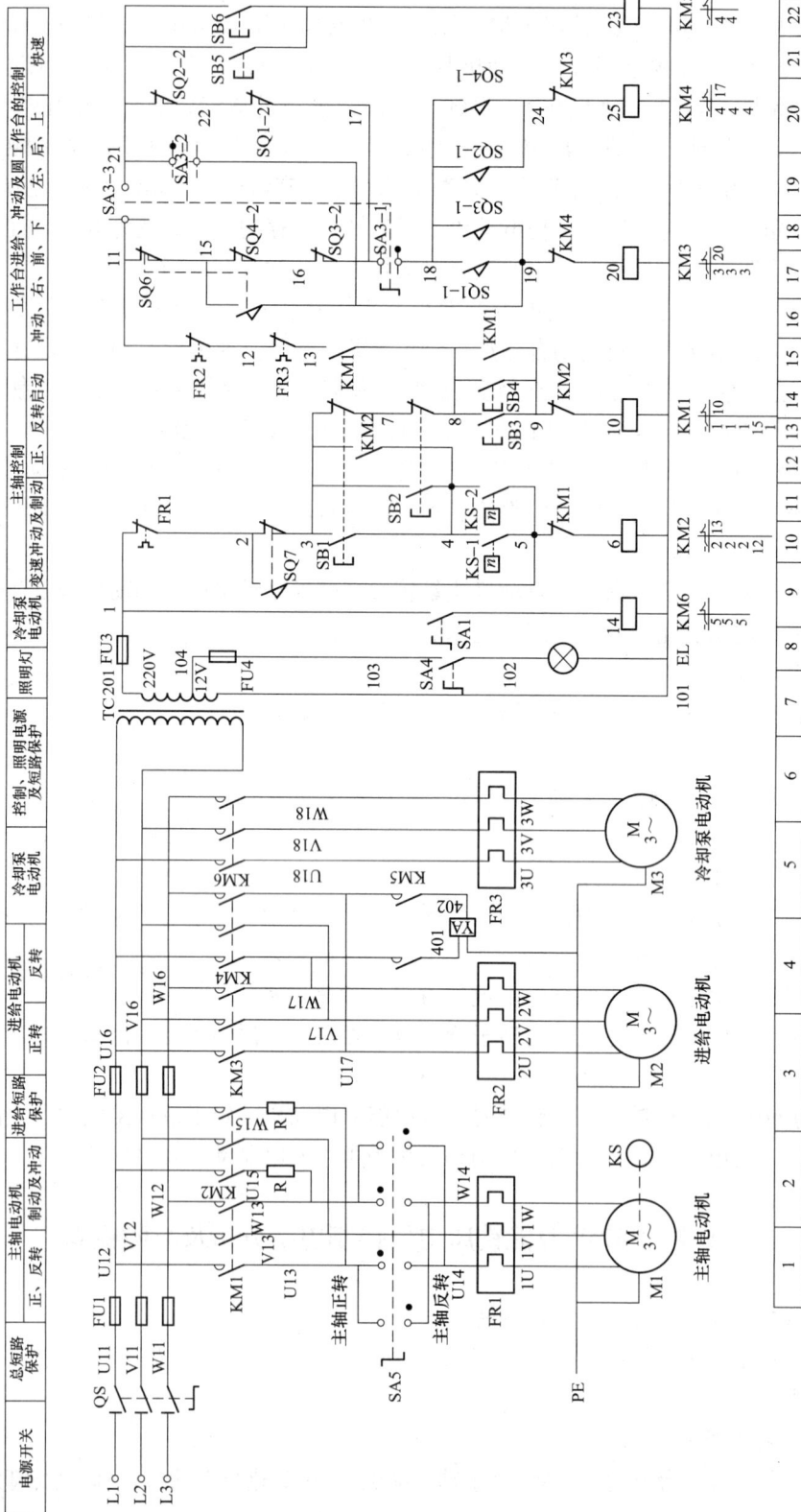

图 4.19 X62W 万能铣床电气控制电路

（2）主轴电动机 M1 通过换相开关 SA5 与接触器 KM1 配合，能进行正反转控制；与接触器 KM2 、制动电阻器 R 及速度继电器的配合，能实现串电阻瞬时冲动和正反转反接制动控制。

（3）进给电动机 M2 能进行正反转控制，通过接触器 KM3、KM4 与行程开关及 KM5、牵引电磁铁 YA 配合，能实现进给变速时的瞬时冲动、六个方向的常速进给和快速移动控制。

（4）冷却泵电动机 M3 只能正转。

（5）熔断器 FU1 作机床总短路保护，也兼作 M1 的短路保护；FU2 作为 M2、M3 及控制变压器 TC、照明灯 EL 的短路保护；热继电器 FR1、FR2、FR3 分别作为 M1、M2、M3 的过载保护。

2. 电气控制原理

（1）主轴电动机的控制（电路如图 4.20 所示）。

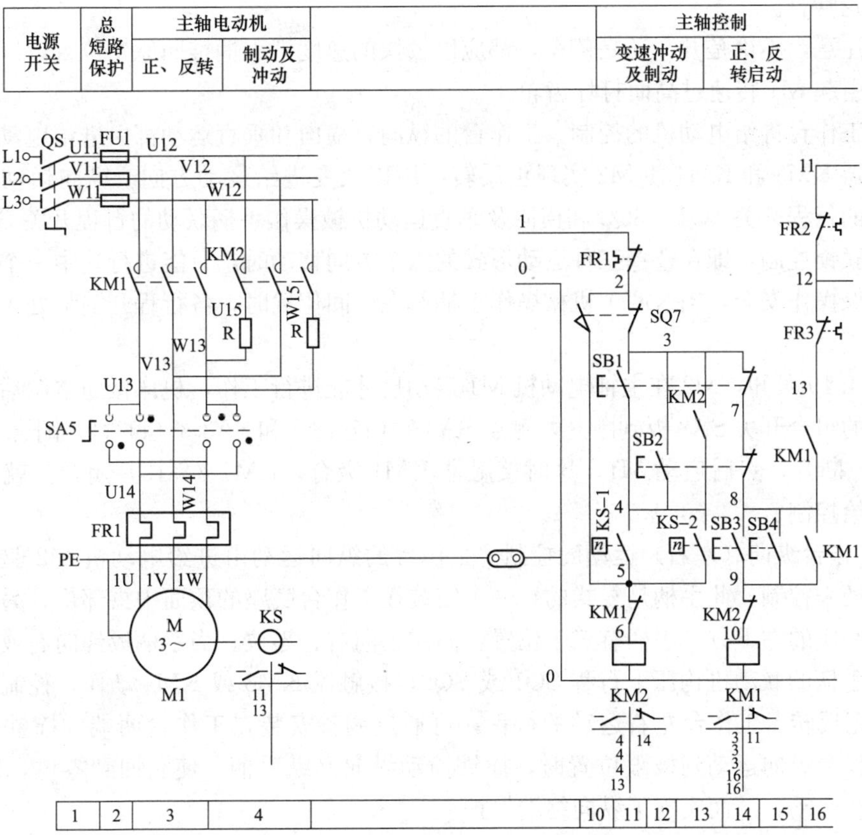

图 4.20　主轴电动机控制电路

SB1、SB3 与 SB2、SB4 是分别装在机床两边的停止（制动）和启动按钮，实现两地控制。KM1 是主轴电动机启动接触器，KM2 是反接制动和主轴变速冲动接触器。SQ7 是与主轴变速手柄联动的瞬时动作行程开关。

主轴电动机需启动时，要先将 SA5 扳到主轴电动机所需要的旋转方向，然后再按启动按钮 SB3 或 SB4 来启动电动机 M1。M1 启动后，速度继电器 KS 的一对动合触点闭合，为主轴电动机的停转制动做好准备。停车时，按停止按钮 SB1 或 SB2 切断 KM1 电路，接通 KM2 电路，改变 M1 的电源相序进行串电阻反接制动。当 M1 的转速低于 120r/min 时，速度继电器 KS 的一对动合触点恢复断开，切断 KM2 电路，M1 停转，制动结束。

　　据以上分析可写出主轴电机转动（即按 SB3 或 SB4）时控制线路的通路为 1—2—3—7—8—9—10—KM1 线圈—0；主轴停止与反接制动（即按 SB1 或 SB2）时的通路为 1—2—3—4—5—6—KM2 线圈—0。

　　主轴电动机变速时的瞬动（冲动）控制，是利用变速手柄与冲动行程开关 SQ7 通过机械上联动机构进行控制的。变速时，先下压变速手柄，然后拉到前面，当快要落到第二道槽时，转动变速盘，选择需要的转速。此时凸轮压下弹簧杆，冲动行程 SQ7 的动断触点断开，切断 KM1 线圈的电路，M1 断电；同时 SQ7 的动合触点接通，KM2 线圈得电动作，M1 被反接制动。当手柄拉到第二道槽时，SQ7 不受凸轮控制而复位，M1 停转。接着把手柄从第二道槽推回原始位置时，凸轮又瞬时压动行程开关 SQ7，M1 反向瞬时冲动一下，以利于变速后的齿轮啮合。

　　需要注意，不论是开车还是停车，都应以较快的速度把手柄推回原始位置，以免通电时间过长，引起 M1 转速过高而打坏齿轮。

　　（2）工作台进给电动机的控制。工作台的纵向、横向和垂直运动都由进给电动机 M2 驱动，接触器 KM3 和 KM4 使 M2 实现正反转，用以改变进给运动方向。纵向运动机械操作手柄联动的行程开关 SQ1、SQ2 和横向及垂直运动机械操作手柄联动的行程开关 SQ3、SQ4 组成复合联锁控制，即在选择三种运动形式的六个方向移动时，只能进行其中一个方向的移动，以确保操作安全，当这两个机械操作手柄都在中间位置时，各行程开关都处于未压的原始状态。

　　由图 4.19 可知，M2 在主轴电动机 M1 启动后才能进行工作，机床接通电源后，将控制圆工作台的组合开关 SA3 扳到断开，触点 SA3-1 (17-18) 和 SA3-3 (11-21) 闭合，而 SA3-2 (19-21) 断开，然后启动 M1，这时接触器 KM1 吸合，KM1 (8-13) 闭合，就可进行工作台的进给控制。

　　1）工作台纵向（左右）运动的控制。工作台的纵向运动由进给电动机 M2 驱动，由纵向操纵手柄来控制。此手柄是复式的，一个安装在工作台底座的顶面中央部位，另一个安装在工作台底座的左下方。手柄有三个位置：向左、向右、零位。当手柄扳到向右或向左运动方向时，手柄的联动机构压下行程 SQ1 或 SQ2，接触器 KM3 或 KM4 动作，控制进给电动机 M2 的正反转。工作台左右运动的行程，可通过调整安装在工作台两端的撞铁位置来实现。当工作台纵向运动到极限位置时，撞铁撞动纵向操纵手柄，使它回到零位，M2 停转，工作台停止运动，从而实现了纵向终端保护。

　　工作台向左运动：在 M1 启动后，将纵向操作手柄扳至向左位置，一方面机械接通纵向离合器，同时在电气上压下 SQ1，使 SQ1-2 断，SQ1-1 通，而其他控制进给运动的行程开关都处于原始位置，此时 KM3 吸合，M2 正转，工作台向左进给运动，其通路为 11—15—16—17—18—19—20—KM3 线圈—0。工作台向右运动：当纵向操纵手柄扳至向右位置时，机械上仍然接通纵向进给离合器，但却压动了行程开关 SQ2，使 SQ2-2 断，SQ2-1 通，KM4 吸合，M2 反转，工作台向右进给运动，其通路为 11—15—16—17—18—24—25—KM4 线圈—0。

2）工作台垂直（上下）和横向（前后）运动的控制。工作台的垂直和横向运动，由垂直和横向进给手柄操纵。此手柄也是复式的，有两个完全相同的手柄分别装在工作台左侧的前、后方。手柄的联动机械一方面压下行程开关 SQ3 或 SQ4，同时能接通垂直或横向进给离合器。操纵手柄有五个位置（上、下、前、后、中间），五个位置是联锁的，工作台的上下和前后的终端保护是利用装在床身导轨旁与工作台座上的撞铁，将操纵十字手柄撞到中间位置，使 M2 断电停转。

工作台向前（或者向下）运动的控制：将"十"字操纵手柄扳至向前（或者向下）位置时，机械上接通横向进给（或者垂直进给）离合器，同时压下 SQ4，使 SQ4-2 断，SQ4-1 通，KM4 吸合，M2 反转，工作台向前（或者向下）运动，其通路为 11—21—22—17—18—24—25—KM4 线圈—0。工作台向后（或者向上）运动的控制：将"十"字操纵手柄扳至向后（或者向上）位置时，机械上接通横向进给（或者垂直进给）离合器，同时压下 SQ3，使 SQ3-2 断，SQ3-1 通，KM3 吸合，M2 正转，工作台向后（或者向上）运动，其通路为 11—21—22—17—18—19—20—KM3 线圈—0。

3）进给电动机变速时的瞬动（冲动）控制。变速时，为使齿轮易于啮合，进给变速与主轴变速一样，设有变速冲动环节。当需要进行进给变速时，应将转速盘的蘑菇形手轮向外拉出并转动转速盘，把所需进给量的标尺数字对准箭头，然后再把蘑菇形手轮用力向外拉到极限位置并随即推向原位，在一次操纵手轮的同时，其连杆机构二次瞬时压下行程开关 SQ6，使 KM3 瞬时吸合，M2 正向瞬动。其通路为：11—21—22—17—16—15—19—20—KM3 线圈—0。由于进给变速瞬时冲动的通电回路要经过 SQ1～SQ4 四个行程开关的动断触点，因此只有当进给运动的操作手柄都在中间（停止）位置时，才能实现进给变速冲动控制，以保证操作时的安全。同时，与主轴变速时冲动控制一样，电动机的通电时间不能太长，以防止转速过高，在变速时打坏齿轮。

4）工作台的快速进给控制。为提高劳动生产率，要求铣床在不作铣切加工时，工作台能快速移动。工作台的快速进给也由进给电动机 M2 驱动，在纵向、横向和垂直三种运动形式六个方向上都可以实现快速进给控制。

主轴电动机启动后，将进给操纵手柄扳到所需位置，工作台按照选定的速度和方向常速进给移动时，再按下快速进给按钮 SB5（或 SB6），接触器 KM5 通电吸合，接通牵引电磁铁 YA，电磁铁通过杠杆使摩擦离合器合上，减少中间传动装置，则工作台按运动方向作快速进给运动。当松开快速进给按钮时，电磁铁 YA 断电，摩擦离合器断开，快速进给运动停止，工作台仍按原常速进给时的速度继续运动。

（3）圆工作台运动的控制。铣床如需铣切螺旋槽、弧形槽等曲线时，可在工作台上安装圆形工作台及其传动机械，圆形工作台的回转运动也是由进给电动机 M2 传动机构驱动的。

圆工作台工作时，应先将进给操作手柄都扳到中间（停止）位置，然后将圆工作台组合开关 SA3 扳到圆工作台接通位置，此时 SA3-1 断，SA3-3 断，SA3-2 通。准备就绪后，按下主轴启动按钮 SB3 或 SB4，则接触器 KM1 与 KM3 相继吸合。主轴电动机 M1 与进给电动机 M2 相继启动并运转，而进给电动机仅以正转方向带动圆工作台做定向回转运动。其通路为：11—15—16—17—22—21—19—20—KM3 线圈—0。由上可知，圆工作台与工作台进给有互锁，即当圆工作台工作时，不允许工作台在纵向、横向、垂直方向上有任何运动。若误操作而扳动进给运动操纵手柄（即压下 SQ1～SQ4、SQ6 中任一个），M2 即停转。

3. 电器元件明细

电器元件明细见表 4.1。

表 4.1　　　　　　　　　　　　电器元件明细

代号	名称	型号	数量
SB3、SB4	平动按钮	φ22-LAY16-AG11	2 只
SB1、SB2	平动按钮	φ22-LAY16-AR11	2 只
SB5、SB6	平动按钮	φ22-LAY16-AB11	2 只
SA1、SA2	旋钮开关	φ22-LAY16-DB11	2 只
SQ1、SQ2	行程开关	JW2A-11H/L	2 只
SA3	十字开关	TMRN-30-8A	1 个
SA5、SA6	万能转换开关	LW42A2-3142-LF3197	2 个
KM1～KM6	交流接触器	LC1-D0610M5N	6 个
KM1～KM4	辅助触点	LA1-DN11C	4 个
YA	交流电磁阀	SA-1192/AC380V	1 只
QS	低压断路器	DZ108-20/10-F（0.63-1A）	1 个
FU1、FU2	螺旋式熔断器	RL1-15	6 个
FU3、FU4	直插式熔断器	RT14-20	2 个
FR1、FR2、FR3	热继电器	JRS1D-25/Z（0.63-1A）	3 个
	热继电器座	JRS1D-25 座	3 个
R	法郎电阻	RX20/25W/330Ω±5%	2 只
TC	控制变压器	BK-150/380V/220/12/6.3V	1 个

二、X62W 万能铣床控制电路的故障与维修

下面通过几个实例来叙述 X62W 万能铣床的常见故障及排除方法。

1. 主轴停车时无制动

主轴无制动时，首先按下停止按钮 SB1 或 SB2，检查反接制动接触器 KM2 是否吸合，KM2 不吸合，则故障原因一定在控制电路部分。检查时可先操作主轴变速冲动手柄，若有冲动，故障范围就缩小到速度继电器和按钮支路上。若 KM2 吸合，则故障原因就较复杂，可能是主电路的 KM2、R 制动支路中有缺相或者是速度继电器的动合触点过早断开，前者的故障现象是完全没有制动作用，后者则是制动效果不明显。

以上分析可知，主轴停车时无制动，较多是由于速度继电器 KS 发生故障引起的。如 KS 动合触点不能正常闭合，其原因有：推动触点的胶木摆杆断裂；KS 轴伸端圆销扭弯、磨损或弹性连接元件损坏；螺丝销钉松动或打滑等。若 KS 动合触点过早断开，其原因有：KS 动触点的反力弹簧调节过紧；KS 的永久磁铁转子的磁性衰减等。

2. 主轴停车后产生短时反向旋转

这一故障一般是由于速度继电器 KS 动触点弹簧调整得过松，使触点分断过迟引起的，只要重新调整反力弹簧便可消除。

3. 按下停止按钮后主轴电动机不停转

产生故障的原因有：接触器 KM1 主触点熔焊；反接制动时两相运行；SB3 或 SB4 在启

动 M1 后绝缘被击穿。如按下停止按钮后，KM1 不释放，则故障可断定是由熔焊引起的。如按下停止按钮后，接触器的动作顺序正确，即 KM1 能释放，KM2 能吸合，同时伴有嗡嗡声或转速过低，则可断定是制动时主电路有缺相故障存在。若制动时接触器动作顺序正确，电动机也能进行反接制动，但放开停止按钮后，电动机又再次自启动，则可断定故障是启动按钮绝缘击穿引起的。

4. 工作台不能做向下进给运动

由于工作台向上进给运动的控制是处于多回路线路之中，因此，不宜采用逐步检查的方法。检查时，可先依次进行快速进给、进给变速冲动或圆工作台向前进给、向左进给及向后进给的控制，逐步缩小故障的范围（一般可从中间环节的控制开始），然后再逐个检查故障范围内的元器件、触点、导线及接点，从而查出故障点。实际检查时，还必须考虑到由于机械磨损或移位使操纵失灵等因素，若发现此类故障原因，应与机修钳工互相配合进行修理。

假设故障点在图区 20 上，行程开关 SQ4-1 由于安装螺钉松动而移动位置，造成操纵手柄虽然到位，但触点 SQ4-1（18-24）仍不能闭合，在检查时，若进行进给变速冲动控制正常，说明线路 11—21—22—17 是完好的，再通过向左进给控制正常，又能排除线路 17—18 和 24—25—0 存在故障的可能性，这样就将故障的范围缩小到 18—SQ4-1—24 的范围内。再经过仔细检查或测量，就能很快找出故障点。

5. 工作台不能做纵向进给运动

应先检查横向或垂直进给是否正常，如果正常，说明进给电动机 M2、主电路、KM3、KM4 及纵向进给相关的公共支路都正常，此时应重点检查图区 19 上的行程开关 SQ6（11-15）、SQ4-2 及 SQ3-2，即 11—15—16—17 支路，因为只要三对动断触点中有一对不能闭合，有一根线头脱落就会使纵向不能进给。然后再检查进给变速冲动是否正常，如果也正常，则故障的范围已缩小到 SQ6（11-15）及 SQ1-1、SQ2-1，但一般 SQ1-1、SQ2-1 两对动合触点同时发生故障的可能性甚小，而 SQ6（11-15）由于进给变速时，常因用力过猛而容易损坏，所以可先检查 SQ6（11-15）触点，直至找到故障点并予以排除。

6. 工作台各个方向都不能进给

可先进行进给变速冲动或圆工作台控制，如果正常，则故障可能在开关 SA3-1 及引接线 17、18 号上，若进给变速也不能工作，要注意接触器 KM3 是否吸合，如果 KM3 不能吸合，则故障可能发生在控制电路的电源部分，即 11—15—16—18—20 线路及 0 线上，若 KM3 能吸合，则应着重检查主电路，包括电动机的接线及绕组是否存在故障。

7. 工作台不能快速进给

常见的故障原因是牵引电磁铁电路不通，多数是由于线头脱落、线圈损坏或机械卡死引起。如果按下 SB5 或 SB6 后接触器 KM5 不吸合，则故障在控制电路部分，若 KM5 能吸合，且牵引电磁铁 YA 也吸合正常，则故障大多是由于杠杆卡死或离合器摩擦片间隙调整不当引起，应与机修钳工配合进行修理。检查 11—15—16—17 支路和 11—21—22—17 支路时，一定要把 SA3 开关扳到中间空挡位置，由于这两条支路是并联的，若不扳到中间空挡位置可能检查不出故障点。

项目 5   T68 卧式镗床电气控制

5.1   镗床主要结构及运动形式

镗床的外形及结构如图 5.1 所示。

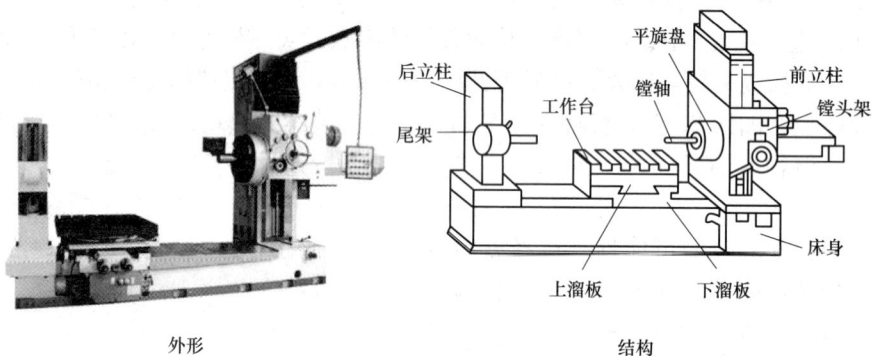

图 5.1   镗床的外形及结构

镗床的运动形式：

（1）主运动：镗轴（主轴）旋转或平旋盘（花盘）旋转。

（2）进给运动：主轴轴向（进、出）移动、主轴箱（镗头架）的垂直（上、下）移动、花盘刀具溜板的径向移动、工作台的纵向（前、后）和横向（左、右）移动。

（3）辅助运动：工作台的旋转运动、后立柱的水平移动和尾架垂直移动。

主体运动和各种快速进给由主轴电动机驱动，但各部分的快速进给运动由快速进给电机驱动。

5.2   知识链接——电动机绕组接法

5.2.1   三相异步电动机绕组接法

三相异步电动机正常运行时，绕组为三角形接法的电动机，每相绕组所承受的电压是线电压，也就是 380V 电压，为了减小电动机启动电流，在电动机启动时把绕组通过接触器改接成星形，这时每相绕组所承受的电压是相电压，既 220V 电压，电流降低为原来电流的 $1/\sqrt{3}$，这样可减小因启动电流很大对系统的冲击，适合电源容量相对较小的系统。为了实现三相异步电动机的星-三角转换，电动机出厂时定子绕组共有六个引线端，分别固定在接线盒内的接线柱上，各相绕组的始端分别用 U1、V1、W1 表示，末端用 U2、V2、W2 表示。定子绕组的始末端在机座接线盒内的排列次序如图 5.2 所示。

定子绕组有星形接法和三角形接法两种。若将 U2、V2、W2 接在一起，U1、V1、W1

分别接到 A、B、C 三相电源上，则为星形接法，如图 5.3 所示。

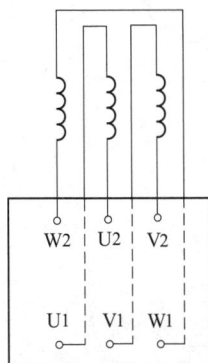

图 5.2　定子绕组始末端排列

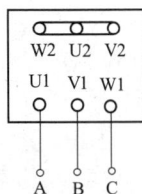

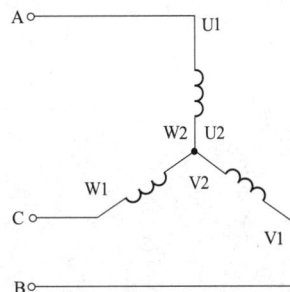

图 5.3　电动机绕组星形接法

如果将 U1 接 W2，V1 接 U2，W1 接 V2，然后分别接到三相电源上，则为三角形接法，如图 5.4 所示。

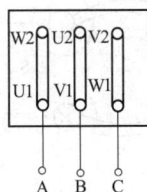

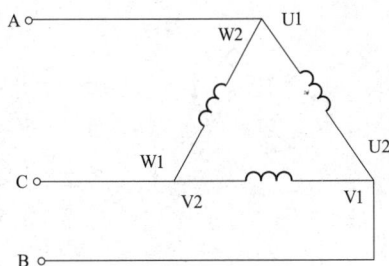

图 5.4　电动机绕组三角形接法

5.2.2　双速电动机绕组接法

双速电动机属于异步电动机变极调速，是通过改变定子绕组的连接方法来改变定子旋转磁场磁极对数，从而改变电动机的转速。

根据公式 $n_1 = 60f/p$，异步电动机的同步转速与磁极对数成反比，磁极对数增加一倍，同步转速 n_1 下降至原转速的一半，电动机额定转速 n 也将下降近似一半，所以改变磁极对数可以达到改变电动机转速的目的。这种调速方法是有级的，不能平滑调速，而且只适用于笼型电动机。

转速比等于磁极倍数比，如 2 极/4 极、4 极/8 极，图 5.5 介绍的是最常见的单绕组双速电动机，定子绕组从三角形接法变为双星形接法，磁极对数从 $p=2$ 变为 $p=1$，转速比为 $2/1 = 2$。

由图 5.6 可知，双速异步电动机 4 极/2 极变极时，要变换电流方向，因此，要调换相序，以保证变极调速以后电动机转动方向不变。

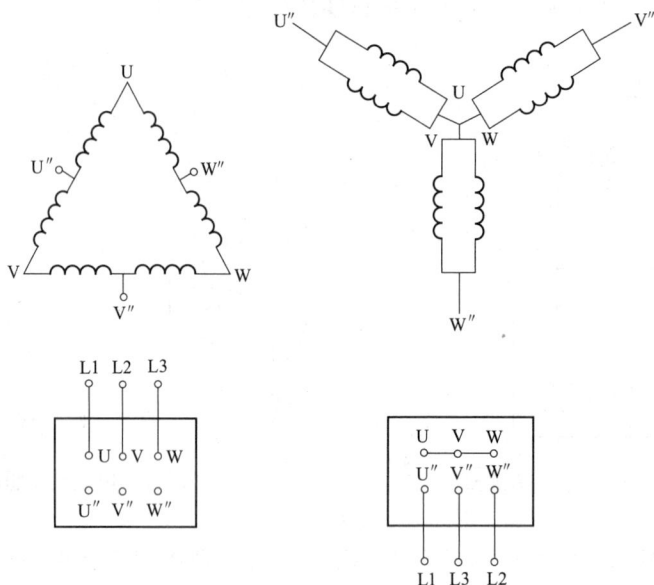

图 5.5　4 极/2 极定子绕组接线示意图

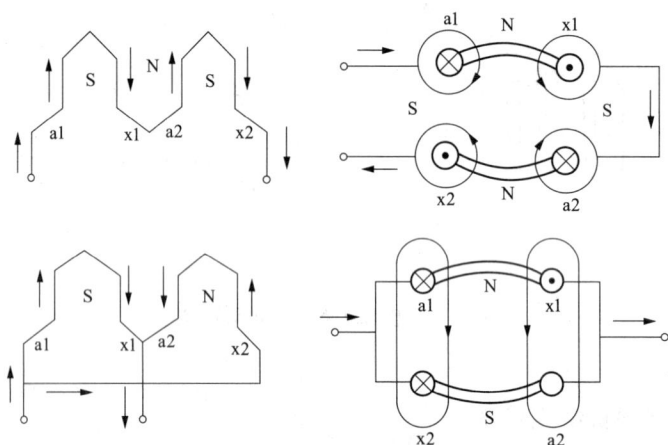

图 5.6　4 极/2 极定子绕组相序变化

5.3　知识链接——电动机降压启动控制电路

　　若三相异步电动机的额定功率超出了允许直接启动的范围，则应采用降压启动的方法。所谓降压启动，是借助启动设备将电源电压适当降低后加在定子绕组上进行启动，待电动机转速升高到接近稳定时，再使电压恢复到额定值，转入正常运行。三相异步电动机容量在10kW 以上或由于其他原因不允许直接启动时，应采用降压启动。

　　降压启动的目的是减小启动电流以及对电网的不良影响，但同时又降低了启动转矩，所以这种启动方法只适用于空载或轻载启动时的笼型异步电动机。笼型异步电动机降压启动的方法通常有：定子绕组串电阻或电抗器降压启动，定子绕组串自耦变压器降压启动，星-三角降压启动。

5.3.1　定子绕组回路串电阻或电抗器降压启动

定子绕组串电阻降压启动：电动机启动时把电阻串接在电动机定子绕组与电源之间，通过电阻的分压作用降低定子绕组上的启动电压，待电动机启动后再将电阻短接，使电动机在额定电压下正常运行。

串电阻降压启动的缺点是减少了电动机的启动转矩，同时启动时电阻上的功率消耗也较大，如果启动频繁，则电阻的温度很高，对精密机床会产生一定影响，故这种降压启动方法在生产实际中的应用正逐步减少。

1. 接触器控制的定子绕组串电阻降压启动控制电路

接触器控制的定子绕组串电阻降压启动控制电路如图 5.7 所示。

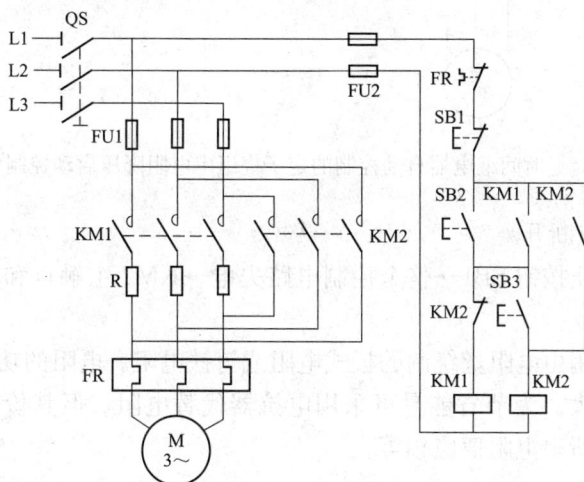

图 5.7　接触器控制的定子绕组串电阻降压启动控制电路

控制过程如下：

（1）降压启动。闭合电源开关 QS。按下按钮 SB2→KM1 线圈得电→KM1 主触点和辅助动合触点闭合→电动机 M 定子绕组串电阻降压启动。

（2）全压运行。待电动机启动后，按下按钮 SB3→KM2 线圈得电→KM2 辅助动断触点先断开→KM1 线圈失电→KM2 主触点和辅助动合触点闭合→电动机 M 全压运行。

（3）停止。按停止按钮 SB1→整个控制电路失电→KM2（或 KM1）主触点和辅助触点分断→电动机 M 失电停转。

2. 时间继电器自动控制的定子绕组串电阻降压启动控制电路

时间继电器自动控制的定子绕组串电阻降压启动控制电路如图 5.8 所示。

控制过程如下：

（1）降压启动。闭合电源开关 QS。按下按钮 SB2→KM1 线圈得电→KM1 主触点和辅助动合触点闭合→电动机 M 定子串电阻降压启动。同时，KT 线圈得电开始计时。

（2）全压运行。待电动机启动后，KT 动合触点闭合→KM2 线圈得电→KM2 辅助动断触点先断开→KM1 线圈失电→KM2 主触点和辅助动合触点闭合→电动机 M 全压运行。同

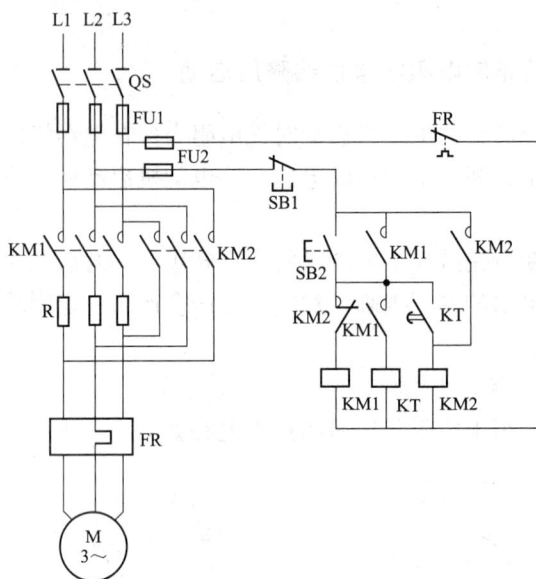

图 5.8 时间继电器自动控制的定子绕组串电阻降压启动控制电路

时，KT 线圈失电触点断开。

（3）停止。按停止按钮 SB1→整个控制电路失电→KM2 主触点和辅助触点分断→电动机 M 失电停转。

启动电阻一般采用由电阻丝绕制的板式电阻或铸铁电阻。电阻的功率大，能够通过较大的电流，但能量损耗大。为节省能量可采用电抗器代替电阻，但其价格贵，成本较高。注意：三相电路中每相所串电阻值应相等。

5.3.2 定子绕组串自耦变压器降压启动

自耦变压器降压启动是利用自耦变压器来降低加在电动机三相定子绕组上的电压，达到限制启动电流的目的。自耦变压器降压启动时，将电源电压加在自耦变压器的高压绕组，而电动机的定子绕组与自耦变压器的低压绕组连接。当电动机启动后，将自耦变压器切除，电动机定子绕组直接与电源连接，在全电压下运行。自耦变压器降压启动比星-三角降压启动的启动转矩大，并且可用抽头调节自耦变压器的变比以改变启动电流和启动转矩的大小。这种启动需要一个庞大的自耦变压器，且不允许频繁启动。自耦变压器降压启动适用于容量较大但不能用星-三角降压启动方法启动的电动机。为了适应不同要求，通常自耦变压器的抽头有 73%、64%、55% 或 80%、60%、40% 等规格。

1. 利用自耦降压启动器手动实现

利用自耦变压器降低加在定子绕组上的电压，三相自耦变压器接成星形，用一个六刀双掷开关 S 来控制变压器接入或脱离电源，如图 5.9 所示。启动时先将开关 QS 合上，再把 S 合到启动位置，此时电动机定子绕组通过自耦变压器和电网相接，定子绕组上的电压小于电网电压，从而减小了启动电流，等到电动机的转速升高后，再把开关 S 扳到运行位置，把自耦变压器从电路中切除，使电动机三相定子绕组直接和电源相联，运行于额定电压。

2. 利用时间继电器自动实现

其控制原理如图 5.10 所示。控制过程如下：

（1）降压启动。闭合电源开关 QS。按下按钮 SB2→KM2 和 KM3 线圈得电→KM2 和 KM1 动断辅助触点断开、KM2 和 KM3 主触点及其辅助动合触点闭合→电动机 M 定子串自耦变压器 T 降压启动→KT 线圈得电→开始计时、KT 瞬动触点闭合，为全压运行做好准备。

（2）全压运行。KT 整定时间到→KT 延时动断触点断开，延时动合触点闭合→KM2 和 KM3 线圈断电→KM2 和 KM3 动断辅助触点闭合，KM2 和 KM3 主触点及其辅助动合触点断开→KM1 线圈得电→KM1 辅助动断触点断开，KM1 主触点和辅助动合触点闭合→KT 线圈失电→电动机 M 全压运行。

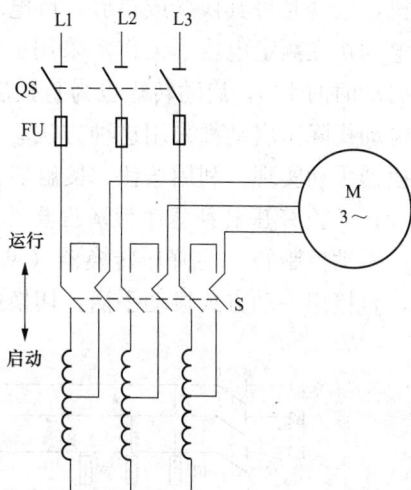

图 5.9 自耦降压启动器手动控制电路

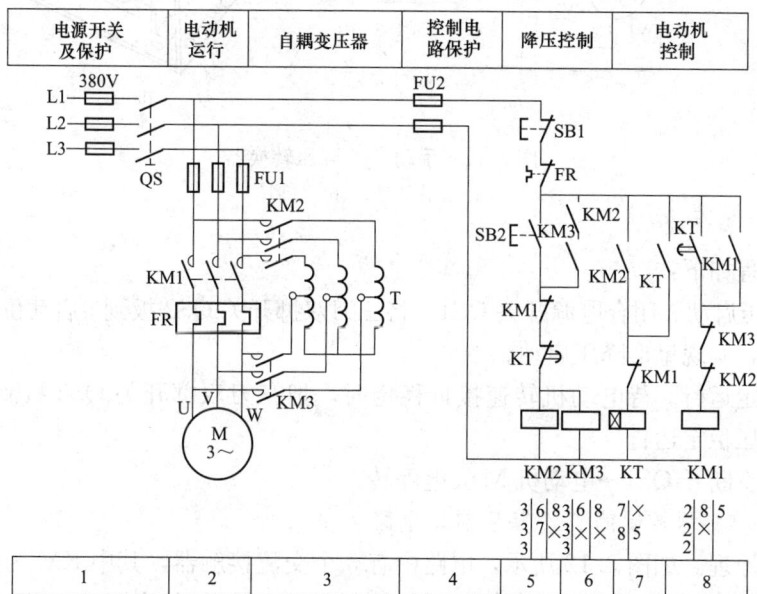

图 5.10 自耦变压器降压启动自动控制线路

（3）停止。按停止按钮 SB1→整个控制电路失电→KM1（或 KM2 和 KM1）主触点和辅助触点分断（时间继电器线圈断电）→电动机 M 失电停转。

💡 想 一 想

时间继电器线圈为何在全压运行时要失电？

5.3.3 星-三角降压启动

电动机星-三角（丫-△）降压启动：正常工作时电动机三相定子绕组为三角形连接的电

动机,启动时将其换接成星形,待电动机启动后,再将电动机三相定子绕组按三角形连接,使电动机在额定电压下工作。采用丫-△降压启动,可以降低启动电流,其启动电流仅为直接启动时的 1/3,启动转矩也为直接启动时的 1/3。大多数功率较大的三角形连接的三相异步电动机降压启动都采用这种方法。丫-△降压启动控制电路一般分为 3 种:利用丫-△降压转换器手动实现;利用按钮、接触器控制;利用时间继电器控制。

1.丫-△降压转换器手动降压启动

手动控制的丫-△降压转换器(见图 5.11)电路结构简单,操作也方便。它不需控制电路,直接用手动方式拨动手柄,切换主电路达到降压启动的目的。

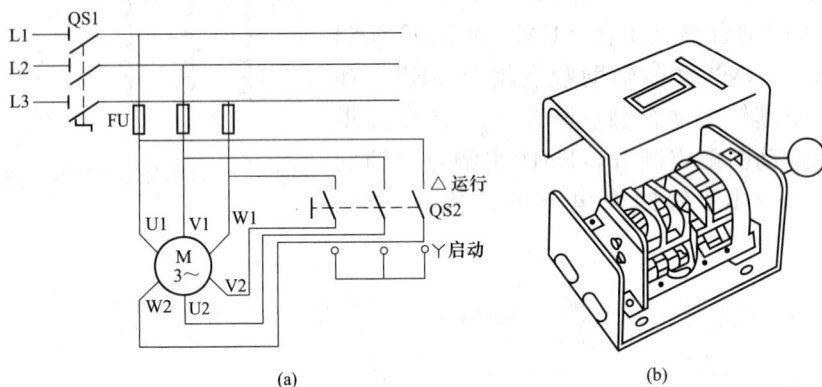

图 5.11 手动丫-△降压转换器
(a) 工作原理;(b) 外形

其控制过程如下:

(1) 丫降压启动。闭合电源开关 QS1。将三刀双掷开关 QS2 扳到丫启动位置,此时定子绕组接成星形,实现星形降压启动。

(2) △稳定运行。待电动机转速接近稳定时,把三刀双掷开关 QS2 扳到△运行位置,实现三角形全压稳定运行。

(3) 停止。断开 QS1→电动机 M 失电停转。

2. 按钮、接触器控制的丫-△降压启动电路

(1) 工作原理。如图 5.12 所示,电路中有 3 个交流接触器,其中 KM 为电源引入接触器,KM1 为丫启动接触器,KM2 为△运行接触器。SB2 为启动按钮,SB3 为转换按钮,SB1 为停止按钮。启动时,按下 SB2,电动机星形连接,实现降压启动;启动结束,按下SB3,电动机三角形连接,电动机在全压下工作。

(2) 动作过程。闭合电源开关 QS。

按下按钮 SB2→KM1 和 KM3 线圈得电→KM1 动合辅助触点闭合,KM3 动断辅助触点断开,KM1 和 KM2 主触点闭合→电动机 M 降压启动→电动机 M 达到设定转速时→按下按钮 SB3→SB3 动合触点闭合、动断触点断开→KM3 的线圈失电→KM2 动断触点闭合→KM2线圈得电→KM2 动合触点闭合,实现三角形全压稳定运行。

(3) 停车:按停止按钮 SB1→整个控制电路失电→电动机 M 失电停转。

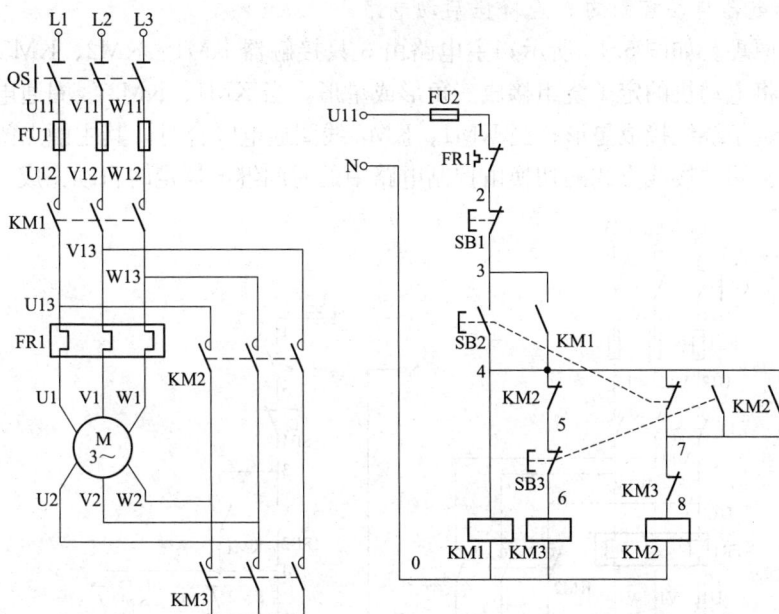

图 5.12　按钮、接触器控制的丫-△降压启动控制线路

想 一 想

试分析图 5.13 所示电气控制线路的原理。

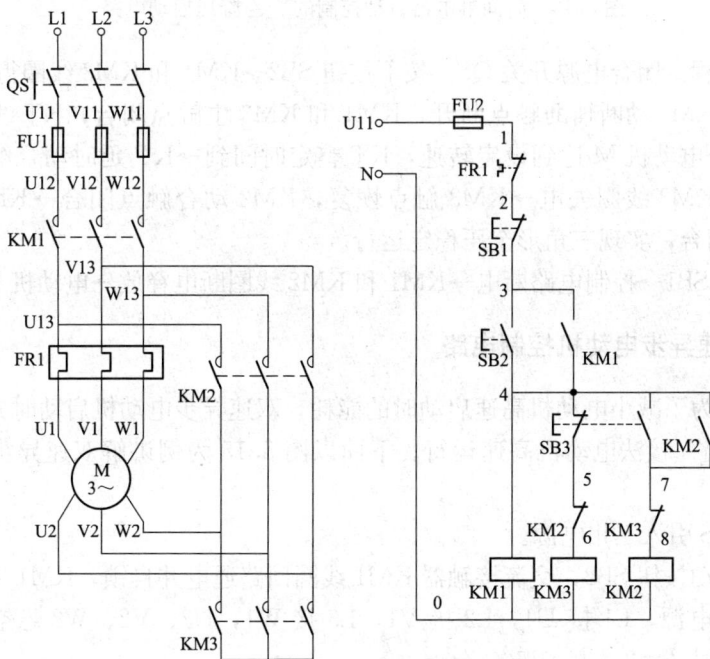

图 5.13　降压启动电气原理图

3. 时间继电器自动控制的丫-△降压启动电路

（1）工作原理。如图 5.13 所示，主电路由 3 只接触器 KM1、KM2、KM3 主触点的通断配合，分别将电动机的定子绕组接成三角形或星形。当 KM1、KM3 线圈通电吸合时，其主触点闭合，定子绕组接成星形；当 KM1、KM2 线圈通电吸合时，其主触点闭合，定子绕组接成三角形。两种接线方式的切换由控制电路中的时间继电器定时自动完成。

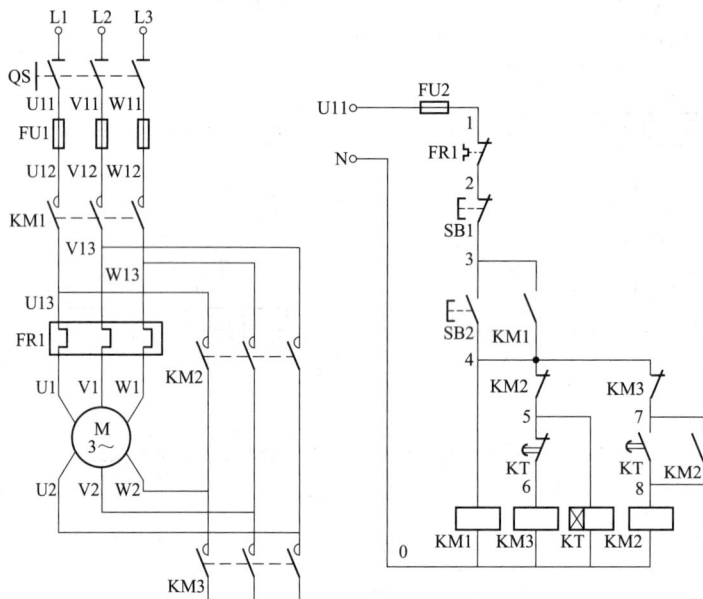

图 5.14 时间继电器自动控制的丫-△降压启动电路

（2）动作过程。闭合电源开关 QS。按下按钮 SB2→KM1 和 KM3 线圈得电→KM1 动合辅助触点闭合，KM3 动断辅助触点断开，KM1 和 KM3 主触点闭合，KT 线圈得电→电动机 M 降压启动→电动机 M 达到设定转速，KT 整定时间到→KT 延时动合触点闭合，延时动断触点断开→KM3 线圈失电→KM3 触点恢复，KM2 动合触点闭合→KM2 线圈得电→KM2 动合触点闭合，实现三角形全压稳定运行。

停止：按下 SB1→控制电路断电→KM1 和 KM2 线圈断电释放→电动机 M 断电停转。

5.3.4 双速异步电动机控制电路

实际生产中为了减小电动机高速启动时的能耗，双速异步电动机启动时先以△接法启动运行，然后转为丫丫接法电动机高速运行。下面以图 5.15 为例讲解双速异步电动机控制电路的工作过程。

（1）合上 QS 引入三相电源。

（2）按下启动按钮 SB2，交流接触器 KM1 线圈回路通电并自锁，KM1 主触点闭合，为电动机引进三相电源，L1 接 U1，L2 接 V1，L3 接 W1，U2、V2、W2 悬空。电动机在△接法下运行，此时 $p=2$、$n_1=1500\text{r/min}$。

（3）若想转为高速运转，则按下 SB3 按钮，SB3 的动断触点断开使接触器 KM1 线圈断电，KM1 主触点断开使 U1、V1、W1 与三相电源 L1、L2、L3 脱离，其辅助动断触点恢复

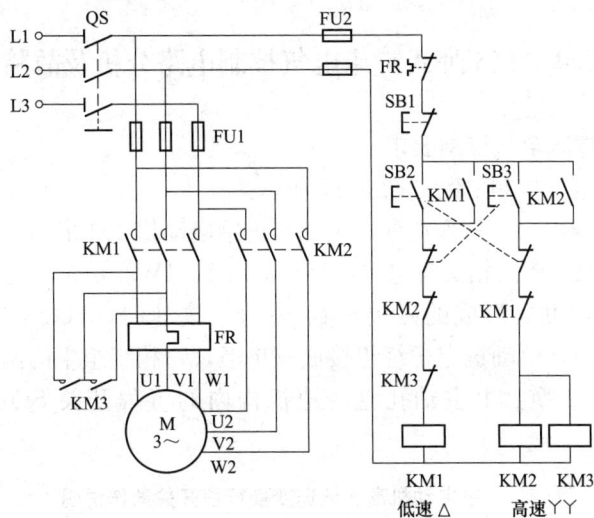

图 5.15　双速异步电动机控制电路

为闭合，为 KM2 线圈回路通电准备。同时接触器 KM2 线圈回路通电并自锁，其动合触点闭合，将定子绕组三个首端 U1、V1、W1 连在一起，并把三相电源 L1、L2、L3 引入接 U2、V2、W2，此时电动机在丫丫接法下运行，这时电动机 $p=1$，$n_1=3000\mathrm{r/min}$。KM2 的辅助动合触点断开，防 KM1 误动。

（4）FR 为电动机△运行和丫丫运行的过载保护元件。

（5）SB2 的动合触点与 KM1 线圈串联，SB2 的动断触点与 KM2 线圈串联，SB3 按钮的动断触点与 KM1 线圈串联，SB3 的动合触点与 KM2 线圈串联，这种控制就是按钮的互锁控制，保证△与丫丫两种接法不同时出现。同时 KM2 辅助动断触点接入 KM1 线圈回路，KM1 辅助动断触点接入 KM2 线圈回路，也形成互锁控制。

想 一 想

试分析图 5.16 所示电气控制线路的原理。

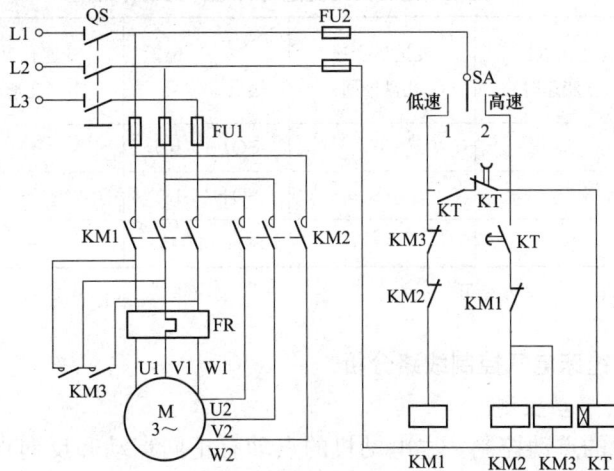

图 5.16　双速电动机控制原理图

5.4　T68 卧式镗床电气控制电路分析及故障检修

一、T68 卧式镗床电气控制要求

T68 卧式镗床电气控制电路如图 5.17 所示。

因主轴调速范围较大，且恒功率，主轴与进给电动机 1M 采用△/ⅩⅩ双速电动机。低速时，1U1、1V1、1W1 接三相交流电源，1U2、1V2、1W2 悬空，定子绕组接成三角形，每相绕组中两个线圈串联，形成的磁极对数 $p=2$；高速时，1U1、1V1、1W1 短接，1U2、1V2、1W2 端接电源，电动机定子绕组接成双星形，每相绕组中的两个线圈并联，磁极对数 $p=1$。高、低速的变换，由主轴孔盘变速机构内的行程开关 SQ7 控制，其动作说明见表 5.1。

表 5.1　　　　　　　　　　主电动机高、低速变换行程开关动作说明

触点 ＼ 位置	主电动机低速	主电动机高速
SQ7 (11-12)	关	开

主电动机 1M 可正、反转连续运行，也可点动控制，点动时为低速。主轴要求快速准确制动，故采用反接制动，控制电器采用速度继电器。为限制主电动机的启动电流和制动电流，在点动和制动时，定子绕组串入电阻 R。

主电动机低速时直接启动，高速运行是由低速启动延时后再自动转成高速运行的，以减小启动电流。

在主轴变速或进给变速时，主电动机需要缓慢转动，以保证变速齿轮进入良好啮合状态。主轴和进给变速均可在运行中进行，变速操作时，主电动机做低速断续冲动，变速完成后又恢复运行。主轴变速时，电动机的缓慢转动是由行程开关 SQ3 和 SQ5 控制的，进给变速时是由行程开关 SQ4 和 SQ6 以及速度继电器 KS 共同完成的，见表 5.2。

表 5.2　　　　　　　　主轴变速和进给变速时行程开关动作说明

触点 ＼ 位置	变速孔盘拉出（变速时）	变速后变速孔盘推回	触点 ＼ 位置	变速孔盘拉出（变速时）	变速后变速孔盘推回
SQ3 (4-9)	－	＋	SQ4 (9-10)	－	＋
SQ3 (3-13)	＋	－	SQ4 (3-13)	＋	－
SQ5 (15-14)	＋	－	SQ6 (15-14)	＋	－

注　"＋"表示接通；"－"表示断开。

二、T68 卧式镗床电气控制线路分析

1. 主电动机的启动控制

（1）主电动机的点动控制。主电动机的点动有正向点动和反向点动，分别由按钮 SB4 和 SB5 控制。按下 SB4 接触器 KM1 线圈通电吸合，KM1 的辅助动合触点（3-13）闭合，

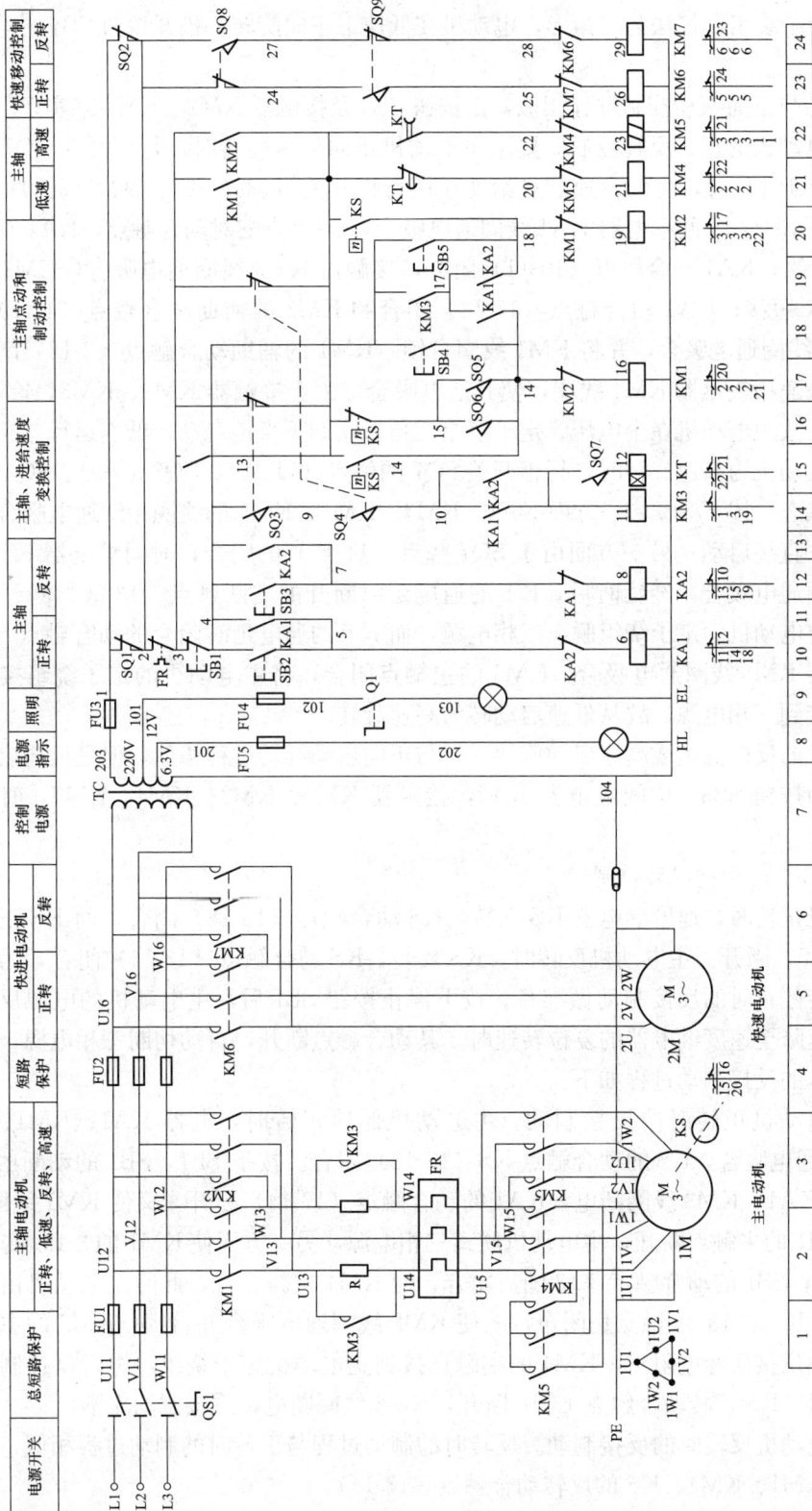

图 5.17　T68 卧式镗床电气控制电路

接触器 KM4 线圈通电吸合，三相电源经 KM1 的主触点、电阻 R 和 KM4 的主触点接通主电动机 1M 的定子绕组，接法为三角形，电动机在低速下正向旋转。松开按钮 SB4 主电动机断电停止。

反向点动与正向点动控制过程相似，由按钮 SB5 及接触器 KM2、KM4 来实现。

（2）主电动机的正、反转控制。要求主电动机正向低速旋转时，行程开关 SQ7 的触点（11-12）处于断开位置，主轴变速和进给变速用行程开关 SQ3（4-9）、SQ4（9-10）均为闭合状态。按下 SB2，中间继电器 KA1 线圈通电吸合，KA1 有三对动合触点，KA1 动合触点（4-5）闭合自锁；KA1 动合触点（10-11）闭合，接触器 KM3 线圈通电吸合，KM3 主触点闭合，电阻 R 短接；KA1 动合触点（17-14）闭合和 KM3 的辅助动合触点（4-17）闭合，接触器 KM1 线圈通电吸合，并将 KM1 线圈自锁。KM1 的辅助动合触点（3-13）闭合，接通主电动机低速用接触器 KM4 线圈，使其通电吸合。由于接触器 KM1、KM3、KM4 的主触点均闭合，故主电动机在全电压、定子绕组三角形联结下直接启动，低速运行。

要求主电动机为高速旋转时，行程开关 SQ7 的触点（11-12）、SQ3（4-9）、SQ4（9-10）均处于闭合状态。按下 SB2，一方面 KA1、KM3、KM1、KM4 的线圈相继通电吸合，主电动机在低速下直接启动；另一方面由于 SQ7 触点（11-12）的闭合，时间继电器 KT（通电延时式）线圈通电吸合，经延时后，KT 的通电延时断开的动断触点（13-20）断开，KM4 线圈断电，主电动机的定子绕组脱离三相电源，而 KT 的通电延时闭合的动合触点（13-22）闭合，接触器 KM5 线圈通电吸合，KM5 的主触点闭合，将主电动机的定子绕组接成双星形后，重新接到三相电源，故从低速启动转为高速旋转。

主电动机的反向低速或高速启动旋转过程与正向启动旋转过程相似，但是反向启动旋转所用的电器为按钮 SB3，中间继电器 KA2，接触器 KM3、KM2、KM4、KM5，时间继电器 KT。

2. 主电动机的反接制动控制

主电动机正转时，速度继电器 KS 正转，KS 动合触点（13-18）闭合，而 KS 正转的动断触点（13-15）断开。主电动机反转时，KS 反转，KS 动合触点（13-14）闭合，为主电动机正转或反转停止时的反接制动做准备。按下停止按钮 SB1 后，主电动机的电源反接，迅速制动，转速降至速度继电器的复位转速时，其动合触点断开，自动切断三相电源，主电动机停转。具体的反接制动过程如下：

（1）主电动机正转时的反接制动。主电动机低速正转时，电器 KA1、KM1、KM3、KM4 的线圈通电吸合，KS 的动合触点 KS（13-18）闭合。按下 SB1，SB1 的动断触点（3-4）先断开，KA1、KM3 线圈断电，KA1 的动合触点（17-14）断开，又使 KM1 线圈断电，一方面使 KM1 的主触点断开，主电动机脱离三相电源，另一方面使 KM1 的 3-13 触点分断，使 KM4 断电；SB1 的动合触点 3-13 随后闭合，使 KM4 重新吸合，此时主电动机由于惯性转速还很高，KS 的 13-18 触点仍闭合，故使 KM2 线圈通电吸合并自锁，KM2 的主触点闭合，三相电源反接后经电阻 R、KM4 的主触点接到主电动机定子绕组，进行反接制动。当转速接近零时，KS 正转动合触点 13-18 断开，KM2 线圈断电，反接制动完毕。

（2）主电动机反转时的反接制动。反转时的制动过程与正转时的制动过程相似，但是所用的电器是 KM1、KM4、KS 的反转动合触点（13-14）。

（3）主电动机工作在高速正转及高速反转时的反接制动过程可按上述过程自行分析。高速正转时反接制动所用的电器是 KM2、KM4、KS（13-18）触点；高速反转时反接制动所用的电器是 KM1、KM4、KS（13-14）触点。

3. 主轴变速或进给变速时主电动机的缓慢转动控制

主轴变速或进给变速既可以在停车时进行，又可以在镗床运行中进行。为使变速齿轮更好地啮合，可接通主电动机的缓慢转动控制电路。

当主轴变速时，将变速孔盘拉出，行程开关 SQ3 动合触点 SQ3（4-9）断开，接触器 KM3 线圈断电，主电路中接入电阻 R，KM3 的辅助动合触点（4-17）断开，使 KM1 线圈断电，主电动机脱离三相电源。所以，该机床可以在运行中变速，主电动机能自动停止。旋转变速孔盘，选好所需的转速后，将孔盘推入。在此过程中，若滑移齿轮的齿和固定齿轮的齿发生顶撞，则孔盘不能推回原位，行程开关 SQ3、SQ5 的动断触点 SQ3（3-13）、SQ5（15-14）闭合，接触器 KM1、KM4 线圈通电吸合，主电动机经电阻 R 在低速下正向启动，接通瞬时点动电路。主电动机转动转速达某值时，速度继电器 KS 的正转动断触点 KS（13-15）断开，接触器 KM1 线圈断电，而 KS 正转动合触点 KS（13-18）闭合，使 KM2 线圈通电吸合，主电动机反接制动。当转速降到 KS 的复位转速后，KS 动断触点 KS（13-15）又闭合，动合触点 KS（13-18）又断开，重复上述过程。通过这种间歇的启动、制动，主电动机缓慢旋转，以利于齿轮的啮合。若孔盘退回原位，则 SQ3、SQ5 的动断触点 SQ3（3-13）、SQ5（15-14）断开，切断缓慢转动电路。SQ3 的动合触点 SQ3（4-9）闭合，使 KM3 线圈通电吸合，其动合触点（4-17）闭合，又使 KM1 线圈通电吸合，主电动机在新的转速下重新启动。

进给变速时的缓慢转动控制过程与主轴变速时相同，不同的是使用的电器是行程开关 SQ4、SQ6。

4. 主轴箱、工作台或主轴的快速移动

快速移动由快速手柄操纵快速移动电动机 2M 拖动完成。当快速手柄扳向正向快速位置时，行程开关 SQ9 被压动，接触器 KM6 线圈通电吸合，快速移动电动机 2M 正转。同理，当快速手柄扳向反向快速位置时，行程开关 SQ8 被压动，KM7 线圈通电吸合，2M 反转。

5. 主轴进刀与开作台联锁

为防止镗床或刀具的损坏，主轴箱和工作台的机动进给在控制电路中必须互联锁，不能同时接通，由行程开关 SQ1、SQ2 实现。若同时有两种进给时，SQ1、SQ2 均被压动，切断控制电路的电源，避免机床或刀具的损坏。

三、T68 卧式镗床电气控制电路故障与维修

（1）主轴的转速与转速指示牌不符。这种故障一般有两种现象：①主轴的实际转速比标牌指示数增加或减少；②电动机的转速没有高速挡或者没有低速挡。前者大多由于安装调整不当引起，因为 T68 镗床有 18 种转速，是采用双速电动机和机械滑移齿轮来实现的。变速后，1、2、4、6、8…挡时电动机以低速运转驱动，而 3、5、7、9…挡时电动机以高速运转驱动。主轴电动机的高低速转换靠微动开关 SQ7 的通断来实现，微动开关 SQ7 安装在主轴调速手柄的旁边，主轴调速机构转动时推动一个撞钉，撞钉推动簧片使微动开关 SQ7 通或断，如果安装调整不当，使 SQ7 动作恰恰相反，则有可能使主轴的实际转速比标牌指示数增加或减少一倍。

后者的故障原因较多，常见的是时间继电器 KT 不动作，或微动开关 SQ7 安装的位置

移动造成 SQ7 始终处于接通或断开的状态等。如 KT 不动作或 SQ7 始终处于断开状态，则主轴电动机 1M 只有低速；若 SQ7 始终处于接通状态，则 1M 只有高速。但要注意，如果 KT 虽然吸合，但由于机械卡住或触点损坏，其动合触点不能闭合，则 1M 也不能转换到高速挡运转，而只能在低速挡运转。

（2）主轴变速手柄拉出后，主轴电动机不能冲动。这一故障一般有两种现象：①变速手柄拉出后，主轴电动机 1M 仍以原来转向和转速旋转；②变速手柄拉出后，1M 能反接制动，但制动到转速为零时，不能进行低速冲动。前者多数是因行程开关 SQ3 的动合触点 SQ3 (4-9) 由于质量等原因绝缘被击穿造成。而后者则由于行程开关 SQ3 和 SQ5 的位置移动、触点接触不良等，使触点 SQ3 (3-13)、SQ5 (14-15) 不能闭合或速度继电器的动断触点 KS (13-15) 不能闭合所致。

（3）主轴电动机 1M 不能进行正反转点动、制动及主轴和进给变速冲动控制。这往往是上述各种控制电路的公共回路上出现故障所致。如果伴随着不能进行低速运行，则可能在控制线路 13—20—21—0 中有断开点，否则，可能在主电路的制动电阻器 R 及引线上有断开点，若主电路仅断开一相电源，电动机还会伴有缺相运行时发出的嗡嗡声。

（4）主轴电动机正转点动、反转点动正常，但不能正反转。可能在线路 4—9—10—11—KM3 线圈—0 中有断开点。

（5）主轴电动机正转、反转均不能自锁。故障可能在 4—KM3 动合触点 (4-17)—17 中。

（6）主轴电动机不能制动。可能原因有：速度继电器损坏；SB1 中的动合触点接触不良；3、13、14、16 线中有脱落或断开；KM2 (14-16)、KM1 (18-19) 触点不通。

（7）主轴电动机点动、低速正反转及低速接制动均正常，但高、低速转向相反，且当主轴电动机高速运行时，不能停机。可能的原因是误将三相电源在主轴电动机高速和低速运行时都接成同相序，把 1U2、1V2、1W2 中任两根对调即可。

（8）不能快速进给。可能在 2—24—25—26—KM6 线圈—0 中有断路故障。

项目 6　M7120 平面磨床电气控制

6.1　M7120 平面磨床的结构及运动形式

一、M7120 平面磨床的结构

M7120 平面磨床的外形及结构如图 6.1 所示。

在箱形床身 1 中装有液压传动装置，矩形工作台在床身导轨上通过压力油推动活塞杆做往复运动，工作台往复运动的换向是通过换向撞块碰撞床身上的液压换向开关来实现的，工作台往复行程可通过调节撞块的位置来改变。电磁吸盘安装在工作台上，用来吸持工件。

在床身上有固定立柱，沿立柱导轨上装有滑座，可以在立柱导轨上做上下移动，并可通过垂直进刀操作轮操纵，砂轮箱可沿滑座水平导轨做横向移动。

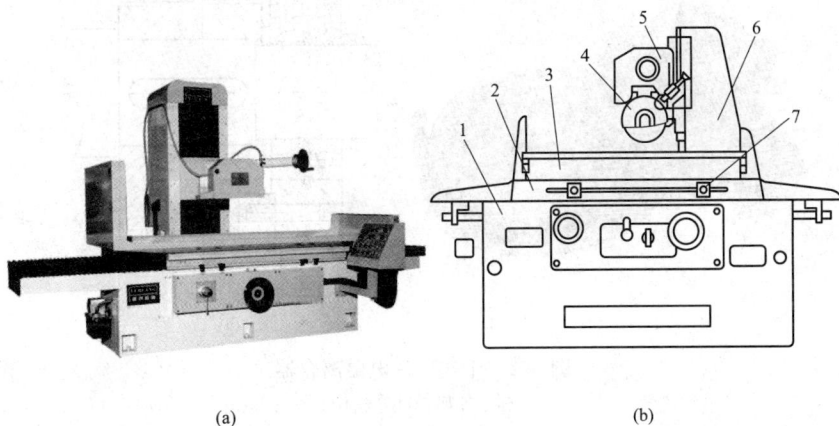

(a)　　　　　　　　　　　　(b)

图 6.1　M7120 平面磨床的外形及结构

（a）外形；（b）结构

1—床身；2—工作台；3—电磁吸盘；4—砂轮箱；5—滑座；6—立柱；7—撞块

二、M7120 平面磨床的运动形式

（1）主运动，即砂轮的旋转运动。

（2）进给运动，包括垂直进给运动、横向进给运动和纵向进给运动。

垂直运动：滑座在立柱上的上下移动。

横向运动：砂轮箱在滑座上的水平移动。

纵向运动：工作台沿床身导轨的往复运动。

6.2 知识链接——执行电器及软启动器

6.2.1 电磁离合器

电磁离合器是在电磁力作用下具有离合功能的离合器。

电磁离合器可分为干式单片电磁离合器、干式多片电磁离合器、湿式多片电磁离合器、磁粉离合器、转差式电磁离合器等。下面以干式单片电磁离合器为例。

干式单片电磁离合器的外形及结构如图 6.2 所示。

干式单片电磁离合器工作原理：通电时，线圈产生磁力，在磁力的作用下吸合衔铁，与衔铁链接的弹簧片产生变形，使衔铁与摩擦挡板结合，产生摩擦力，轴承内的轴转动带动从动部分转动；断电时，磁力消失，衔铁在弹簧片的弹力下回弹到原来的位置，离合器处于分离状态，主动部分转动，从动部分不转。

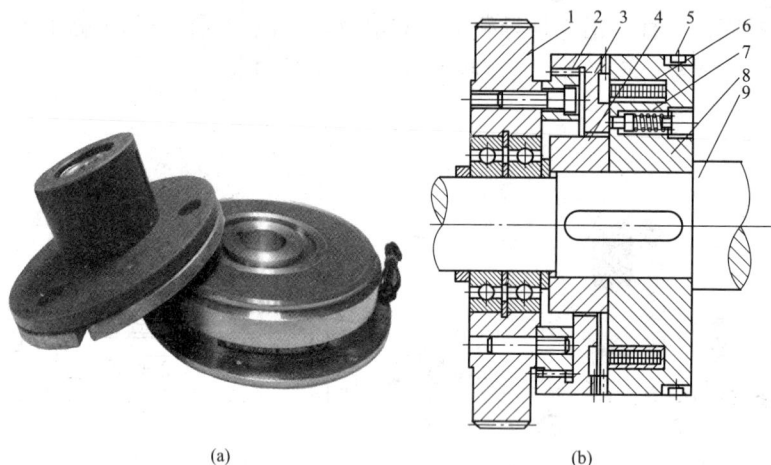

图 6.2 干式单片电磁离合器
（a）外形；（b）结构
1—主动齿轮；2—齿圈；3—衔铁；4—隔磁环；5—滑环；
6—线圈；7—弹簧；8—磁轭；9—轴

电磁离合器线圈供电电源均为直流电源，其容量应大于相应规格离合（制动）器线圈消耗的功率，并保证离合器线圈两端的工作电压为相应规格的额定电压。

电磁离合器适用于高频动作的机械传动系统，可在主动部分运转的情况下使从动部分与主动部分结合或分离。主动件与从动件之间处于分离状态时，主动件转动，从动件静止；主动件与从动件之间处于接合状态，主动间带动从动件转动。

6.2.2 电磁吸盘

电磁吸盘是一种用电磁原理工作的机床附件，它通过使内部线圈通电产生磁力，经过导磁面板，将接触在面板表面的工件紧紧吸住，通过线圈断电，使磁力消失实现退磁，取下工件。它主要应用于磨床、FYMC 系列电磁磨刀机、龙门铣床、龙门刨床等铁质工件加工时的工件固定。

矩形电磁吸盘（见图 6.3）是平面磨床或铣床的磁力工作台，用以吸附各类导磁工件，实现工件的定位和磨削加工。其吸力均匀，定位可靠，操作方便，可直接安装在平面磨床或铣床上使用，是一种理想的磁力夹具。

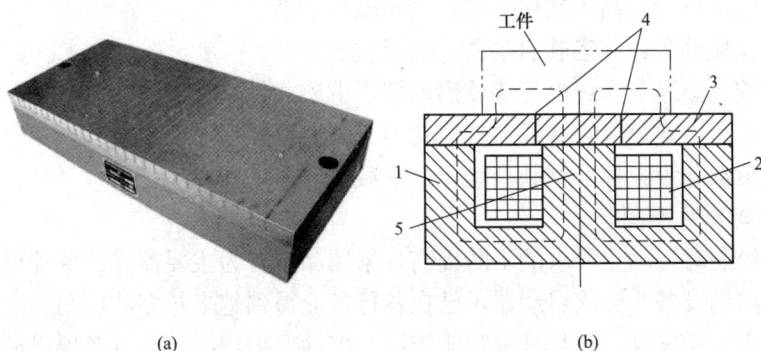

图 6.3 矩形电磁吸盘

(a) 外形；(b) 结构

1—吸盘体；2—线圈；3—盖板；4—绝缘层；5—芯体

6.2.3 退磁器

手提式退磁器（见图 6.4）是根据台式退磁器的原理进行制作的。

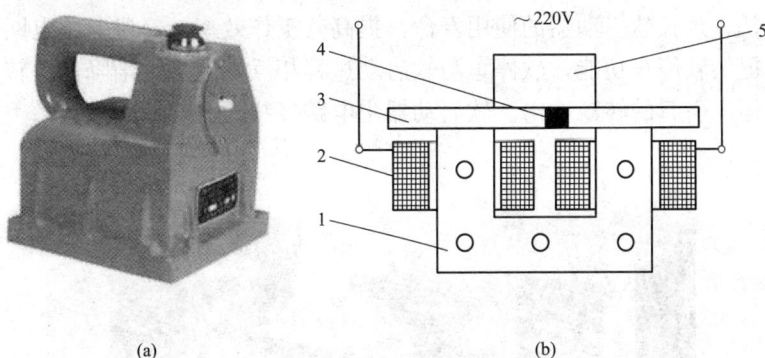

图 6.4 手持式退磁器

(a) 外形；(b) 结构

1—铁芯；2—线圈；3—极靴；4—隔离层；5—工件

退磁器用来消除因机械加工所产生的剩磁，它由电磁线圈产生磁力线，直接或者间接通过磁力线对需要消磁的物品的磁性进行干扰达到退磁目的。当线圈连接到交流 220V 电源时，将在退磁器线圈内部产生一个等幅变化的交变磁场，并在退磁器的退磁面形成相同等幅交变磁场。在通电状态下将需退磁的物品放在退磁器面上，退磁物品即被磁化（需退磁物品的体积大小以及线圈磁场大小不同，需退磁产品物品被磁化的程度也不相同）。将物品匀速拿离，物品受到的磁场逐步衰减，物品即被成功退磁。退磁器可以用于电磁吸盘的退磁等。

6.2.4　软启动器

软启动器集电动机软启动、软停车、轻载节能和多种保护功能于一体。

1. 软启动器的分类

（1）根据电压分为：高压软启动器、低压软启动器。

（2）根据介质分为：固态软启动器、液阻软启动器。

（3）根据控制原理分为：电子式软启动器、电磁式软启动器。

（4）根据运行方式分为：在线型软启动器、旁路型软启动器。

（5）根据负载分为：标准型软启动器、重载型软启动器。

2. 软启动器工作原理

随着传动控制对自动化要求的不断提高，采用晶闸管为主要器件、单片机为控制核心的智能型电动机启动设备——软启动器，已在各行各业得到越来越多的应用。由于软起动器性能优良、体积小、质量轻，并且具有智能控制及多种保护功能，而且各项启动参数可根据不同负载进行调整，其负载适应性很强。因此软启动器逐步取代落后的丫/△转换、自耦降压、磁控降压等传统的降压启动设备。

软启动器（见图6.5）采用三相反并联晶闸管作为调压器，将其接入电源和电动机定子之间，例如三相全控桥式整流电路。使用软启动器启动电动机时，晶闸管的输出电压逐渐增加，电动机逐渐加速，直到晶闸管全导通，电动机工作在额定电压的机械特性上，实现平滑启动，降低启动电流，避免启动过电流跳闸。待电动机达到额定转速，启动过程结束，软启动器自动用旁路接触器取代已完成任务的晶闸管，为电动机正常运转提供额定电压，以降低晶闸管的热损耗，延长软启动器的使用寿命，提高其工作效率，又避免了电网谐波污染。软启动器同时还提供软停车功能，软停车与软启动过程相反，电压逐渐降低，转数逐渐下降到零，避免自由停车引起的转矩冲击。软启动器主电路接线如图6.6所示。

图6.5　软启动器外形

3. 软启动器的启动方式

运用串接于电源与被控电动机之间的软启动器，控制其内部晶闸管的导通角，使电动机输入电压从零以预设函数关系逐渐上升，直至启动结束，赋予电动机全电压，即为软启动，

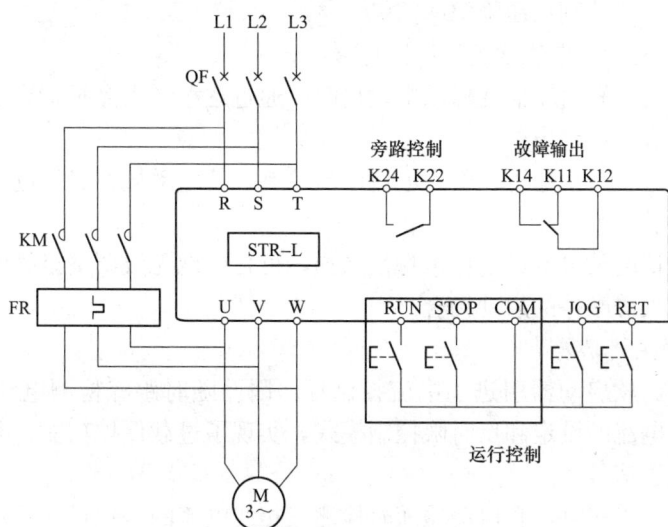

图 6.6　软启动器主电路接线

在软启动过程中，电动机启动转矩逐渐增加，转速也逐渐增加。软启动一般有下面几种启动方式。

（1）斜坡升压软启动。这种启动方式最简单，不具备电流闭环控制，仅调整晶闸管导通角，使之与时间成一定函数关系增加。其缺点是，由于不限流，在电动机启动过程中，有时产生较大的冲击电流使晶闸管损坏，对电网影响较大，实际很少应用。

（2）斜坡恒流软启动。这种启动方式是在电动机启动的初始阶段启动电流逐渐增加，当电流达到预先所设定的值后保持恒定（t_1 至 t_2 阶段），直至启动完毕。启动过程中，电流上升变化的速率可以根据电动机负载调整设定。电流上升速率大，则启动转矩大，启动时间短。该启动方式是应用最多的启动方式，尤其适用于风机、泵类负载的启动。

（3）阶跃启动。开机，即以最短时间，使启动电流迅速达到设定值。通过调节启动电流设定值，可以达到快速启动的效果。

（4）脉冲冲击启动。在启动开始阶段，让晶闸管在极短时间内以较大电流导通一段时间后回落，再按原设定值线性上升，进入恒流启动。该启动方法在一般负载中较少应用，适用于重载并需克服较大静摩擦的启动场合。笼型电动机传统的降压启动方式有Y-△启动、自耦降压启动、串电抗器启动等，这些启动方式都属于有级降压启动，存在明显缺点，即启动过程中会出现二次冲击电流。

（5）电压双斜坡启动。在启动时提供一个初始的启动电压 U_s，U_s 根据负载可调，将 U_s 调到大于负载静摩擦力矩，使负载能立即开始转动，输出电压从 U_s 开始按一定的斜率上升（斜率可调），电动机不断加速。当输出电压达到达速电压 U_r 时，电动机基本达到额定转速。软启动器在启动过程中自动检测达速电压，当电动机达到额定转速时，使输出电压达到额定电压。

（6）限流启动。电动机的启动过程中限制其启动电流不超过某一设定值（I_m）。其输出电压从零开始迅速增长，直到输出电流达到预先设定的电流限值 I_m，然后保持输出电流。这种启动方式的优点是启动电流小，且可按需要调整，对电网影响小；其缺点是启动时难以知道启动压降，不能充分利用压降空间。

4. 软启动与传统降压启动方式的不同

（1）无冲击电流。软启动器在启动电动机时，通过逐渐增大晶闸管导通角，使电动机启动电流从零线性上升至设定值。

（2）恒流启动。软启动器可以引入电流闭环控制，使电动机在启动过程中保持恒流，确保电动机平稳启动。

（3）根据负载情况及电网继电保护特性选择，可自由地无级调整至最佳启动电流。适用于重载并需克服较大静摩擦的启动场合。

5. 软启动器的主要功能

（1）过载保护。软启动器引进了电流控制环，因而随时跟踪检测电动机电流的变化状况。通过增加过载电流的设定和反时限控制模式，实现了过载保护功能，电动机过载时，关断晶闸管并发出报警信号。

（2）缺相保护。工作时，软启动器随时检测三相线电流的变化，一旦发生断流，即可做出缺相保护反应。

（3）过热保护。通过软启动器内部热继电器检测晶闸管散热器的温度，散热器温度超过允许值则自动关断晶闸管，并发出报警信号。

（4）测量回路参数。电动机工作时，软启动器内的检测器一直监视着电动机运行状态，并将监测到的参数送给 CPU 进行处理，CPU 将监测参数进行分析、存储、显示。

（5）其他功能。与电子电路组合，还可在系统中实现其他联锁保护。

6.3　M7120 平面磨床电气控制电路分析

M7120 平面磨床电气原理如图 6.7 所示。

1. M7120 平面磨床的控制要求

（1）砂轮电动机、液压泵电动机和冷却泵电动机只要求单方向旋转，砂轮升降电动机要求能实现正反双向旋转，由于 4 台电动机容量都不大，可直接启动。

（2）冷却泵电动机要求在砂轮电动机启动后才能启动。

（3）电磁吸盘要有充磁去磁控制电路，并能在电磁吸力不足时使机床停止工作。

（4）具有完善的保护环节，设置各电路的短路保护和电动机的长期过载保护、零压、欠压保护。

2. M7120 平面磨床的电气控制分析

（1）主电路。M1 为液压泵电动机，由 KM1 控制；M2 为砂轮电动机，由 KM2 控制；M3 为冷却泵电动机，在砂轮启动后同时启动；M4 为砂轮箱升降电动机，由 KM3、KM4 分别控制其正转和反转。

（2）指示、照明电路控制。将电源开关 QS 合上后，控制变压器输出电压，"电源"指示 HL 亮，"照明"灯由开关 SA 控制，SA 闭合照明灯亮，SA 断开照明灯灭。

（3）液压泵电动机和砂轮电动机的控制。合上开关后控制变压器输出的交流电压经桥式整流变成直流电压，使继电器 KUD 吸合，其触点 KUD（4-0）闭合，为液压泵电动机和砂轮电动机启动做好准备。按下按钮 SB2，KM1 吸合，液压泵电动机运转，按下按钮 SB1，

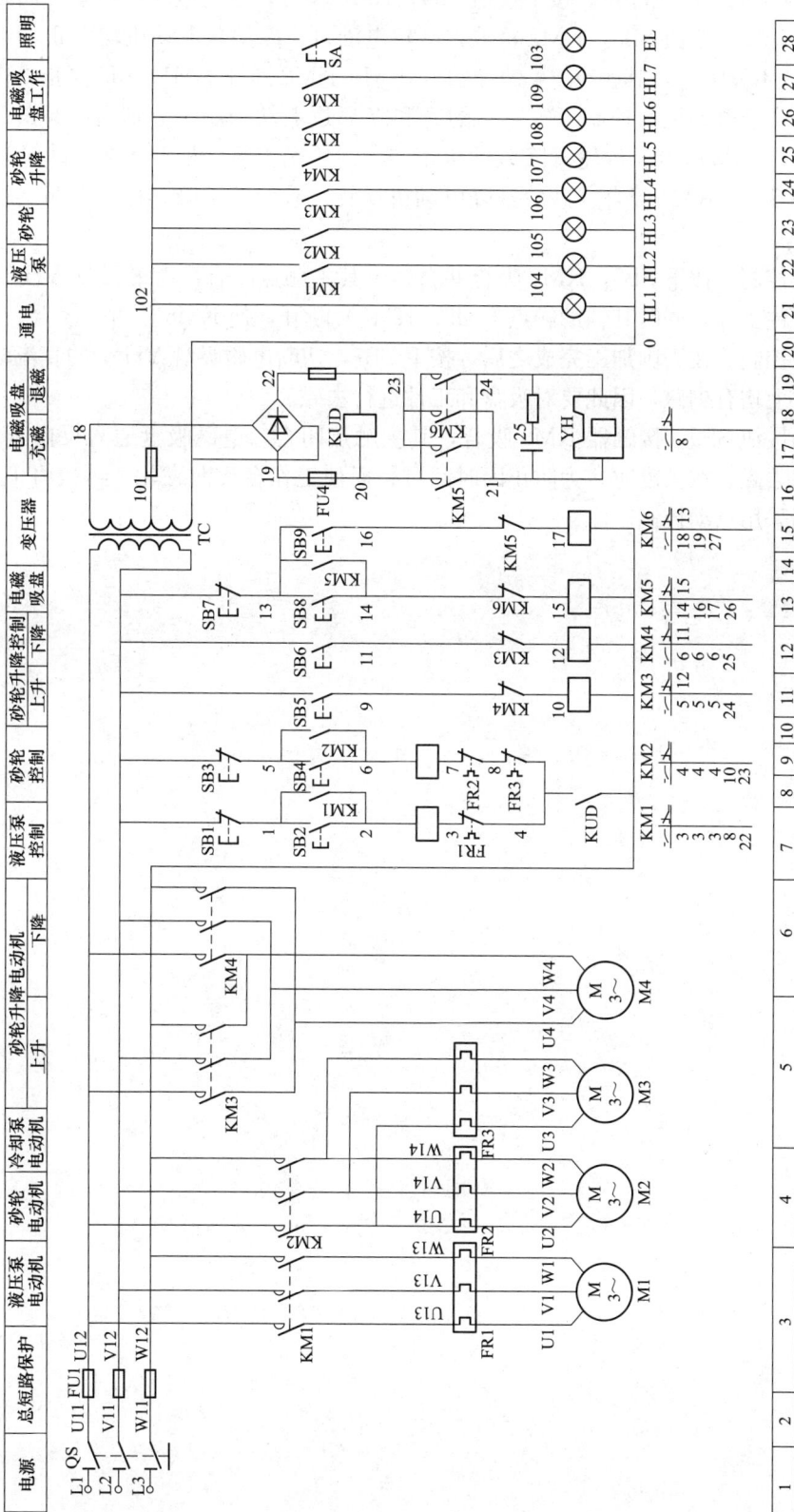

图 6.7 M7120 平面磨床电气原理图

KM1 释放，液压泵电动机停止。按下按钮 SB4，KM2 吸合，砂轮电动机启动，同时冷却泵电动机也启动，按下按钮 SB5，KM2 释放，砂轮电动机、冷却泵电动机均停止，当欠压或零压时，KUD 不能吸合，其触点（4-0）断开，KM、KM2 断开，M1、M2 停止工作。

（4）砂轮升降电动机的控制。砂轮箱的升和降都是点动控制，分别由 SB5、SB6 来完成。按下 SB5，KM3 吸合，砂轮升降电动机正转，砂轮箱上升，松开 SB5，砂轮升降电动机停止。按下 SB6，KM4 吸合，砂轮升降电动机反转，砂轮箱下降，松开 SB6，砂轮升降电动机停止。

（5）充磁控制。按下 SB8，KM5 吸合并自锁，其主触点闭合，电磁吸盘 YH 线圈得电进行充磁并吸住工件，同时其辅助触点 KM5（16-17）断开，使 KM6 不可能闭合。

（6）退磁控制。在磨削加工完成之后，按下 SB7，切断电磁吸盘 YH 上的直流电源，由于吸盘和工件上均有剩磁，因此要对吸盘和工件进行去磁。

按下点动按钮 SB9，接触器 KM6 吸合，其主触点闭合，电磁吸盘通入反向直流电流，使吸盘和工件去磁，在去磁时，为防止因时间过长而使工作台反向磁化，再次将工件吸位，因而去磁控制采用点动控制。

下篇　PLC 应用部分

项目 7　PLC 的 初 步 认 知

教学设计

项目分解	项 目 目 标
知识链接—— PLC 的基础知识	(1) 了解 PLC 的产生、分类、发展、特点及应用范围。 (2) 熟悉 PLC 系统的硬件组成，控制系统的等效工作电路。 (3) 理解 PLC 的工作过程，编程语言的特点
知识链接—— 认识 S7-200 系列 PLC	(1) 认识 S7-200 系列 PLC 的主机结构、性能及扩展功能模块。 (2) 熟悉 S7-200 系列 PLC 的内部编程元件（软继电器）以及 PLC 的寻址方式。 (3) 掌握 STEP7-Micro/WIN32 编程软件的安装、在线连接，编程软件的使用以及梯形图语言编程的特点及基本规则
任务（一）　CPU224 CN AC/DC/RELY　PLC 的布线安装	能够按照布线工艺要求，进行简单 PLC 控制系统的布线安装
任务（二）　创建"与""或""非"逻辑控制程序	能够使用 STEP7-Micro/WIN32 编程软件创建简单的逻辑控制程序，并运行调试

7.1　知识链接——PLC 的基础知识

7.1.1　PLC 的产生、分类与发展

1. PLC 的产生

在可编程控制器（programmable logic controller，PLC）问世之前，继电器控制系统在工业控制领域中占有主导地位，但它存在体积大、耗电多、寿命短、可靠性差、运行速度慢、适应性差等缺点，尤其当生产工艺发生变化时，必须重新设计与安装，造成时间和资金上的浪费。

1968 年，美国通用汽车公司（GM）提出了一种设想："把计算机的功能完善、通用、灵活等优点和继电接触器控制系统的简单易懂、操作方便、价格便宜等优点结合起来，制成一种新型的通用控制装置取代继电接触器控制系统。这种控制装置不仅能够把计算机的编程方法和程序输入方式加以简化，并且采用面向控制过程、面向对象的语言编程，使不熟悉计算机的人也能方便地使用。"美国数字设备公司（DEC）根据这一设想，于 1969 年研制成功了世界上第一台 PLC，并在汽车自动装配生产线上试用获得成功。

国际电工委员会（IEC）在 1987 年颁布了 PLC 的标准草案（第三稿），草案对 PLC 作了如下定义："可编程控制器是一种数字运算操作的电子系统，专为在工业环境下应用而设

计。它采用可编程的存储器，用来在其内部存储执行逻辑运算、顺序控制、定时、计数和算术运算等操作指令，并通过数字式或模拟式的输入和输出，控制各种类型的机械动作过程。可编程控制器及其相关设备，都应按易于与工业控制系统形成一个整体，易于扩展其功能的原则设计。"

2. PLC 的分类

（1）为了适应不同工业生产过程的应用要求，PLC 能够处理的输入/输出信号数是不一样的。一般将一路信号叫做一个点，将输入/输出（I/O）点数的总和称为机器的点。按照 I/O 点数的多少，可将 PLC 分为超小（微）、小、中、大、超大等五种类型，如表 7.1 所示。

表 7.1　　　　　　　　　　　　　　　PLC 按 I/O 点数分类

分类	超小型	小型	中型	大型	超大型
I/O 点数	64 点以下	64~128 点	128~512 点	512~8192 点	8192 点以上

1）小型机：用户程序存储器容量为 2KB 以下。这类 PLC 控制点数不多，控制功能有一定的局限性，它小巧、灵活，可以直接安装在电气控制柜内，特别适用于单机控制或小型系统的控制。

2）中型机：用户程序存储器容量为 2~8KB。这类 PLC 由于控制点数较多，控制功能强，有些 PLC 甚至还具有较强的计算能力，不仅可以用于对设备进行直接控制，还可以对多个下一级的 PLC 进行监控，适合中、大型控制系统的控制。

3）大型机：用户程序存储器容量在 8KB 以上。这类 PLC 控制点数多，控制功能很强，还有很强的计算能力，运行速度也很高，其不仅能完成较复杂的算术运算，还能进行复杂的矩阵运算。其不仅可以用于对设备进行直接控制，也可以对多个下一级的 PLC 进行监控。

（2）按 PLC 的控制性能可以分为低档机、中档机和高档机。

1）低档机：低档 PLC，具有基本的控制能力和一般的运算能力，工作速度比较低，能带的输入和输出模块的数量也比较少，同时输入和输出模块的种类也不多。这类 PLC 只适用于单机或小规模简单控制系统，在联网中一般适合做从站使用。比如德国 SIEMENS 公司生产的 S7-200 系列 PLC、日本三菱公司的 FX 系列 PLC、美国 AB 公司的 SLC500 系列 PLC 等都是典型的小型 PLC 产品。

2）中档机：中档 PLC，具有较强的控制功能和较强的运算能力。它不仅能完成一般的逻辑运算，也能完成比较复杂的三角函数、指数和 PID 运算，工作速度比较快，能带的输入输出模块的数量较多，输入和输出模块的种类也比较多。这类 PLC 不仅能完成小型系统的控制，也可以完成较大规模的控制任务，在联网中可做从站，也可做主站。比如，德国 SIEMENS 公司生产的 S7-300 系列 PLC、日本 OMRON 公司的 C200H 系列 PLC 等都是典型的中档 PLC 产品。

3）高档机：高档 PLC，具有强大的控制功能和强大的运算能力。它不仅能完成逻辑运算、三角函数运算、指数运算和 PID 运算，还能进行复杂的矩阵运算，工作速度很快，能带的输入和输出模块的数量很多，并且输入和输出模块的种类也很全面。这类 PLC 不仅能完成中等规模的控制工程，也可以完成规模很大的控制任务，在联网中一般都做主站使用。比如，德国 SIEMENS 公司生产的 S7-400 系列 PLC、美国 AB 公司生产的 SLC5/05 系列

PLC 等都是典型的大型 PLC 产品。

（3）按 PLC 的结构可分为整体式、组合式和叠装式三类。

1）整体式：整体式结构的 PLC 把电源、CPU、存储器、I/O 系统都集成放在一个单元内，通常把这个单元叫做基本单元。一个基本单元实质上就是一台完整的 PLC，可以实现各种控制功能。如果控制点数不符合需要，可再接扩展单元，但扩展单元不带 CPU。整体式结构 PLC 的特点是结构紧凑、体积小、成本低、安装方便，易于安装在工业生产过程控制中，适合于单机控制系统。缺点是输入与输出点数有限定的比例。小型机多为整体式结构。例如，OMRON 公司的 C60P 系列 PLC 就为整体式结构。

2）组合式：组合式结构的 PLC 就是把 PLC 系统的各个组成部分按功能分成若干个独立模块，主要有 CPU 模块、输入和输出模块、电源模块等。虽然各模块功能比较单一，但模块的种类却日趋丰富。如，一些 PLC 除了具有基本的 I/O 模块外，还有特殊功能模块，像温度检测模块、位置检测模块、PID 控制模块、通信模块等。组合式结构的 PLC 采用搭积木的方式，在一块基板上插上所需要的各种模块组成控制系统。其特点是 CPU、输入、输出均为独立的模块，模块尺寸统一，安装整齐，装配和维修方便，功能易于扩展；缺点是结构复杂、价格较高。中、大型机一般为组合式结构。例如，SIEMENS 公司 S7-400 型 PLC 就属于这一类结构。

3）叠装式：叠装式结构的 PLC 由各个单元组合构成。其特点是 CPU 自成独立的基本单元，其他 I/O 模块为扩展单元。在安装时不使用基板，仅用电缆进行单元间的连接，各个单元通过叠装，系统配置灵活、体积小巧。叠装式结构的 PLC 集整体式结构 PLC 的紧凑、体积小、安装方便和组合式结构 PLC 的 I/O 点搭配灵活、模块尺寸统一、安装整齐的优点于一身。例如 SIEMENS 公司的 S7-300、S7-200 型 PLC 就采用叠装式结构。

3. PLC 的发展

（1）形成期（1970～1974 年）：在软件上采用机器码和汇编语言编写应用程序，在硬件上采用中小规模集成电路构成系统。其功能仅限于开关逻辑控制，且价格昂贵，只在一些大型生产设备和自动生产线上使用。

（2）成熟期（1973～1978 年）：一方面随着大规模集成电路的出现，出现了以微处理器为核心的新一代 PLC，另一方面采用了梯形图语言，通俗易懂，且技术也日趋完善。

（3）大发展时期（1977 年至今）：PLC 产品的品种也越来越多，需求量也越来越大，成为工业控制领域中占主导地位的基础自动化设备。

7.1.2 PLC 的特点与应用

1. PLC 的特点

（1）可靠性高、抗干扰能力强。PLC 在恶劣的工业环境下能可靠地工作，具有很强的抗干扰能力。PLC 设计、生产过程中，除了对元器件进行严格的筛选外，硬件和软件还采取屏蔽、滤波、光隔离和故障诊断、自动恢复等措施，有的还采用了冗余技术等，进一步增强了 PLC 的可靠性，通常平均无故障时间可达几万小时以上，有的甚至达几十万小时。

（2）通用性强、灵活性好、功能齐全。PLC 是通过软件实现控制的，其控制程序编在软件中，实现程序软件化，因而对于不同的控制对象都可采用相同的硬件进行配置。

（3）编程简单、使用方便。PLC 在基本控制方面采用梯形图语言进行编程，其电路符号和表达式与继电器电路原理图相似，形式简练、直观，出错率比汇编语言低，容易被接受。

（4）模块化结构。PLC 的各个部件，包括 CPU、电源、I/O（包括特殊功能 I/O）等均采用模块化设计，由机架和电缆将各模块连接起来，系统的功能和规模可根据用户的实际需求自行配置。

（5）安装简便、调试方便。PLC 安装简便，只要把现场的 I/O 设备与 PLC 相应的 I/O 端子相连就完成了全部的接线任务，缩短了安装时间。PLC 的调试工作分为室内调试和现场调试。室内调试时，用模拟开关模拟输入信号，根据 PLC 上的发光二极管和编程器提供的信息进行测试、排错和修改。室内模拟调试后，即可到现场进行联机调试。

（6）维修工作量小、维护方便。PLC 的故障率很低，且有完善的自诊断和显示功能。PLC 或外部的输入装置和执行结构发生故障时，可以根据 PLC 上的发光二极管或编程器提供的信息迅速地查明故障原因，更换相应的故障模块。

（7）体积小、能耗低。对于复杂的控制系统，使用 PLC 后，可以减少大量的中间继电器和时间继电器，小型 PLC 的体积仅相当于几个继电器的大小，极大地减小了开关柜的体积。

2. PLC 的应用

（1）数字量逻辑控制。PLC 具有"与""或""非"等逻辑指令，可以实现触点和电路的串联、并联，代替继电器进行组合逻辑控制、定时控制与顺序逻辑控制。数字量逻辑控制可以用于单台设备，也可以用于自动生产线。

（2）运动控制。PLC 使用专用的运动控制模块，对直线运动或圆周运动的位置、速度和加速度进行控制，可实现单轴、双轴、三轴和多轴位置控制，实现运动控制与顺序控制功能的结合。PLC 的运动控制功能广泛地用于各种机械，如金属切削机床、金属成形机械、装配机械、机器人、电梯等。

（3）过程控制。过程控制是指对温度、压力、流量等连续变化的模拟量的闭环控制。PLC 通过模拟量 I/O 模块，实现模拟量和数字量之间的（模/数）（A/D）转换和数/模（D/A）转换，并对模拟量实行闭环 PID（比例—积分—微分）控制。大中型 PLC 一般都有 PID 闭环控制功能，这一功能可以用 PID 子程序或专用的 PID 模块来实现。其 PID 闭环控制功能已经广泛地应用于塑料挤压成形机、加热炉、热处理炉、锅炉等设备，以及轻工、化工、机械、冶金、电力、建材等行业。

（4）数据处理。PLC 具有数学运算（包括四则运算、矩阵运算、函数运算、字逻辑运算以及求反、循环、移位、浮点数运算等）、数据传送、转换、排序和查表、位操作等功能，可以完成数据的采集、分析和处理。这些数据可以与储存在存储器中的参考值比较，也可以用通信功能传送到别的智能装置，或者将它们打印制表。数据处理一般用于大型控制系统，如无人柔性制造系统，也可以用于过程控制系统，如造纸、冶金、食品工业中的一些大型控制系统。

（5）通信联网。PLC 的通信包括主机与远程 I/O 之间的通信、多台 PLC 之间的通信、PLC 和其他智能控制设备（如计算机、变频器、数控装置）之间的通信。PLC 与其他智能控制设备一起，可以组成"集中管理、分散控制"的分布式控制系统。

并不是所有的 PLC 都具有上述全部功能，有些小型 PLC 只具有部分功能，所以价格较低。用户可在功能满足要求的前提下，选择最可靠、维护使用最方便以及性能价格比最优化的机型。

7.1.3　PLC 系统的组成

PLC 系统由硬件和软件两大部分组成，如图 7.1 所示。

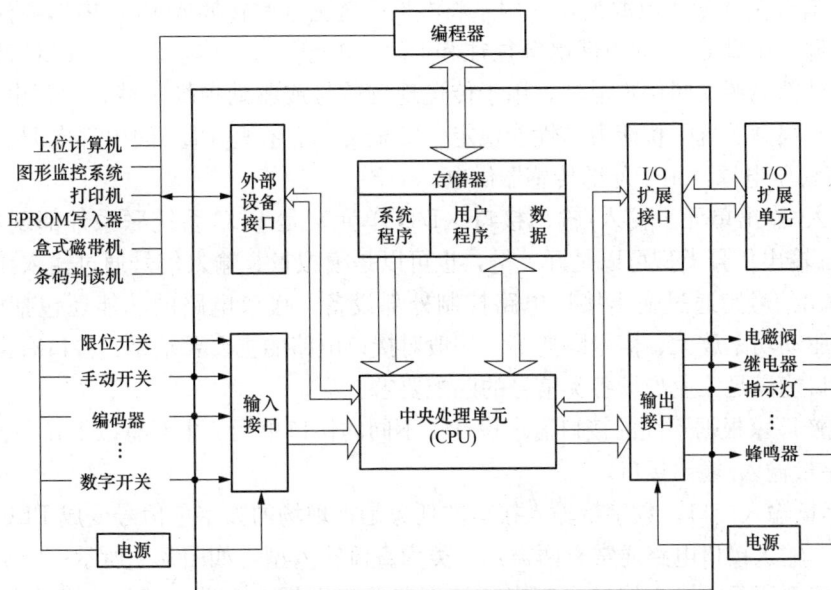

图 7.1　PLC 系统的组成

1. PLC 系统的硬件组成

（1）中央处理单元（CPU）。CPU 相当于人的大脑，它不断地采集输入信号，执行用户程序，刷新系统的输出。CPU 一般由运算器、控制器和寄存器组成，这些电路都集成在一个芯片内。CPU 通过数据总线、地址总线和控制总线与存储单元、输入/输出接口电路相连接，它主要完成的任务包括以下几个方面：①检查编程中的语法错误，诊断电源、内部电路故障；②用扫描方式接收输入设备的状态和数据，存入输入映像寄存器或数据寄存器中；③运行时，从存储器中逐条读取并执行用户程序，完成用户程序中规定的逻辑运算、算术运算和数据处理等操作；④根据运算结果更新标志位数据寄存器，刷新输出映像寄存器内容，由输出寄存器的位状态或寄存器的有关内容实现输出控制；⑤响应外部设备的工作请求，如打印机、上位机、条形码判读器和图形监控系统等的请求。

（2）存储器单元。PLC 的存储器分为系统程序存储器和用户程序存储器。存放系统软件的存储器称为系统程序存储器，监控程序、模块化应用功能子程序、命令解释程序、故障诊断程序及各种管理程序等均存放在系统程序存储器中。存放用户程序的存储器称为用户程序存储器，用户程序包括用户程序存储和数据存储两部分，所以用户程序存储器又分为用户存储器和数据存储器两部分。

PLC 常用的存储器类型如下：

1）RAM：一种读/写存储器（随机存储器）。其存取速度最快，由锂电池支持。

2）EPROM：一种可擦除的只读存储器。在断电情况下，存储器内的所有内容保持不变，但在紫外线连续照射下可擦除存储器内容。

3）EEPROM：一种电可擦除的只读存储器。只要使用编程器就能对其所存储的内容进行修改。

（3）电源单元。电源是整机的能源供给中心，PLC 系统的电源分内部电源和外部电源。PLC 内部配有开关式稳压电源模块，用来将 220V 交流电源转换成 PLC 内部各模块所需的直流稳压电源。小型 PLC 的内部电源往往和 CPU 单元合为一体，大中型 PLC 都有专用的电源模块。外部电源又叫用户电源，用于传送现场信号或驱动现场负载，通常由用户另备。内部电源具有很高的抗干扰能力，性能稳定、安全可靠。有些 PLC 的内部电源还能向外提供 24V 直流稳压电源，用于外部传感器供电。

（4）输入/输出单元。输入/输出接口（I/O 单元）是 PLC 系统联系外部现场的桥梁。PLC 的输入/输出信号类型可以是开关量，也可以是模拟量。输入信号通过输入接口电路进入 PLC，输出信号则通过输出接口电路控制外部设备。接口电路的功能还包括电平变换、速度匹配、驱动功率放大、信号隔离等。一般对接口电路的主要要求是：接口有良好的抗干扰能力；接口能满足工业现场各类信号的匹配要求。

PLC 生产厂家根据不同的接口需求设计了不同的接口单元。主要有以下几种：

1）数字量输入/输出接口。

a）数字量输入接口。数字量输入接口的任务是把现场的数字量信号变成 PLC 内部处理的标准信号。输入接口电路通常有两类；一类为直流输入型，如图 7.2 所示；一类为交流输入型，如图 7.3 所示。输入接口中都有滤波电路及光电耦合电路，滤波电路有抗干扰的作用，光电耦合电路的关键器件是由发光二极管和光电三极管组成的光电耦合器，具有抗干扰及产生标准信号的作用。

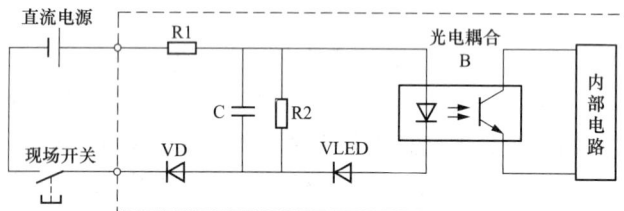

图 7.2　数字量直流输入接口电路

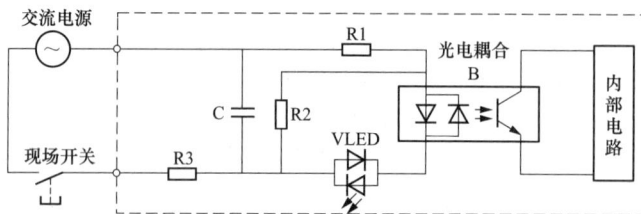

图 7.3　数字量交流输入接口电路

b）数字量输出接口。数字量输出接口的任务是把 PLC 内部的标准信号转换成现场执行机构所需的数字量信号。输出接口电路通常有 3 种类型：继电器输出型（见图 7.4）、晶体管输出型（见图 7.5）、晶闸管输出型（见图 7.6）。每一种输出电路都采用了电气隔离技术，电源都是由外部提供，输出电流一般为 0.5～2A，这样的负载容量一般可以直接驱动一个常用的接触器线圈或电磁阀。

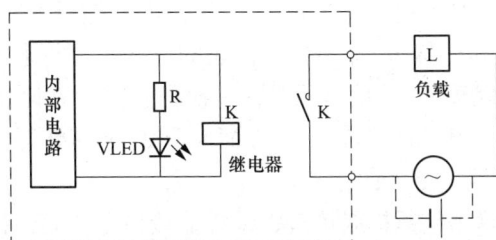

图 7.4　继电器输出型输出接口电路

对于输出接口电路应当注意：各类输出接口中都具有隔离耦合电路。输出接口本身都不带电源，而且在考虑外驱动电源时，需考虑输出器件的类型。其中继电器型的输出接口可用于交流及直流两种电源，但接通与断开的频率低；晶体管型的输出接口有较高的接通、断开频率，但只适用于直流驱动的场合；晶闸管型的输出接口仅适用于交流驱动场合。

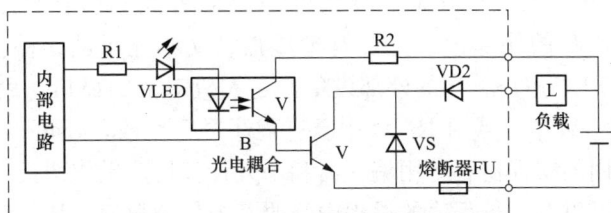

图 7.5　晶体管输出型输出接口电路

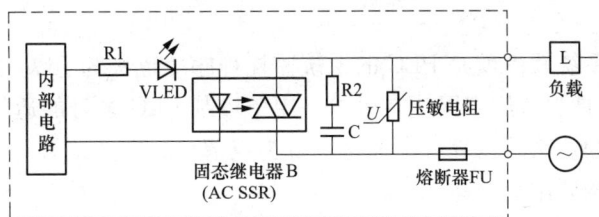

图 7.6　晶闸管输出型输出接口电路

2）模拟量输入/输出接口。

a）模拟量输入单元：模拟量输入信号多是通过传感器变换后得到的，模拟量的输入信号为电流信号或电压信号。输入模块接收到这种模拟信号之后，把它转换成二进制数字信号，送给中央处理器进行处理，因此模拟量输入模块又叫 A/D 转换输入模块。

b）模拟量输出单元：将 PLC 运算处理后的若干位数字量信号转换成相应的模拟量信号输出，以满足生产过程中现场设备对连续信号的控制要求。模拟量输出单元一般由光电耦合电路、D/A 转换器和信号转换等环节组成。

3）智能输入/输出单元。PLC 除了提供上述基本的开关量和模拟量输入/输出单元外，还提供了智能输入/输出单元，以便适应生产过程控制的要求。智能输入/输出单元通过内部系统总线将中央处理单元、存储器、输入/输出单元和外部设备接口单元等部分连接起来。在自身系统程序的管理下，对工业生产过程中现场的信号进行检测、处理和控制，并通过外部设备接口单元与 PLC 主机的输入/输出扩展模块的连接实现与主机的通信。在运行的每个扫描周期，PLC 主机与智能输入/输出单元进行一次信息交换，以便能对现场信号进行综合处理。智能输入/输出单元能够独立运行，一方面使 PLC 能够处理快速变换的现场信号，另一方面也使 PLC 能够处理完成更多的任务。

（5）接口单元。接口单元包括扩展接口、编程器接口、存储器接口和通信接口。

1）扩展接口：用于扩展输入/输出单元。这种扩展接口实际上为总线形式，可以配置开关量的 I/O 单元，它也可以配置模拟量、高速计数等特殊 I/O 单元及通信适配器等。

2）编程器接口：用于连接编程器，PLC 本机通常是不带编程器的，为了能对 PLC 进行编程和监控，PLC 上专门设置了编程器接口，通过这个接口可以接入各种形式的编程设备，此接口还可以用做通信、监控工作。

3）存储器接口：用于扩展用户程序存储区和用户数据存储区，可以根据使用的需要对存储器进行扩展。

4）通信接口：用于在微机与 PLC、PLC 与 PLC 之间建立通信网络而设立。

（6）外部设备。PLC 的外部设备主要有编程器、文本显示器、操作面板、打印机等。编程器是编制、调试 PLC 用户程序的外部设备，是人机对话的窗口，用编程器可以将用户程序输入到 PLC 的 RAM 中，或对 RAM 中已有程序进行修改，还可以对 PLC 的工作状态进行监视和跟踪。常用的编程器有专用编程器和个人计算机。操作面板和文本显示器不仅可以显示系统信息，还可以在执行程序的过程中修改某个量的数值，从而直接设置输入或输出量，便于立即启动或停止一台正在运行的外部设备。打印机用于将过程参数和运行结果以文字形式输出。

2. PLC 系统的软件组成

（1）系统软件。系统软件就是 PLC 的系统监控程序，也称为 PLC 的操作系统。它是每台 PLC 必备的部分，是制造厂家固化在机内，用于控制 PLC 本身的运行。一般说来，系统软件对用户是不透明的。系统监控程序通常可分为三部分，即系统管理程序、用户指令解释程序及标准模块和系统调用。

1）系统管理程序。系统管理程序是监控中最重要的部分，它主要完成以下任务：

a）负责系统的运行管理，即控制 PLC 何时输入、何时输出、何时运算、何时自检、何时通信等，进行时间上的分配管理。

b）负责存储空间的管理，即生成用户环境，由它规定各种参数、程序的存放地址，将用户使用的数据参数存储地址转化为实际的数据格式及物理存放地址。它将有限的资源变为用户可直接使用的编程元件。

c）负责系统自检，包括系统出错检验、用户程序语法检验、句法检验、警戒时钟运行等。

2）用户指令解释程序。任何一台计算机，无论应用何种语言编程，CPU 最终只能执行机器语言，而机器语言无疑是一种复杂、抽象的编程语言。为此，在 PLC 中都采用简单、易懂的梯形图语言编程，再通过用户指令解释程序，将梯形图语言一条条地翻译成机器语言。因为 PLC 在执行指令的过程中需要对程序逐条予以解释，降低了程序的执行速度，但由于 PLC 所控制的对象多数是机电设备，这些滞后的时间完全可以忽略不计，PLC 主频越来越高，时间上的延迟也越来越少。

3）标准程序模块和系统调用。这部分是由许多独立的程序块组成的，各自能完成不同的功能，如输入、输出、运算或特殊运算等。PLC 的各种具体工作都是由这部分程序完成的，这部分程序的多少，决定了 PLC 性能的强弱。

（2）应用软件。PLC 的应用软件是指用户根据自己的控制要求编写的用户程序。由于 PLC 的应用场合是工业现场，它的主要用户是电气技术人员，它要满足易于编写和易于调试的要求，还要考虑现场电气技术人员的接受水平和应用习惯，所以其编程语言既不同于高级语言，又不同于汇编语言，PLC 常用的是电气技术人员易于掌握的梯形图语言。另外，为满足各种不同形式的编程需要，根据不同的编程器和支持软件，还可以采用语句表、逻辑功能图、顺序功能图、流程图及高级语言编程。

7.1.4 PLC 的工作原理及编程语言

1. PLC 系统的等效工作电路

PLC 系统等效工作电路可分为输入、逻辑和输出三个部分。输入部分和输出部分与继电器控制电路相同。逻辑部分是通过编程方法实现的控制逻辑，用软件编程代替继电器电路的功能，如图 7.7 所示。

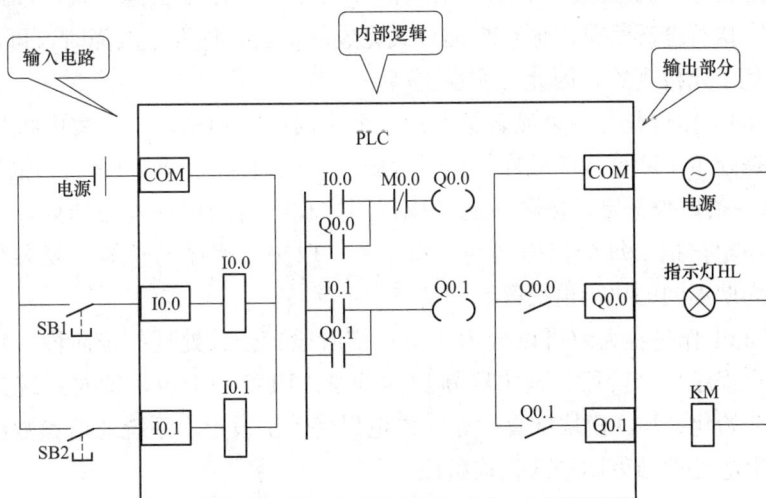

图 7.7 PLC 系统的等效工作电路

（1）输入部分。输入部分由外部输入电路、PLC 输入接线端子和输入继电器组成。外部输入信号经 PLC 输入接线端子驱动输入继电器线圈。每个输入端子与其相同编号的输入继电器有唯一确定的对应关系。当外部输入元件处于接通状态时，对应的输入继电器线圈"得电"（注意：这个输入继电器是 PLC 内部的"软继电器"，即 PLC 内部存储单元中的某个位）。

为使输入继电器的线圈"得电"，即让外部输入元件的接通状态写入与其对应的基本单元中，输入回路要有电源，可以是 PLC 内部提供的 24V 直流电源（其负载能力有限），也可由 PLC 外部的独立交流或直流电源供电。

需要注意的是，输入继电器的线圈只能由来自现场的输入元件（如按钮、传感器、行程开关的触点以及各种检测和保护器件的触点或动作信号等）驱动，而不能用编程的方式去控制，所以，在梯形图程序中，只能使用输入继电器的触点，不能使用输入继电器的线圈。

（2）逻辑部分。所谓内部控制逻辑，是指由用户程序规定的逻辑关系，对输入/输出信号的状态进行监测、判断、运算和处理，然后得到相应的输出。一般用户常使用梯形图语言编程。

（3）输出部分。输出部分用来驱动外部负载，由 PLC 内部且与内部相隔离的输出继电器的外部动合触点、输出接线端子、外部驱动电路组成。PLC 的内部控制电路中有许多输出继电器，每个输出继电器除了为内部控制电路提供编程用的任意多个动合、动断触点外，还为外部输出电路提供一个实际的动合触点与输出接线端子相连。驱动外部负载电路的电源必须由外部电源提供，电源种类及规格可根据负载要求去配备。

2. PLC 的工作原理与过程

PLC 的工作原理与计算机基本一致，可以简单表述为：在系统程序的管理下，通过运行应用程序完成用户所规定的任务。但个人计算机与 PLC 的工作方式不同，计算机一般采用等待命令的工作方式，如常见的键盘扫描方式或 I/O 扫描方式，当键盘有键按下或 I/O 口有信号时则中断转入相应的子程序，因此，当控制软件发生故障时，会一直等待键盘或 I/O 命令，可能发生死机现象。而 PLC 采用循环扫描用户程序工作方式，即系统工作任务管理及应用程序执行全部都是以循环扫描方式完成的，当软件发生故障时，可以定时执行下一轮扫描，避免了死机现象，因此可靠性更高。

小型 PLC 的工作过程有两个显著特点：一个是周期性扫描；二是集中批处理。PLC 在运行过程中总是处于不断循环的顺序扫描过程中。每次扫描所用时间称为扫描周期或工作周期。CPU 从第一条指令开始，按顺序逐条执行用户程序直到用户程序结束，然后返回第一条指令开始新一轮扫描。每个扫描周期长短不一，取决于程序的长短、复杂程度、扫描速度、每个扫描周期不同的执行情况等。

小型 PLC 的工作过程大致可以分为 4 个扫描阶段：公共处理扫描阶段、输入采样扫描阶段、执行用户程序扫描阶段、输出刷新扫描阶段。PLC 一上电，即对系统进行一次初始化，包括硬件初始化、I/O 模块配置检查、停电保持范围设定、系统通信参数配置及其他初始化处理等。上电处理结束即进入扫描阶段。

（1）公共处理扫描阶段。公共处理包括 PLC 自检、执行来自外设的命令、对警戒时钟（即看门狗定时器）清零。

（2）输入采样扫描阶段。这是第一个集中批处理阶段。PLC 按顺序逐个采集所有输入端子上的信号，无论端子上是否接线，CPU 顺序读取全部输入端，将所有采集到的一批信号写到输入映像寄存器中，此时输入映像寄存器被刷新。输入采样阶段结束后，在当前扫描周期内，输入映像寄存器中的内容不变。所以，一般来说，输入信号的宽度要大于一个扫描周期，即输入信号的频率不能太高，否则很可能造成信号的丢失。

（3）执行用户程序扫描阶段。本阶段 PLC 对用户程序按从左到右、自上而下的顺序进行扫描，逐个采集所有输入端子上的信号，每扫描到一条指令，所需要的信息从输入映像寄存器或元件映像寄存器中去读取。每一次运算结果，都立即写入元件映像寄存器中，以备后边扫描时所利用。对输出继电器的扫描结果，不是马上去驱动外部负载，而是将结果写入元件映像寄存器中的输出映像寄存器中，待输出刷新阶段集中进行批处理。

（4）输出刷新扫描阶段。CPU 对全部用户程序扫描结束后，将元件映像寄存器中的各输出继电器状态同时送到输出锁存器中，再由输出锁存器经输出端子去驱动各输出继电器所带的负载。在下一个输出刷新阶段开始之前，输出锁存器的状态不会改变。输出刷新阶段结束后，CPU 将自动进入下一个扫描周期。

3. PLC 的编程语言

小型 PLC 为用户提供的编程语言包括指令表（STL）、梯形图（LAD）、功能块图（FBD）和顺序功能流程图（SFC）。

（1）指令表。语句指令表（statement list）是类似于计算机中的助记符语言的编程语言。它是用一个或几个容易记忆的字符来代表 PLC 的某种操作功能，按照一定的语法和句法编写出的程序，是 PLC 最基础的编程语言。

（2）梯形图。梯形图（ladder diagram）是最常用的一种编程语言，其简单明了、易于理解。它是从继电器控制系统原理图的基础上演变而来的，继承了继电器控制系统中的基本工作原理和电气逻辑关系的表示方法。梯形图与继电器控制系统控制电路的基本思想是一致的，只是使用符号和表达方式有一定区别。图 7.8 所示为一段梯形图程序。

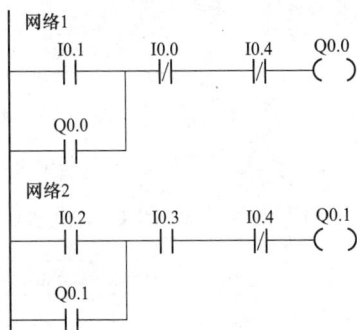

图 7.8　梯形图程序

梯形图程序中的一个关键概念是"能流"。可以把左侧逻辑母线假想成电源线，例如，对于图 7.8 中网络 1，在分析时常说"若编号为 I0.1 的动合触点闭合，则编号为 Q0.0 的线圈得电"，也可以说是有"能流"从左至右流向线圈，线圈被激励。"能流"的方向只能是自左向右、自上而下的。引入"能流"的概念，仅仅是为了和继电器控制电路相比较，其实"能流"在梯形图中是不存在的。

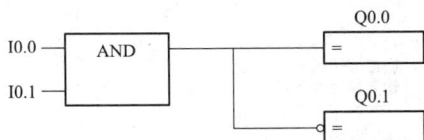

图 7.9　功能块图

（3）功能块图。功能块图（function block diagram）又称为逻辑功能图，它是一种图形式的编程语言。类似于逻辑门电路，它是将输入、输出几个编程元件之间的逻辑关系用逻辑门电路的形式表达出来，如图 7.9 所示。

（4）顺序功能图。顺序功能图（sequential function chart）是一种真正的图形化编程方法，使用它可以方便地解决复杂的顺序控制问题。用这种语言可以对一个控制过程进行控制，并显示该过程的状态。将用户应用的逻辑分成步和转换条件，来代替一个长的梯形图程序，通过这些步和转换条件的显示，用户可以看到在某个给定时间中系统处于什么状态。

7.2　知识链接——认识 S7-200 系列 PLC

7.2.1　S7-200 系列 PLC 的主机结构

CPU22X 系列 CPU 模块主要包括中央处理单元、存储器、电源及 I/O 端子，将它们集成在一个紧凑、独立的盒体内。主机箱外部设有 RS-485 通信接口、工作方式开关、模拟电位器、I/O 扩展接口、工作状态指示和用户程序存储卡、I/O 接线端子排及发光指示等。主机与其他通信设备或 I/O 扩展单元的连接如图 7.10 所示。

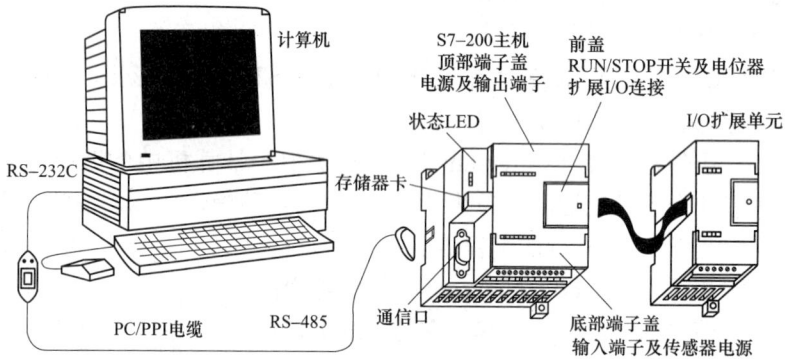

图 7.10　主机与其他通信设备或 I/O 扩展单元的连接

1. 主机外部结构及作用

CPU22X 系列 PLC 主机（CPU 模块）的外形如图 7.11 所示。

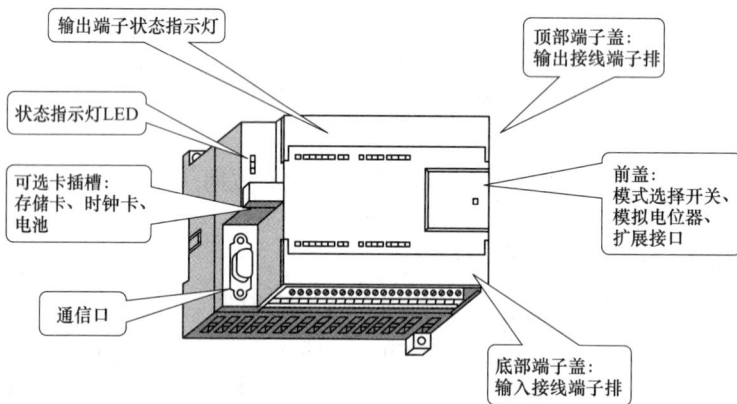

图 7.11　CPU 22X 系列 PLC 主机外形

（1）输入接线端子。在底部端子盖下是输入接线端子和为传感器提供的 24V 直流电源。输入接线端子用于连接外部输入设备，以备 CPU 采集输入设备发出的控制信号。

（2）输出接线端子。在顶部端子盖下是输出接线端子和 PLC 的工作电源。输出端子用于连接被控设备，以备 CPU 在输出刷新扫描阶段将输出信号准确地传递给被控设备。

（3）PLC 状态指示灯。

1）CPU 状态指示灯：绿色灯亮表示 CPU 处于 RUN（运行）模式，橙色灯亮表示

CPU 处于 STOP（停止）模式，红色灯亮表示 CPU 处于系统故障状态。

2）输入/输出接线端子状态指示灯：每个输入或输出端子都有一个状态指示灯，指示灯亮表示该端子状态为 ON，指示灯熄灭表示该端子状态为 OFF。

（4）通信接口。用于连接计算机、手持式编程器、PLC 等。

（5）I/O 扩展单元接口。用于连接各种 I/O 扩展单元模块、功能模块等。

（6）模拟电位器。用来改变程序运行时的参数，如过程量的控制参数、定时器的预置值等。

（7）方式开关。方式开关用来手动切换 CPU 的工作方式，开关切换到 STOP，可以停止程序的执行；开关切换到 RUN，可以启动程序的执行；开关切换到 TERM（terminal），允许通过（STEP7-Micro/WIN）软件来控制 CPU 的状态。

（8）存储卡。该卡位可以选择安装扩展卡。扩展卡有 EEPROM 存储卡、电池和时钟卡等模块。EEPROM 存储卡用于用户程序的复制。电池模块用于长时间保存数据，使用 CPU 224 内部存储电容数据存储时间达 190h，而使用电池模块存储时间可达 200 天。

2. 输入/输出接线

CPU 22X 主机的输入点为直流 24V 双向光耦输入电路，输出有继电器和晶体管（MOS 型）两种类型。输入/输出接口电路是 PLC 与输入设备、输出设备传递信号的接口部件，以 CPU224 AC/DC/继电器型为例介绍 PLC 的输入/输出接口电路。

CPU224 AC/DC/继电器型是指该主机 CPU 电源电压 220V AC，输入电压 24V DC、继电器输出型（即输出电压可以选择 24V DC，也可以选择 220V AC）。数字量输出分为 3 组，每组有一个独立公共端，有 1L、2L 和 3L 共 3 个公共端，可接入不同的负载电源。CPU224 AC/DC/继电器型的 I/O 端子接线如图 7.12 所示。

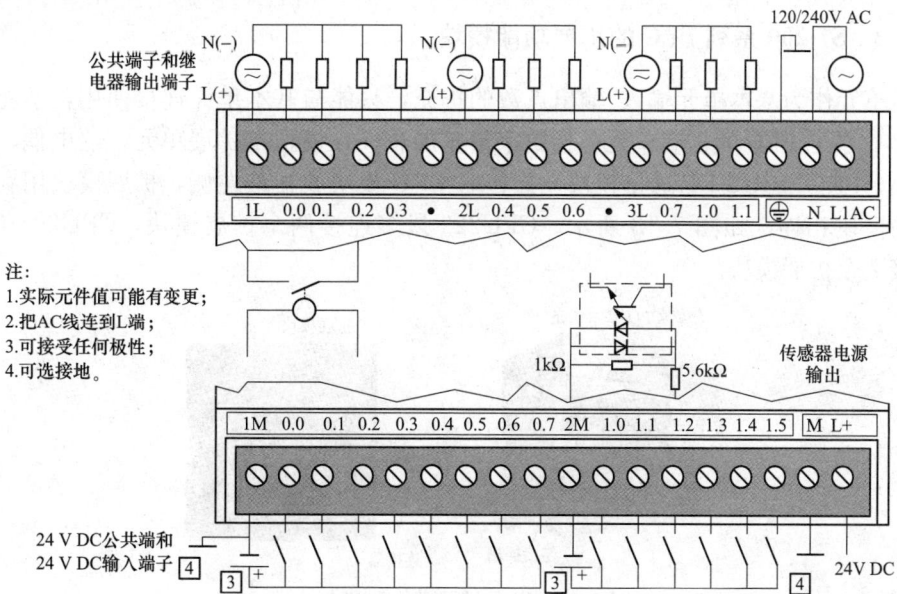

图 7.12　CPU224 AC/DC/继电器型 PLC 的 I/O 端子接线

7.2.2　CPU22X 系列主机主要技术指标

CPU22X 系列 PLC 的主要技术指标如表 7.2 所示。

表 7.2　　　　　　　　　　　　**CPU22X 系列 PLC 的主要技术指标**

型号 项目	CPU221	CPU222	CPU224	CPU224XP	CPU226	CPU226XM
用户存储器类型	EEPROM	EEPROM	EEPROM	EEPROM	EEPROM	EEPROM
程序存储器空间/字	2048	2048	4096	4096	4096	8192
数据存储器空间/字	1024	1024	2560	2560	2560	5120
主机 I/O 点数	6/4	8/6	14/10	14/10	24/16	24/16
可扩展模块	无	2	7	7	7	7
最大模拟量 输入/输出	无	16/16	16/16	16/16	32/32	32/32
为扩展模块提供的直流 5V 电源的输出电流	无	最大 340mA	最大 660mA	最大 660mA	最大 1000mA	最大 1000mA
内置高速计数器（30kHz）	4	4	6	6	6	6
定时器/计数器数量	256	256	256	256	256	256
高速脉冲输出（20kHz）	2	2	2	2	2	2
模拟量调节电位器	1	1	2	2	2	2
实时时钟	时钟卡	时钟卡	内置	内置	内置	内置
RS-485 通信口	1	1	1	2	2	2

7.2.3　S7-200 系列 PLC 的扩展功能模块

扩展单元作为基本单元输入/输出点数的扩充，只能与基本单元连接使用，不能单独使用。S7-200 系列 PLC 的扩展单元包括数字量扩展单元，模拟量扩展单元，热电偶、热电阻扩展模块，PROFIBUS-DP 通信模块。连接时 CPU 模块放在最左侧，扩展模块用扁平电缆与左侧的模块相连，如图 7.13 所示。CPU222 最多连接两个扩展模块，CPU224/CPU226 最多连接 7 个扩展模块。

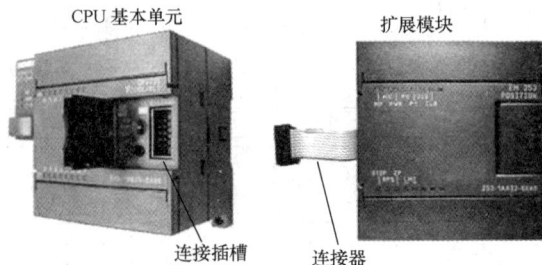

图 7.13　PLC 扩展模块和基本单元

用户可选用 8、16 点和 32 点的数字量输入/输出模块。数字量 I/O 扩展模块规格如表 7.3 所示。

表 7.3   数字量 I/O 扩展模块规格

类 型	型 号	各组输入点数	各组输出点数
输入扩展模块 EM221DI	EM221 24V DC 输入	4，4	—
	EM221 230V AC 输入	8 点相互独立	—
输出扩展模块 EM222DO	EM222 24V DC 输出	—	4，4
	EM222 继电器输出	—	4，4
	EM222 230V AC 双向晶闸管输出	—	8 点相互独立
输入/输出扩展模块 EM223	EM223 24V DC 输入/继电器输出	4	4
	EM223 24V DC 输入/24VDC 输出	4，4	4，4
	EM223 24V DC 输入/24VDC 输出	8，8	4，4，8
	EM223 24V DC 输入/继电器输出	8，8	4，4，4，4

模拟量扩展模块提供了模拟输入量（如压力、温度、流量、转速等）和某些执行机构（如晶闸管调速装置、电动调节阀和变频器等）输出模拟量的功能。模拟量 I/O 扩展模块规格如表 7.4 所示。

表 7.4   模拟量 I/O 扩展模块规格

型 号	输入点	输出点	电压	功率	电流要求	
					5V DC	24V DC
EM231	4	0	24V DC	2W	20mA	60mA
EM232	0	2	24V DC	2W	20mA	70mA
EM235	4	1	24V DC	2W	30mA	80mA

除了数字量扩展模块与模拟量扩展模块外，S7-200 系列 PLC 还配有 EM231 热电偶、热电阻扩展模块、通信模块 EM 277、定位模块 EM 253 等扩展功能模块。

7.2.4   S7-200 系列 PLC 的编程元件

1. PLC 的数据存储器

为了有效地进行编程及对 PLC 的存储器进行管理，将存储器中的数据按照功能或用途分类存放，形成了若干个特定的存储区域。对于每一个特定的区域，就构成了 PLC 的内部编程元件，内部元件的功能相互独立。例如，I 表示输入映像寄存器，Q 表示输出映像寄存器，M 表示内部标志位存储器等。在数据存储器中都有一个对应的地址，可依据存储器地址来存取数据。

（1）数据长度。计算机中使用的都是二进制数，在 PLC 中，通常使用位、字节、字、双字来表示，数据占用的连续位数称为数据长度。一位二进制数称为一个位（bit），每一位即一个存储单元，是最基本的存储单位，只有"0"或"1"两种状态，一个位可对应一个继电器。

二进制数的 1 位（1bit）只有 0 和 1 两种不同的取值，可用来表示开关量（或称数字量）的两种不同状态，如触点的断开或接通、线圈的通电和断电等。如果该位为 1，则表示梯形图中对应的编程元件的线圈"通电"，其动合触点接通，动断触点断开，称该编程元件为 1

状态，或称该编程元件 ON（接通）。如果该位为 0，对应的编程元件的线圈和触点的状态与上述的相反，称该编程元件为 0 状态。每个字节（Byte，表示为 B）由 8 个位组成，其中第 7 位为最高位（MSB），第 0 位为最低位（LSB）。比字节大的单位为字（Word，表示为 W）和双字（Double Word，表示为 DW），这几种常用单位的换算关系是：$1DW = 2W = 4B = 32bit$。

（2）数据类型及范围。S7-200 系列 PLC 中，数据存储器中存放数据的类型主要有布尔逻辑型（BOOL）、整数型（INT）和实数型（REAL）。布尔逻辑型数据是由"0"或"1"构成的字节型无符号整数；整数型数据包括 16 位单字和 32 位双字的带符号整数；实数型数据又称浮点型数据，以 32 位的单精度数表示。不同数据类型所表示的数值范围如表 7.5 所示。

表 7.5　　　　　　　　　　不同数据类型所表示的数值范围

数据长度、类型	无符号整数	有符号整数
字节（8 位）	0～255（十进制）	−128～+127（十进制）
	0～FF（十六进制）	80～7F（十六进制）
字（16 位）	0～65535（十进制）	−32768～+32767（十进制）
	0～FFFF（十六进制）	8000～7FFF（十六进制）
双字（32 位）	0～4294967295（十进制）	−2147483648～+2147483647（十进制）
	0～FFFFFFFF（十六进制）	80000000～7FFFFFFF（十六进制）

（3）常数。在编程中经常会使用常数。常数数据长度可为字节、字和双字，在机器内部的数据都以二进制形式存储，但常数的书写可以用二进制、十进制、十六进制、ASCII 码或浮点数（实数）等多种形式。几种常数形式如表 7.6 所示。

表 7.6　　　　　　　　　　　几种常数形式

进　制	书　写　格　式	举　　例
十进制	十进制数值	12345
十六进制	16#十六进制值	16#1A5F
二进制	2#二进制值	2#1010011011101111
ASCII 码	'ASCII 码文本'	'Show terminals'
浮点数（实数）	ANSI/IEEE754-1985 标准	（正数）+1.175495E−38 到+3.402823E+38
		（负数）−1.175495E−38 到−3.402823E+38

（4）数据存储器的编址方式。数据存储器的编址方式主要是对位、字节、字、双字进行编址。

例如 I3.2，其中的区域标识符"I"表示输入，字节地址为 3，位地址为 2，这种编址方式称为"位"编址方式。

例如 VB1，其中的区域标识符"V"表示变量寄存器，B 是 Byte 的缩写，字节地址为 1，VB1 表示由 V1.0～V1.7 这 8 位组成的字节，这种编址方式称为"字节"编址方式。

例如 VW100，表示由 VB100 和 VB101 组成的 1 个字，V 为区域标识符，W 表示字（Word 的缩写），100 为起始字节的地址，这种编址方式称为"字"编址方式。

例如 VD100，表示由 VB100～VB103 组成的双字，V 为区域标示符，D 表示存取双字 (Double Word)，100 为起始字节的地址，这种编址方式称为"双字"编址方式。

字节、字和双字对同一地址的存取操作见图 7.14。

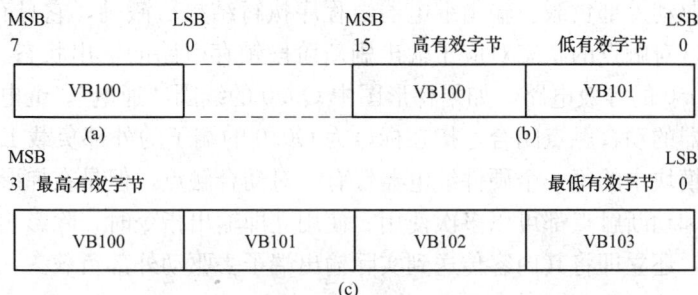

图 7.14 字节、字和双字对同一地址存取操作的比较

(a) VB100；(b) VW100；(c) VD100

2. PLC 的内部编程元件（软继电器）

PLC 的逻辑指令一般都是针对 PLC 内某一个编程元件（软继电器）状态而言的，这些元件的功能是相互独立的，每种元件用特定的字母来表示，例如，I 表示输入继电器，Q 表示输出继电器，T 表示定时器，C 表示计数器，AC 表示累加器等，并对这些元件给予一定的编号，即元件状态存放在指定地址的内存单元中，供编程时调用。在编写用户程序时，必须熟悉每条指令涉及的元件的功能及其规定编号范围。

（1）输入继电器 I（输入映像寄存器）。输入继电器用于接收外部输入信号。在每个扫描周期的开始，PLC 通过光电耦合器，将外部信号的状态读入，CPU 对物理输入点进行采样，并将采样值存于输入映像寄存器中。外部输入电路接通时对应的映像寄存器为 ON (1)，反之为 OFF (0)。输入端可以外接动合触点或动断触点，也可以接多个触点组成的串并联电路。在梯形图中，可以多次使用输入位的动合触点和动断触点。

如图 7.15 所示为输入继电器 I0.0 的等效电路。输入继电器由输入按钮信号驱动，其动合、动断触点供编程时使用。编程时应注意，输入继电器只能由外部信号所驱动，而不能在程序内部用指令来驱动，其触点也不能直接输出带动负载。输入映像寄存器以字节为单位，每个字节中的每一位对应一个数字量输入点，该寄存器可按位、字节、字和双字等方式寻址存取数据。除了输入继电器，其他继电器 Q、V、M、S、SM、L 均可以按位、字节、字和双字来存取。

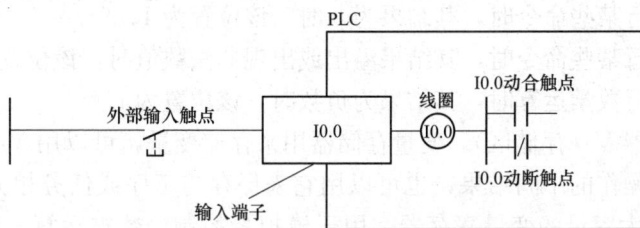

图 7.15 输入继电器 I0.0 的等效电路

S7-200 系列 PLC 的指令集还支持直接访问实际 I/O 口。使用立即输入指令时，绕过输

入映像寄存器,直接读取输入端子上的 ON、OFF 状态,且不影响输入映像寄存器的状态。

(2) 输出继电器 Q(输出映像寄存器)。输出继电器用来将 PLC 的输出信号传递给负载,只能用程序指令驱动。在扫描周期的末尾,CPU 将输出映像寄存器的数据传送给输出模块,再由后者驱动外部负载。输出继电器由程序执行结果所激励,它只有一对触点输出,直接带动负载,这对触点的状态对应于输出刷新阶段锁存电路的输出状态。如图 7.16 所示为输出继电器 Q0.0 的等效电路。如果梯形图中 Q0.0 的线圈"通电",继电器型输出模块中对应的硬件继电器的动合触点闭合,接在标号为 Q0.0 的端子的外部负载工作,反之则外部负载断电。输出模块中的每一个硬件继电器仅有一对动合触点,但是在梯形图中,每一个输出位的动合触点和动断触点都可以多次使用。使用立即输出指令时,除影响输出映像寄存器相应位的状态外,还立即将其内容传送到实际输出端子去驱动外部负载。

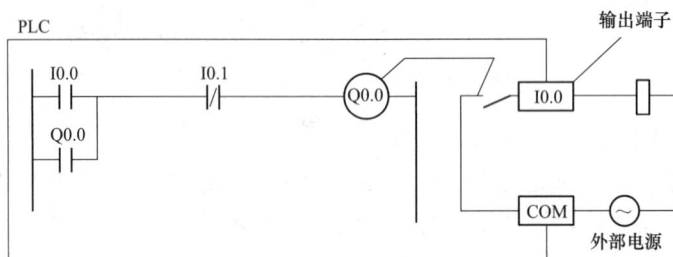

图 7.16　输出继电器 Q0.0 的等效电路

(3) 内部标志位存储区 M(辅助继电器)。内部标志位存储器又称为辅助继电器,其作用类似于继电器接触器控制系统中的中间继电器。它没有外部输入/输出端子与之对应,所以不能反映输入设备的状态,也不能驱动负载。它可用来存储中间操作状态和控制信息。

(4) 特殊标志位存储器 SM(专用辅助继电器)。特殊标志位存储器为用户提供一些特殊的控制功能及系统信息,用户对操作的一些特殊要求也可通过特殊标志位通知系统。特殊标志位的数目取决于 CPU 的型号。特殊标志位分为只读区和可读/可写区两大部分。可读/可写特殊标志位用于特殊控制功能。常用的特殊继电器及其功能如下:

SM0.0:PLC 运行时这一位始终为 1,是运行监控继电器;

SM0.1:PLC 首次扫描时 ON(闭合)一个扫描周期,用途之一是调用初始化使用;

SM0.3:开机进入 RUN 方式,将 ON(闭合)一个扫描周期;

SM0.4:该位提供了一个周期为 1min、占空比为 0.5 的时钟;

SM0.5:该位提供了一个周期为 1s、占空比为 0.5 的时钟;

SM1.0:当执行某些命令时,其结果为 0 时,该位置为 1;

SM1.1:当执行某些命令时,其结果溢出或出现非法数值时,该位置为 1;

SM1.2:当执行数学运算时,其结果为负数时,该位置为 1。

(5) 变量存储器 V(存储区)。变量存储器用来存储变量,可以用 V 存储器存储程序执行过程中控制逻辑操作的中间结果,也可以用它来保存与工序或任务相关的其他数据。S7-200 系列 PLC 有较大容量的变量寄存器,用于模拟量控制、数据运算、设置参数用途,其数目取决于 CPU 的型号。

(6) 局部变量存储器 L。S7-200 系列 PLC 有 64 个字节的局部存储器,其中 60 个可以作为暂时存储器,或给子程序传递参数。如果用梯形图编程,编程软件保留这些局部存储器的后 4 个字节。如果用语句表编程，可以使用所有的 64 个字节，但是建议不要使用最后 4 个字节。

各 POU（program organizational unit，即程序组织单元，包括主程序、子程序和中断程序）有自己的局部变量表，局部变量在它被创建的 POU 中有效。变量存储器 V 是全局存储器，可以被所有的 POU 存取。

S7-200 系列 PLC 给主程序和中断程序各分配 64 字节局部存储器，给每一级子程序嵌套分配 64 字节局部存储器，各程序不能访问别的程序的局部存储器。因为局部变量使用临时的存储区，子程序每次被调用时，应保证它使用的局部变量被初始化。

（7）定时器 T。定时器相当于继电器系统中的时间继电器。定时器需提前输入时间预设值，当定时器的始能输入条件满足时，当前值从 0 开始对 PLC 内部时基脉冲加 1 计数从而实现延时，当定时器的当前值达到预设值时，延时结束，定时器动作。利用定时器的触点或当前值可实现相应的控制。精度等级包括 3 种：1ms 时基、10ms 时基和 100ms 时基。

定时器的寻址形式有两种：①当前值，16 位有符号整数，存储定时器当前所累计的时基增量值（1～32767）；②定时器位，定时器位用来描述定时器的延时动作的触点状态，定时器位为 1 时，梯形图中对应的动合触点闭合，动断触点断开，定时器位为 0 时则触点的状态相反。

接通延时定时器的当前值（SV）大于等于设定值（PT）时，定时器位被置为 1。其线圈断电时，定时器位被复位为 0。用定时器地址来存取当前值和定时器位，带位操作数的指令存取定时器位，带字操作数的指令存取当前值。

（8）计数器 C。计数器用来累计其计数输入端脉冲电平由低到高的次数，其结构与定时器基本一样。计数器的当前值为 16 位有符号整数，用来存放累计的脉冲数（1～32767）。用计数器地址来存取当前值和计数器位。带位操作数的指令存取计数器位，带字操作数的指令存取当前值。当始能输入端脉冲上升沿到来时，计数器当前值加 1 计数一次，当计数器计数达到预定值时，计数器动作，利用定时器的触点或当前值可实现相应的控制。

计数器类型有 3 种：增计数（CTU）、减计数（CTD）和增/减计数（CTUD）。地址编号范围 C0～C255。

（9）高速计数器 HC。高速计数器用来累计比主机扫描速率更快的高速脉冲，计数过程与扫描周期无关。高速计数器的当前值是一个双字长 32 位的整数。要存取高速计数器中的值，则应给出高速计数器的地址，即存储器类型（HC）和计数器号，如 HC0。

（10）累加器 AC。累加器是用来暂时存放数据的寄存器，可以用来向子程序传递参数，或从子程序返回参数，以及存放计算的中间值。S7-200 系列 PLC 提供了 4 个 32 位累加器：AC0、AC1、AC2、AC3。存取形式可按字节、字和双字，按字节、字只能存取累加器的低 8 位或低 16 位，按双字存取全部的 32 位，存取的数据长度由所用的指令决定。

（11）顺序控制继电器 S。顺序控制继电器适用于顺序控制和步进控制等场合，通常与步进指令 LSCR、SCRT、SCRE 结合使用，实现顺序功能流程图编程（即 SFC 编程）。

（12）模拟量输入映像寄存器 AI。模拟量输入电路用来实现模拟量到数字量（A/D）的转换。该映像寄存器只能进行读取操作。S7-200 系列 PLC 将模拟量值转换成 1 个字长（16 位）数据。可以用区域标志符（AI）、数据长度（W）及字节的起始地址来存取这些值。模拟量输入值为只读数据，模拟量转换的实际精度是 12 位。注意：因为模拟量输入为 1 个字长，所以必须用偶数字节地址（如 AIW0、AIW2、AIW4）来存取这些值。

（13）模拟量输出映像寄存器 AQ。PLC 内部只处理数字量，而模拟量输出电路用来实现数字量到模拟量（D/A）的转换，该映像寄存器只能进行写入操作。S7-200 系列 PLC 将 1 个字长（16 位）数字值按比例转换为电流或电压。可以用区域标志符（AQ）、数据长度（W）及字节的起始地址来输出。模拟量输出值为只写数据。模拟量转换的实际精度是 12 位。注意：因为模拟量为 1 个字长，所以必须用偶数字节地址（如 AQW0、AQW2、AQW4）来输出。

S7-200 系列 PLC 存储器的范围和特性见表 7.7。

表 7.7　　　　　　　　　　　**S7-200 系列 PLC 存储器的范围和特性**

描　　述	CPU221	CP2U222	CPU224	CPU226	CPU226XM
用户程序大小	2K 字	2K 字	4K 字	4K 字	8K 字
用户数据大小	1K 字	1K 字	2.5K 字	2.5K 字	5K 字
输入映像寄存器	I0.0～I15.7	I0.0～I15.7	I0.0～I15.7	I0.0～I15.7	I0.0～I15.7
输出映像寄存器	Q0.0～Q15.7	Q0.0～Q15.7	Q0.0～Q15.7	Q0.0～Q15.7	Q0.0～Q15.7
模拟量输入（只读）	—	AIW0～AIW30	AIW0～AIW62	AIW0～AIW62	AIW0～AIW62
模拟量输出（只写）	—	AQW0～AQW30	AQW0～AQW62	AQW0～AQW62	AQW0～AQW62
变量存储器 V	VB0～VB2047	VB0～VB2047	VB0～VB5119	VB0～VB5119	VB0～VB10239
局部存储器 L	LB0～LB63	LB0～LB63	LB0～LB63	LB0～LB63	LB0～LB63
位存储器 M	M0.0～M31.7	M0.0～M31.7	M0.0～M31.7	M0.0～M31.7	M0.0～M31.7
特殊存储器 SM （只读型区域）	CPU221 为 SM0.0～SM179.7；CPU222 为 SM0.0～SM299.7； CPU224，CPU226，CPU226XM 为 SM0.0～SM549.7 （其中只读型区域为 SM0.0～SM29.7）				
定时器 有记忆接通延时 1ms 有记忆接通延时 10ms 有记忆接通延时 100ms 接通/关断延时 1ms 接通/关断延时 10ms 接通/关断延时 100ms	T0～T255（256 个） T0，T64 T1～T4，T65～T68（CPU221 为 T1～T4，T65～T65） T5～T31，T69～T95 T32，T96 T33～T36，T97～T100 T37～T63，T101～T255				
计数器	C0～C255	C0～C255	C0～C255	C0～C255	C0～C255
高速计数器	HC0，HC3，HC4，HC5		HC0～HC5		
顺序控制继电器 S	S0.0～S31.7	S0.0～S31.7	S0.0～S31.7	S0.0～S31.7	S0.0～S31.7
累加寄存器	AC0～AC3	AC0～AC3	AC0～AC3	AC0～AC3	AC0～AC3
跳转/标号	0～255	0～255	0～255	0～255	0～255
调用/子程序	0～63	0～63	0～63	0～63	0～127
中断程序	0～127	0～127	0～127	0～127	0～127
正/负跳转	256	256	256	256	256
PID 回路	0～7	0～7	0～7	0～7	0～7
端口	端口 0	端口 0	端口 0	端口 0，1	端口 0，1

7.2.5　S7-200 系列 PLC 的寻址方式

S7-200 系列 PLC 编程语言的基本单位是语句，组成语句的是指令，每条指令由操作码和操作数两部分组成。操作码指出这条指令的功能，操作数则指明操作码所需要的数据。所谓寻址，就是寻找操作数的过程。S7-200 系列 PLC 数据寻址方式有立即寻址、直接寻址和间接寻址 3 大类。

1. 立即寻址方式

在一条指令中，如果操作码后面的操作数就是操作码所需要的具体数据，这种指令的寻址方式就叫立即寻址。

例如：传送指令"MOVD　2015，VD500"的功能是将十进制数 2015 传送给 VD500 中。这里 2015 就是指令码中的源操作数，因为这个操作数的数值已经在指令中了，不用再去寻找了，所以这个操作数叫立即数（常数），这个源操作数的寻址方式就是立即寻址。

2. 直接寻址方式

直接寻址方式：在指令中明确指出存取数据的存储器地址，允许用户程序直接存取信息。直接寻址包括位、字节、字和双字 4 种寻址格式。数据的直接地址包括内存区域标志符、数据大小及该字节的地址或字、双字的起始地址及位分隔符和位。直接访问字节（8bit）、字（16bit）、双字（32bit）数据时，必须指明数据存储区域、数据长度及起始地址。当数据长度为字或双字时，最高有效字节为起始地址字节。如图 7.17 所示，其中有些参数可以省略。

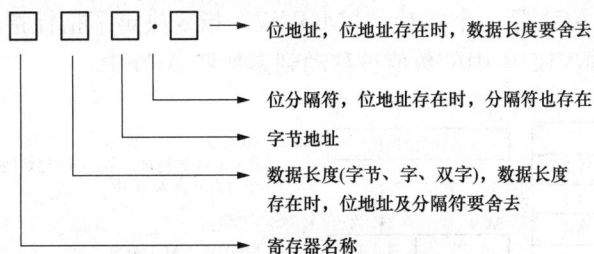

图 7.17　寻址方式示意图

（1）按位寻址。按位寻址的格式为：Ax.y。使用时必须指明元件名称、字节地址和位号。如 I5.2，表示要访问的是输入寄存器区第 5 字节的第 2 位，如图 7.18 所示。可以按位寻址的编程元件有 I、Q、M、SM、L、V、S 等。

（2）按字节、字和双字寻址。采用字节、字或双字寻址的方式存储数据时，需要指明编程元件名称、数据长度和首字节地址编号，如图 7.19 所示。应当注意：在按字或双字寻址时，首地址字节为最高有效字节。

3. 间接寻址方式

间接寻址是指使用地址指针来存取存储器中的数

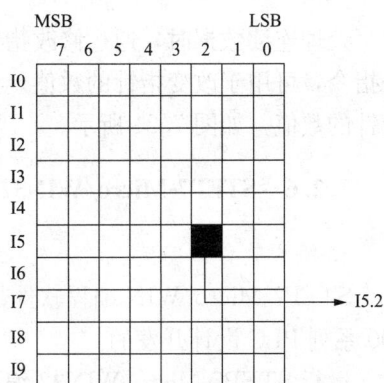

图 7.18　位寻址方式示意图

V B 100　字节地址　访问I字节　区域标识符　　　　V W 100　字节地址　访问一个字　区域标识符　　　　V D 100　字节地址　访问一个双字　区域标识符

VB100　MSB　LSB　7　VB100　0

MSB=最高有效字节
LSB=最低有效字节

VW100　MSB　LSB　15　VB100　8　7　VB101　0

VD100　MSB　LSB　31　VB100　24　23　VB101　16　15　VB102　8　7　VB103　0

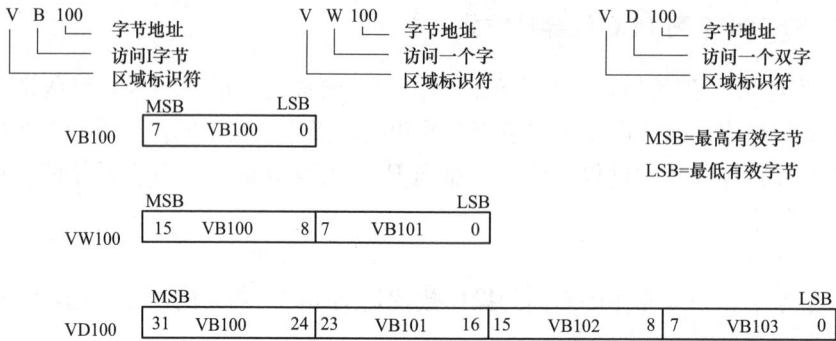

图 7.19　对同一地址采用字节、字和双字存取操作的比较

据。使用前，首先将数据所在单元的内存地址放入地址指针寄存器中，然后根据此地址指针存取数据。指针以双字的形式存储其他存储区的地址。只能用 V 存储器、L 存储器或者累加器寄存器（AC1、AC2、AC3）作为指针。要建立一个指针，必须以双字的形式，将需要间接寻址的存储器地址移动到指针中。指针也可以作为参数传递到子程序中。S7-200 系列 PLC 允许指针访问下列存储区：I、Q、V、M、S、AI、AQ、SM、T（仅当前值）和 C（仅当前值）。无法用间接寻址的方式访问单独的位，也不能访问 HC 或者 L 存储区。要使用间接寻址，应该用"&"符号加上要访问的存储区地址来建立一个指针。指令的输入操作数应该以"&"符号开头来表明是将存储区的地址而不是其内容，移动到指令的输出操作数（指针）中。当指令中的操作数是指针时，应该在操作数前面加上"＊"。如图 7-20 所示，输入"＊AC1"指定 AC1 是一个指针，"MOVW"指令决定了指针指向的是一个字长的数据，存储在 VB200 和 VB201 中的数值被移动到累加器 AC0 中。

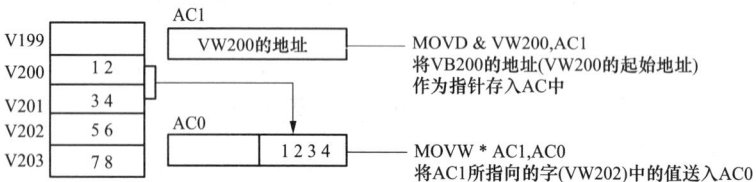

AC1
VW200的地址　←　MOVD & VW200,AC1
将VB200 的地址(VW200 的起始地址)
作为指针存入 AC 中

V199
V200　1 2
V201　3 4
V202　5 6
V203　7 8

AC0
1 2 3 4　←　MOVW ＊ AC1,AC0
将AC1 所指向的字(VW202)中的值送入 AC0

图 7.20　创建并使用指针

处理连续数据时，通过修改指针可以存取相邻数据。简单的数学运算，如加法指令或减法指令，可用于改变指针的数值。由于指针是一个 32 位的数据，因此要用双字指令来改变指针的数值，如图 7.21 所示。

7.2.6　STEP7-Micro/WIN32 编程软件使用入门

1. 编程软件的安装

STEP7-Micro/WIN 编程软件是基于 Windows 的应用软件，它是西门子公司专门为 S7-200 系列 PLC 设计开发的。

运行 STEP7-Micro/WIN32 编程软件的计算机配置：IBM 486 以上兼容机，内存 8MB 以上，VGA 显示器，至少 50MB 以上硬盘空间，Windows95 以上的操作系统。

利用一根 PC/PPI（个人计算机/点对点接口）电缆可建立个人计算机与 PLC 之间的通

信。这是一种单主站通信方式，不需要其他硬件，如调制解调器和编程设备等，把 PC/PPI 电缆的 PC 端与计算机的 RS-232 通信口（COM1 或 COM2）连接，把 PC/PPI 电缆的 PPI 端与 PLC 的 RS-485 通信口连接即可。

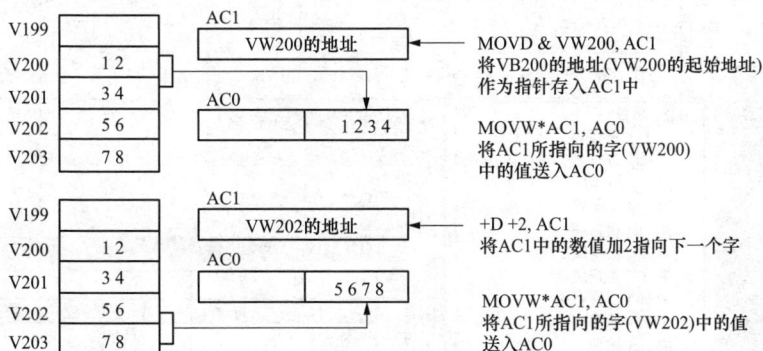

图 7.21　改变指针

STEP7-Micro/WIN32 编程软件可以从西门子公司的网站上下载，也可以用光盘安装，安装步骤如下：

（1）在光盘中找到文件夹"STEP7WINV4SP3"中的 SETUP.EXE 执行文件，双击此文件，进行软件的安装。

（2）在弹出的语言选择对话框中选择英语，然后点击"下一步"。

（3）选择安装路径，并点击"下一步"。

（4）等待软件安装，完成后点击"完成"，并重启计算机。

2. 在线连接

完成硬件连接和软件安装，就可建立计算机与 CPU 的在线联系了，步骤如下：

（1）在 STEP7-Micro/WIN 主操作界面下，单击操作栏中的"通信"图标或选择主菜单中的"查看→组件→通信"选项，则会出现一个通信建立结果对话框，显示是否连接了 CPU 主机。

（2）双击"双击刷新"图标，STEP7-Micro/WIN 将检查连接的所有 S7-200 CPU 站，并为每个站建立一个 CPU 图标。

（3）双击要进行通信的站，在通信建立对话框中可以显示所选站的通信参数。此时，可以建立与 S7-200 CPU 的在线联系，如进行主机组态、上传和下载用户程序等操作。

3. 编程软件的使用

双击桌面上的快捷方式图标，打开编程软件，选择工具菜单"Tools"选项下的 Options。在弹出的对话框选中"Options"，General 在 Language 中选择 Chinese。最后点击"OK"，退出程序后重新启动。重新打开编程软件，此时为汉化界面如图 7.22 所示。

主界面一般可分为以下 6 个区域：菜单栏（包含 8 个主菜单项）、工具栏（快捷按钮）、浏览栏（快捷操作窗口）、指令树（快捷操作窗口）、输出窗口和用户窗口（可同时或分别打开图中的 5 个用户窗口）。除菜单栏外，用户可根据需要决定其他窗口的取舍和样式的设置。

（1）创建工程。创建一个项目或打开一个已有的项目。进行控制程序编程之前，首先应创建一个项目。单击菜单"文件"→"新建"选项（按 Ctrl+N 快捷键组合）或单击工具栏

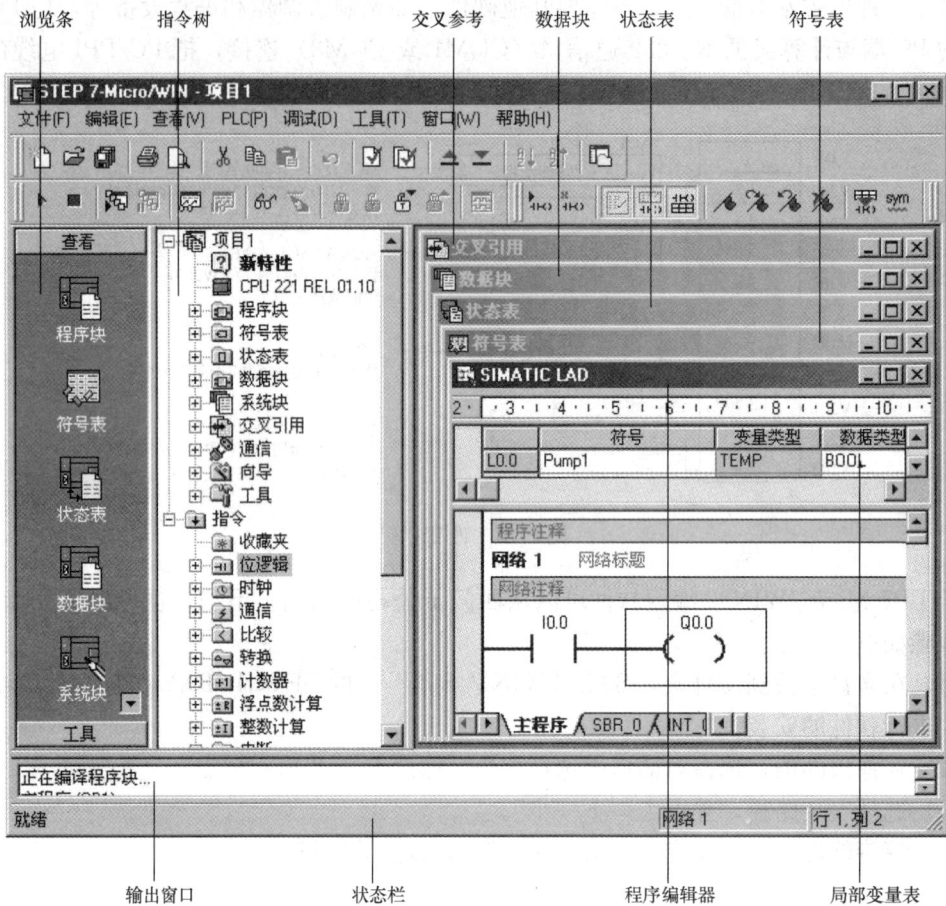

图 7.22　编程软件的汉化界面

的新建按钮，可以生成一个新的项目。单击菜单"文件"→"打开"选项或单击工具栏的的打开按钮，可以打开已有的项目。项目以扩展名为".mwp"的文件格式保存。

（2）设置与读取 PLC 的型号。对 PLC 编程之前，应正确设置其型号，以防止发生编辑错误，设置和读取 PLC 的型号有两种方法：

方法一：单击菜单"PLC"→"类型"选项，在弹出的对话框中，可以选择 PLC 型号和 CPU 版本，如图 7.23 所示。

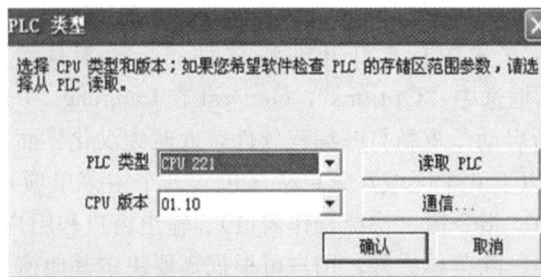

图 7.23　选择 PLC 型号

　　方法二：双击指令树的"项目 1"，然后双击 PLC 型号和 CPU 版本选项，在弹出的对话框中进行设置即可。如果已经成功地建立通信连接，那么单击对话框中的"读取 PLC"按钮，便可以通过通信读出 PLC 的信号与硬件版本号。

　　(3) 选择编程语言和指令集。S7-200 系列 PLC 支持的指令集有 SIMATIC 和 IEC1131-3 两种。SIMATIC 编程模式选择，可以单击菜单"工具"→"选项"→"常规"→SIMATIC 选项来确定。编程软件可实现 3 种编程语言（编程器）之间的任意切换，单击菜单"查看"→"梯形图"或 STL 或 FBD 选项便可进入相应的编程环境。

　　(4) 确定程序的结构。简单的数字量控制程序一般只有主程序，而系统较大、功能复杂的程序除了主程序外，还可能有子程序、中断程序。编程时可以单击编辑窗口下方的选项来实现切换以完成不同程序结构的程序编辑。

　　主程序在每个扫描周期内均被顺序执行一次。子程序的指令放在独立的程序块中，仅在被程序调用时才执行。中断程序的指令也放在独立的程序块中，用来处理预先规定的中断事件，在中断事件发生时操作系统调用程序。

　　(5) 编辑梯形图。在梯形图的编辑窗口中，梯形图程序被划分为若干个网络，且一个网络中只能有一个独立的电路块。如果一个网络中有两个独立的电路块，那么在编译时输出窗口将显示"1 个错误"，待错误修正后方可继续。也可对网络中的程序或者某个编程元件进行编辑，执行删除、复制或粘贴操作。

　　单击浏览栏的"程序块"按钮，进入梯形图编辑窗口。在编辑窗口中，把光标定位到将要输入编程元件的地方。在程序编辑器中输入指令的方法如下：

　　1) 从指令树拖放或选择（见图 7.24）。首先选择指令，然后将指令拖曳至所需的位置，松开鼠标按钮，将指令放置在所需的位置，或双击该指令，将指令放置在所需的位置。也可以在指令树中双击选项例，然后双击需要的指令。注：光标会自动阻止将指令放置在非法位置（例：放置在网络标题或另一条指令的参数上）。

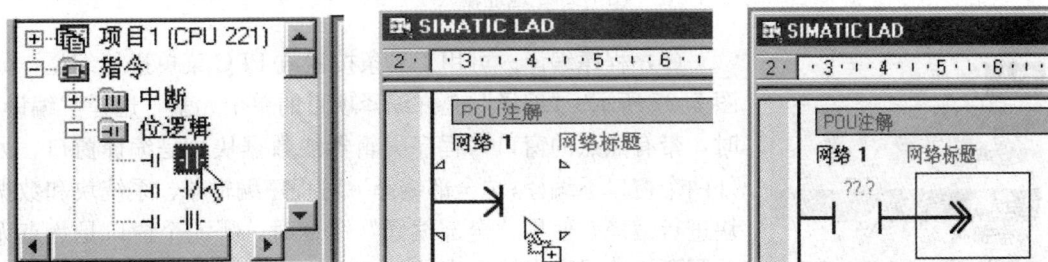

图 7.24　从指令树拖放输入指令

　　2) 使用工具条或功能键（见图 7.25）。在程序编辑器窗口中将光标放在所需的位置，一个选择方框在位置周围出现，点击适当的工具条按钮，或使用适当的功能键（F4=触点、F6=线圈、F9=方框）插入一个类属指令，出现一个下拉列表。滚动或键入开头的几个字母，浏览至所需的指令。双击所需的指令或使用 ENTER 键插入该指令（如果此时不选择具体的指令类型，则可返回网络），点击类属指令的助记符区域（该区域包含???，而不是助记符），或者选择该指令并按 ENTER 键，将列表调回。

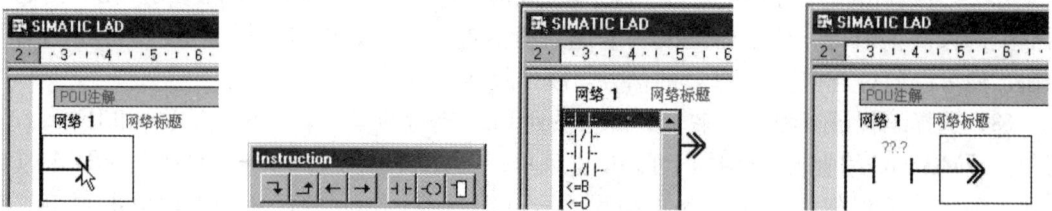

图 7.25　使用工具条或功能键输入指令

在梯形图中输入一条指令时，参数开始用问号表示，例如"?? .?"或"????"。问号表示参数未赋值。可以在输入元素时为该元素的参数指定一个常数或绝对值、符号或变量地址或者以后再赋值。如果有任何参数未赋值，程序将不能正确编译。欲指定一个常数数值（如100）或一个绝对地址（如 I0.1），只需在指令地址区域中键入所需的数值（用鼠标或ENTER 键选择键入的地址区域），如图 7.26（a）所示。红色文字显示非法语法，如图7.26（b）所示。当用有效数值替换非法地址值或符号时，字体自动更改为默认字体颜色（黑色，除非您已定制窗口）。一条红色波浪线位于数值下方，表示该数值或是超出范围或是不适用于此类指令，如图 7.26（c）所示。一条绿色波浪线位于数值下方，表示正在使用的变量或符号尚未定义，如图 7.26（d）所示。STEP 7-Micro/WIN 允许在定义变量和符号之前写入程序，可随时将数值增加至局部变量表或符号表中。

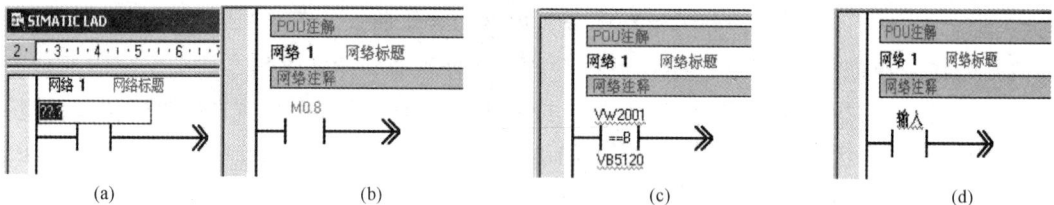

（a）　　　　　　　　　　（b）　　　　　　　　　　（c）　　　　　　　　　　（d）

图 7.26　地址输入

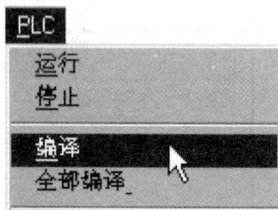

图 7.27　程序编译菜单

（6）程序编译。可用工具条按钮或 PLC 菜单进行编译，如图 7.27 所示。"编译"允许编译项目的单个元素，选择"编译"时，带有焦点的窗口（程序编辑器或数据块）是编译窗口，另外两个窗口不编译；"全部编译"对程序编辑器、系统块和数据块进行编译，使用"全部编译"命令时，哪一个窗口是焦点无关紧要。编译后在输出窗口中显示程序的编译结果，必须修正程序中的所有错误，编译无错误后，才能下载程序。若没有对程序进行编译，在下载之前编程软件会自动对程序进行编译。

（7）程序保存。使用工具条上的"保存"按钮保存您的程序，或从"文件"菜单选择"保存"和"另存为"选项保存程序。"保存"选项允许在作业中快速保存所有改动（初次保存一个项目时，会被提示核实或修改当前项目名称和目录的默认选项）；"另存为"选项允许修改当前项目的名称或目录位置。

首次建立项目时，STEP 7-Micro/WIN 提供默认值名称"Project1.mwp"，可以接受或修改该名称；如果接受该名称，下一个项目的默认名称将自动递增为"Project2.mwp"。

STEP 7-Micro/WIN 项目的默认目录位置是位于"Microwin"目录中的称作"项目"的文件夹，可以不接受该默认位置。

（8）通信设置。使用 USB/PPI 连接，可以接受安装 STEP 7-Micro/WIN 时在"设置 PG/PC 接口"对话框中提供的默认通信协议。否则，从"设置 PG/PC 接口"对话框为个人计算机选择另一个通信协议，并核实参数（站址、波特率等）。在 STEP 7-Micro/WIN 中，点击浏览条中的"通讯"图标，或从菜单选择查看→组件→通信，如图 7.28 所示。从"通信"对话框的右侧窗格，单击显示"双击刷新"的蓝色文字，如图 7.29 所示。

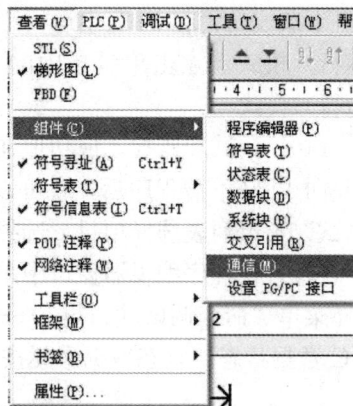

图 7.28 通信设置菜单

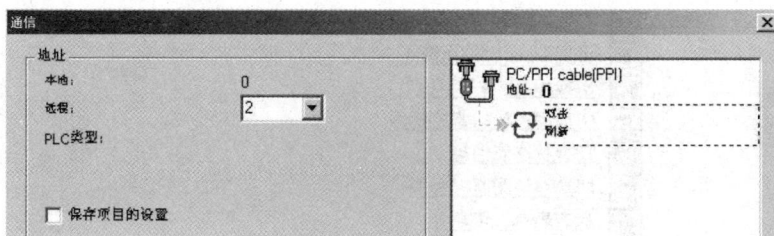

图 7.29 通信对话框

如果成功地在网络上的个人计算机与设备之间建立了通信，会显示一个设备列表（及其模型类型和站址）。STEP 7-Micro/WIN 在同一时间仅与一个 PLC 通信。会在 PLC 周围显示一个红色方框，说明该 PLC 目前正在与 STEP 7-Micro/WIN 通信。可以双击另一个 PLC，更改为与该 PLC 通信。

（9）程序下载。从个人计算机将程序块、数据块或系统块下载至 PLC 时，下载的块内容覆盖目前在 PLC 中的块内容（如果 PLC 中有程序）。开始下载之前，核实希望覆盖 PLC 中的块。下载至 PLC 之前，必须核实 PLC 位于"停止"模式。检查 PLC 上的模式指示灯。如果 PLC 未设为"停止"模式，点击工具条中的"停止"按钮，或选择菜单"PLC→停止"。

点击工具条中的"下载"按钮，或选择菜单"文件→下载"，出现"下载"对话框。根据默认值，在初次发出下载命令时，"程序代码块""数据块"和"CPU 配置"（系统块）复选框被选择。如果不需要下载某一特定的块，清除该复选框。

点击"确定"开始下载程序。如果下载成功，一个确认框会显示"下载成功"。如果 STEP 7-Micro/WIN 中用的 PLC 类型的数值与实际使用的 PLC 不匹配，会显示以下警告信息："为项目所选的 PLC 类型与远程 PLC 类型不匹配。继续下载吗？"欲纠正 PLC 类型选项，选择"否"，终止下载程序。从菜单条选择"PLC→类型"，调出"PLC 类型"对话框。可以从下拉列表方框选择纠正类型，或单击"读取 PLC"按钮，由 STEP 7-Micro/WIN 自动读取正确的数值。点击"确定"，确认 PLC 类型，并清除对话框。

点击工具条中的"下载"按钮，重新开始下载程序，或从菜单条选择"文件→下载"。

一旦下载成功，在 PLC 中运行程序之前，必须将 PLC 从 STOP（停止）模式转换回 RUN（运行）模式。点击工具条中的"运行"按钮，或选择菜单"PLC→运行"，转换回 RUN（运行）模式。

（10）调试和监控。成功地在运行 STEP 7-Micro/WIN 的编程设备和 PLC 之间建立通信并向 PLC 下载程序后，就可以利用"调试"工具栏的诊断功能。可点击工具栏按钮或从"调试"菜单列表选择项目，选择调试工具。

（11）在程序编辑器窗口中采集状态信息的方法。点击"切换程序状态监控"按钮，或选择菜单"命令调试（Debug)→程序状态（Program Status）"，在程序编辑器窗口中显示 PLC 数据状态。状态数据采集按以前选择的模式开始，如图 7.30 所示。

图 7.30　菜单命令

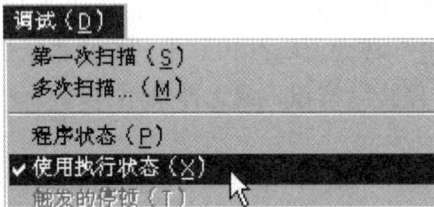

图 7.31　状态设置菜单

LAD 和 FBD 程序有两种不同的程序状态数据采集模式。选择"调试（Debug)→使用执行状态（Use Execution Status）"菜单命令会在打开和关闭之间切换状态模式选择标记，如图 7.31 所示。必须在程序状态监控操作开始之前选择状态模式。

STL 程序中程序状态监控打开 STL 中的状态监控时，程序编辑器窗口被分为一个状态区（见图 7.32）和一个代码区（见图 7.33）。可以根据希望监控的数值类型定制状态区。

在 STL 状态监控中共有 3 个可用的数据类别：①操作数，每条指令最多可监控 3 个操作数。②逻辑堆栈，最多可监控 4 个来自逻辑堆栈的最新数值。③指令状态位，最多可监控 12 个状态位。

"工具（Tools)→选项（Options）"对话框的 STL 状态标记允许选择或取消选择任何此类数值类别。如果选择一个项目，该项目不会在"状态"显示中出现。

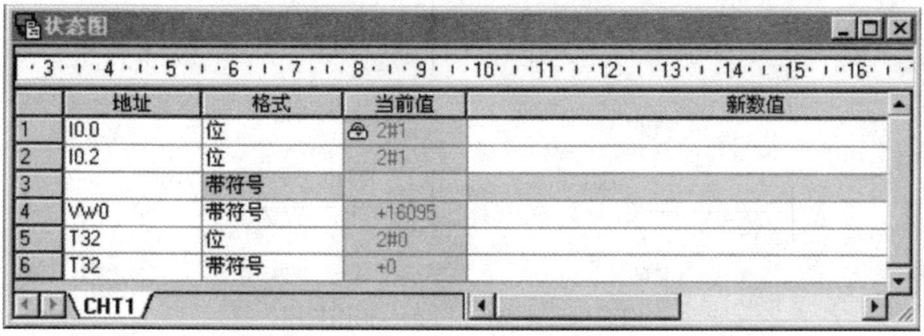

图 7.32   状态图窗口

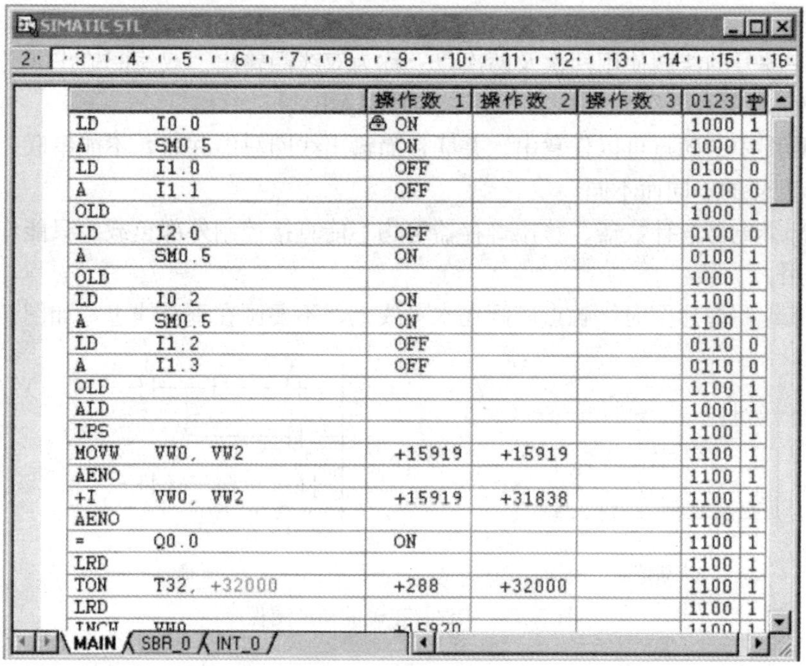

图 7.33   代码区窗口

7.2.7   梯形图语言编程特点及基本规则

S7-200 PLC 用梯形图编程时以每个独立的网络块（network）为单位，所有的网络块组合在一起就是梯形图。梯形图语言编程主要特点及规则如下：

（1）梯形图按行从上至下，每一行按从左至右顺序编写，PLC 程序执行顺序与梯形图的编写顺序一致。

（2）梯形图左、右边垂直线分别称为起始母线和终止母线。每一逻辑行必须从起始母线开始画起（终止母线常可以省略），然后是各种触点的逻辑连接，最后以线圈（用括号表示）或指令盒结束。触点不能放在线圈的右边，线圈和指令盒一般不能直接连接在左边的母线上，如图 7.34 所示。

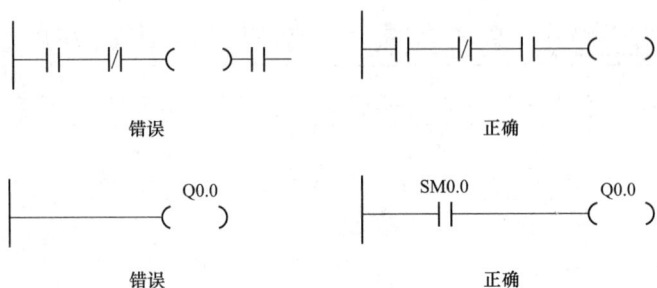

图 7.34　错误、正确的梯形图程序

（3）PLC 内部元器件触点的使用次数是无限制的，这是因为每一触点的状态存入 PLC 内的存储单元中，可以反复读写。传统继电器控制中的每个开关均对应一个物理实体，故使用次数有限。

（4）同一编号的线圈使用两次及两次以上称为双线圈输出。双线圈输出非常容易引起误动作，应避免使用。S7-200 PLC 中不允许双线圈输出。

（5）梯形图中的触点可以任意串、并联，而输出线圈只能并联，不能串联。每行最多触点数因 PLC 型号的不同而不同。

（6）内部继电器、计数器、移位寄存器等均不能直接控制外部负载，只能作中间结果供 PLC 内部使用。

（7）手工编写梯形图时，触点应画在水平线上，不要画在垂直线上，如图 7.35 所示。

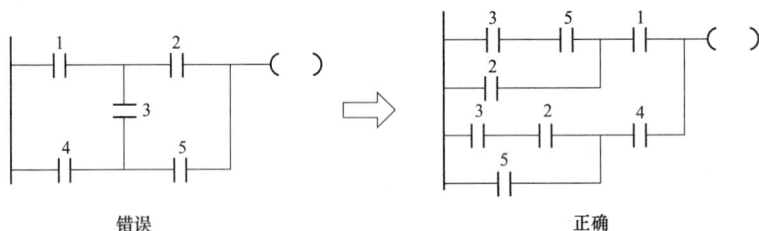

图 7.35　错误、正确的梯形图程序

（8）应把串联多的电路块尽量放在最上边，把并联多的电路块尽量放在最左边，可节省指令，如图 7.36 所示。

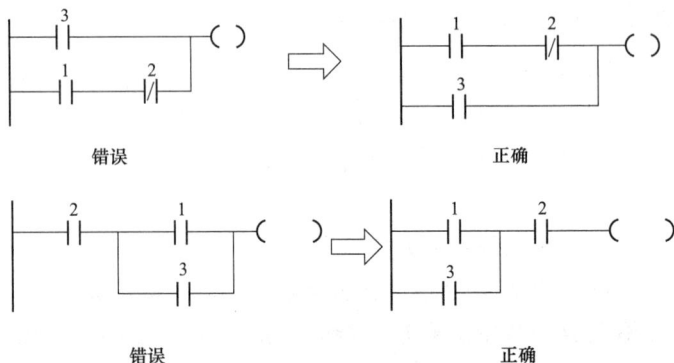

图 7.36　错误、正确的梯形图程序

（9）不包含触点的分支线条应放在垂直方向，不要放在水平方向，便于读图直观，如图 7.37 所示。

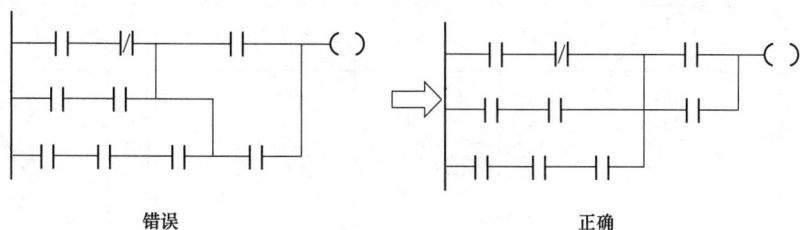

图 7.37 错误、正确的梯形图程序

总之，梯形图结构沿用继电器控制原理图的形式，采用了动合触点、动断触点、线圈等图形语言，对于同一控制电路，继电控制原理与梯形图输入、输出信号基本相同，控制过程等效。如图 7.38 所示，左侧电路为接触器线圈 KM 的自锁控制，右侧为其对应的梯形图程序。

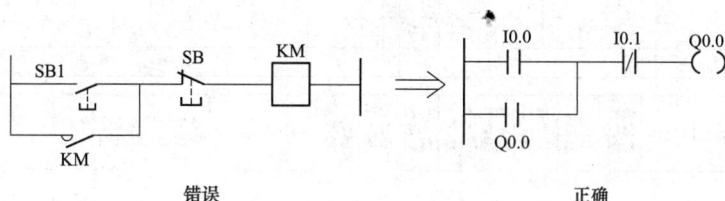

图 7.38 自锁电路的继电控制与梯形图控制对比

任务（一） CPU224 CN AC/DC/RELY PLC 的布线安装

一、任务要求

按照布线工艺要求，根据 YL335B 自动化生产线供料站电气原理图（图 7.39）进行 CPU224 CN AC/DC/RELY PLC 的布线安装。

二、布线说明

对于 S7-224 CPU，公共端接电源的正极，对于三线接近开关，只要将其正、负极分别与电源的正、负极相连，将信号线与 PLC 对应的"输入"相连即可，例如物料有无检测开关；而对于二线接近开关，只要将电源的负极分别与其负极相连，将信号线与 PLC 对应的"输入"相连即可，例如推料到位检测开关。

三、电路断电检查

（1）在断电的情况下，从电源端开始，逐段核对接线及接线端子处是否正确，有无漏接、错接之处。

（2）用万用表检查电路的通断情况。

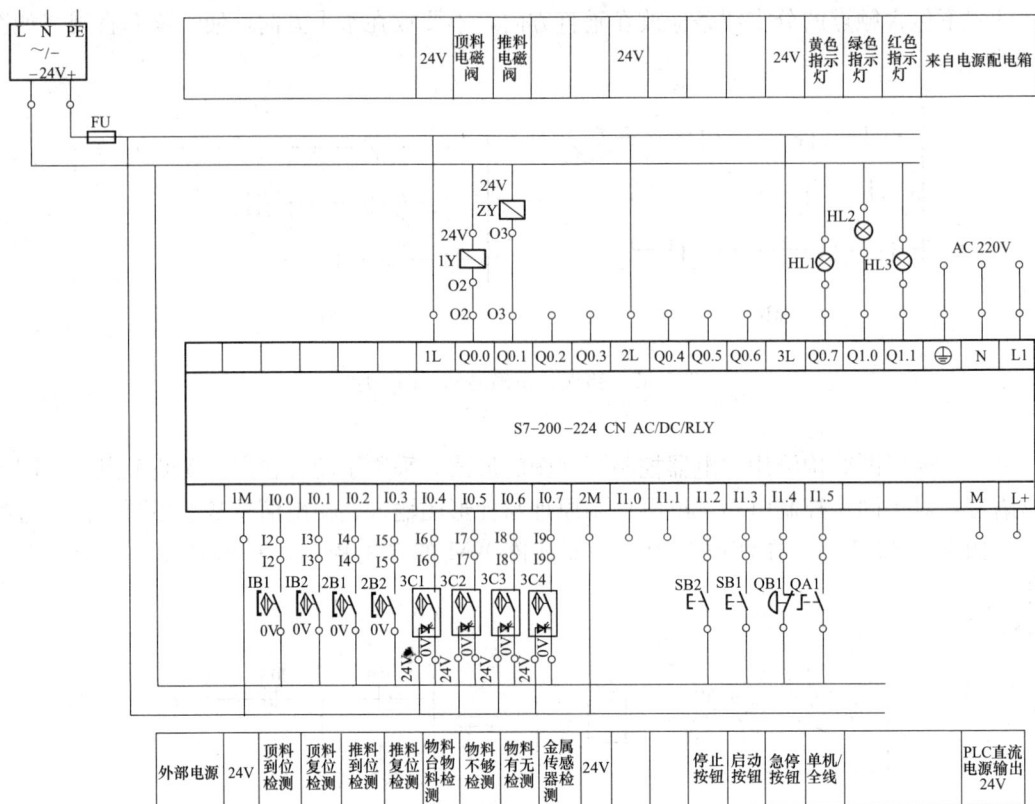

图 7.39　YL335B 自动化生产线供料站电气原理图

四、通电试车及故障排除

在遵守安全规程的前提及指导教师现场监护下，通电试车，按下输入按钮，观察 PLC 上对应的输入信号灯是否点亮，下载并运行源程序，观察供料站是否能正常运行。

任务（二）　创建"与""或""非"逻辑控制程序

一、任务要求

一盏指示灯两个开关的控制可以采用"与""或""非" 3 种逻辑组合形式，使用 K0、K1 两个开关对应输入继电器 I0.0、I0.1，采用"与""或""非" 3 种逻辑输出驱动 L0、L1、L2 这 3 盏指示灯。

二、布线说明

（1）I/O 端口分配功能见表 7.8。

表 7.8　　　　　　　　　　　　I/O 端口分配功能表

	PLC 地址（PLC 端子）	电气符号（面板端子）	功能说明
输入信号	I0.0	K0	动合触点 01
	I0.1	K1	动合触点 02

	PLC 地址（PLC 端子）	电气符号（面板端子）	功能说明
输出信号	Q0.0	L0	"与"逻辑输出指示
	Q0.1	L1	"或"逻辑输出指示
	Q0.2	L2	"非"逻辑输出指示
实训装置说明	主机 1M、面板 V+　接电源+24V		电源正端
	主机 1L、2L、3L，面板 COM 接电源 GND		电源地端

（2）控制接线图见图 7.40。

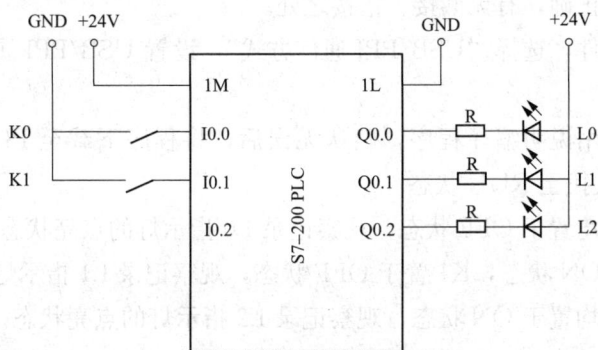

图 7.40　控制接线图

三、指令使用说明

（1）与逻辑：如图 7.41 所示，I0.0、I0.1 状态均为 1 时，Q0.0 有输出；当 I0.0、I0.1 两者有任何一个状态为 0 时，Q0.0 输出立即为 0。

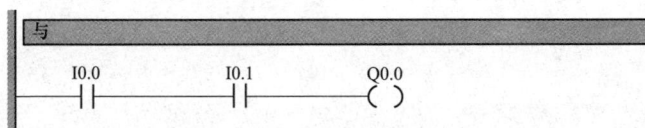

图 7.41　"与"逻辑控制程序

（2）或逻辑：如图 7.42 所示，I0.0、I0.1 状态有任意一个为 1 时，Q0.1 即有输出；当 I0.0、I0.1 状态均为 0 时，Q0.1 输出为 0。

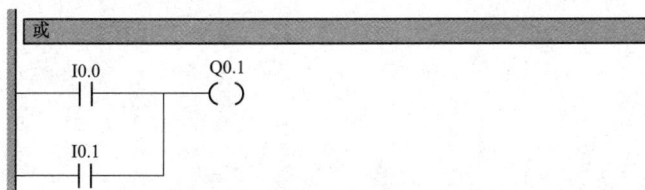

图 7.42　"或"逻辑控制程序

（3）非逻辑：如图 7.43 所示，I0.0、I0.1 状态均为 0 时，Q0.2 有输出；当 I0.0、I0.1

两者有任何一个状态为 1 时，Q0.2 输出立即为 0。

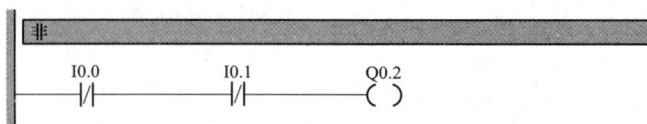

图 7.43　"非"逻辑控制程序

四、任务实施

（1）连接上位计算机与 PLC。

（2）按控制接线图连接 PLC 外围电路，在断电的情况下，从电源端开始，逐段核对接线及接线端子处是否正确，有无漏接、错接之处。

（3）打开编程软件，选择"USB/PPI 通信方式"，设置 USB/PPI 属性，设置 PLC 与上位计算机通信参数。

（4）参考指令使用说明编译程序，确认无误后，将程序下载至 PLC 中，下载完毕后，将 PLC 模式选择开关拨至 RUN 状态。

（5）将 K0、K1 均置于 OFF 状态，观察记录 L0 指示灯的点亮状态。

（6）将 K0 置于 ON 状态，K1 置于 OFF 状态，观察记录 L1 指示灯的点亮状态。

（7）将 K0、K1 均置于 ON 状态，观察记录 L2 指示灯的点亮状态。

项目 8　PLC 的 基 本 应 用

教学设计

项 目 分 解	项 目 目 标
知识链接—— 基本逻辑指令在程序设计中的应用	（1）熟悉 S7-200 PLC 基本逻辑指令的指令功能，包括触点串并联指令、电路块的串并联指令、置位和复位指令、定时器指令、计数器指令等。 （2）掌握使用基本逻辑指令编写简单控制程序的方法，包括单台电动机的启/停、两台电动机的依次顺序启动、电动机双重互锁正反转、三相异步电动机丫/△降压启动等
任务（一）　单台电动机双重互锁正反转 PLC 控制系统设计、安装与调试 任务（二）　运料小车循环工作的 PLC 控制系统设计、安装与调试	能够根据实际要求设计简单的梯形图程序及 PLC 外围电路，会用 S7-200 PLC 实现三相异步电动机的基本控制，并运用 Step7 Micro/WIN 软件对控制系统进行联机调试
知识链接—— 数据处理类功能指令在程序设计中的应用	熟悉 S7-200 PLC 数据处理类功能指令的指令功能，包括数据传送指令、数据移位和循环移位指令、数据运算及表功能指令、数据转换及比较指令等
任务（三）　喷泉控制系统设计、安装与调试	能够使用数据处理类功能指令创建控制程序，包括彩灯循环闪烁控制、喷泉控制、天塔之光模拟控制、水塔水位控制等，并运行调试

8.1　知识链接——基本逻辑指令在程序设计中的应用

1. 逻辑取及线圈驱动指令 LD、LDN、＝

LD（Load）：取指令。用于网络块逻辑运算开始的动合触点与母线的连接。

LDN（Load Not）：取反指令。用于网络块逻辑运算开始的动断触点与母线的连接。

＝（Out）：线圈驱动指令。

使用说明：

（1）LD、LDN 指令不仅用于网络块逻辑计算开始时与母线相连的动合和动断触点，在分支电路块的开始也要使用 LD、LDN 指令。

（2）并联的"＝"指令可连续使用任意次。

（3）在同一程序中不能使用双线圈输出，即同一元器件在同一程序中只使用一次"＝"指令。

（4）LD、LDN、＝指令的操作数为：I、Q、M、SM、T、C、V、S、L。T、C 也作为输出线圈，但在 S7-200 PLC 中输出时不是以使用"＝"指令形式出现。

LD、LDN、＝指令的梯形图与指令表应用如图 8.1 所示。

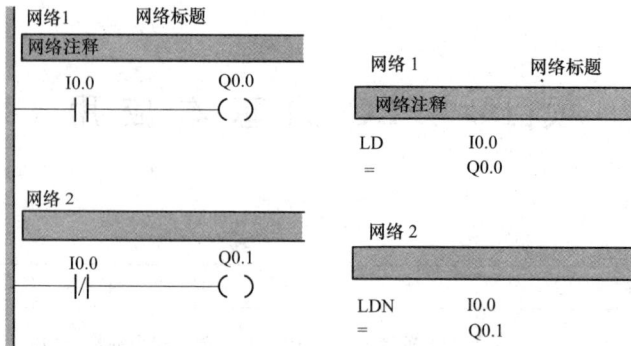

图 8.1　LD、LDN、＝指令的梯形图与指令表应用

2. 触点串联指令 A、AN

A（And）：与指令。用于单个动合触点的串联连接。

AN（And Not）：与反指令。用于单个动断触点的串联连接。

使用说明：

（1）A、AN 是单个触点串联连接指令，可连续使用。但在用梯形图编程时会受到打印宽度和屏幕显示的限制。S7-200 PLC 的编程软件中规定的串联触点数最多为 11 个。

（2）图 8.2 中所示连续输出电路，可以反复使用"＝"指令，但次序必须正确，否则不能连续使用"＝"指令编程，如图 8.3 所示。

（3）A、AN 指令的操作数为：I、Q、M、SM、T、C、V、S 和 L。

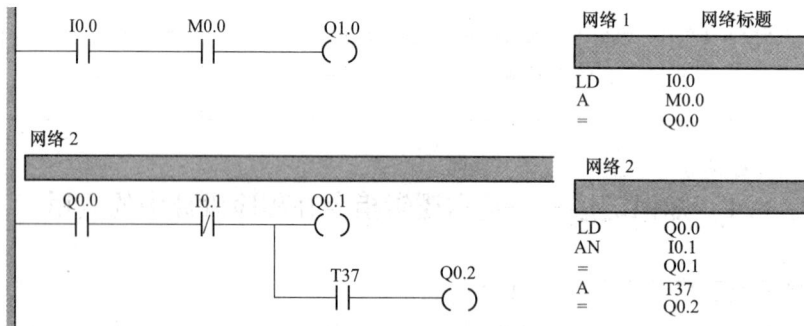

图 8.2　A、AN 指令的用法

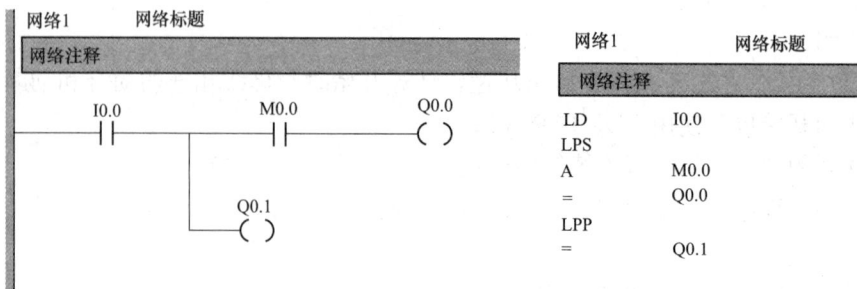

图 8.3　不可连续使用"＝"指令的电路

3. 触点并联指令 O、ON

O（Or）：或指令。用于单个动合触点的并联连接。

ON（Or Not）：或反指令。用于单个动断触点的并联连接。

使用说明：

（1）单个触点的 O、ON 指令可连续使用。

（2）O、ON 指令的操作数同前。

O、ON 指令的用法如图 8.4 所示。

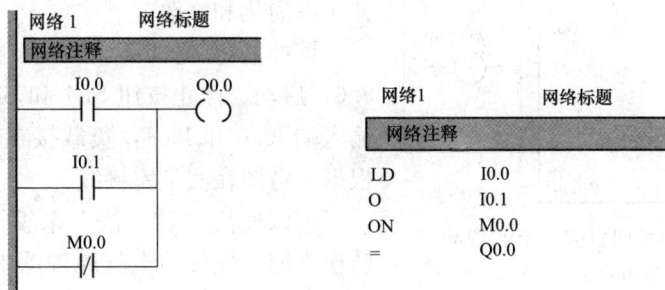

图 8.4　O、ON 指令的用法

编程小站：下面用这三组指令编写一个简单的控制程序，如图 8.5 所示，是在前面项目中介绍过的"继电器接触器控制三相交流电动机起停控制电路"，控制过程为：按下启动按钮，电动机启动连续运转；按下停止按钮，电动机停止运行。该电路采用了热继电器 FR 作为电动机 M 的过载保护，现在要求用 PLC 实现其控制。

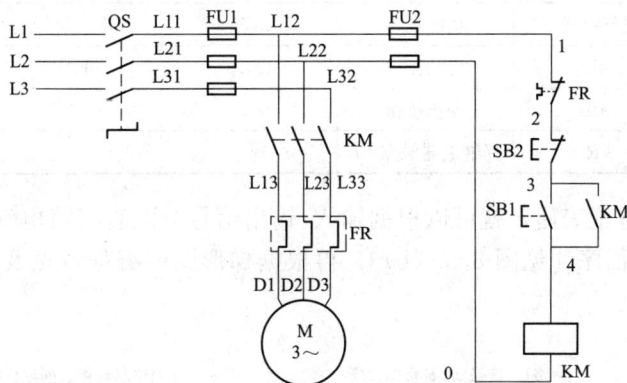

图 8.5　单台电动机的启、停控制电气原理图

该程序的编写可以采用"转换法"和"启-保-停"两种方法，这两种方法经常在简单程序的编写中使用。

（1）"转换法"：继电器电路图转换为功能相同的 PLC 的外部接线图和梯形图的设计方法是初学者学习 PLC 编程常采用的方法，这种方法对简单的控制系统可行，而且比较方便，但不适用于较复杂的控制电路。其主要步骤可归纳如下：

1）了解被控设备的工艺过程和机械动作情况，熟悉现有的继电器控制线路。

2）确定 PLC 的输入信号和输出负载，画出 PLC 外部接线图。具体过程为：对照 PLC

的 I/O 端子接线图，将继电器电路图上的被控器件（如接触器线圈、指示灯、电磁阀等）换成接线图上对应的输出点的编号，将电路图上的输入装置（如传感器、按钮开关、行程开关等）触点都换成对应的输入点的编号。

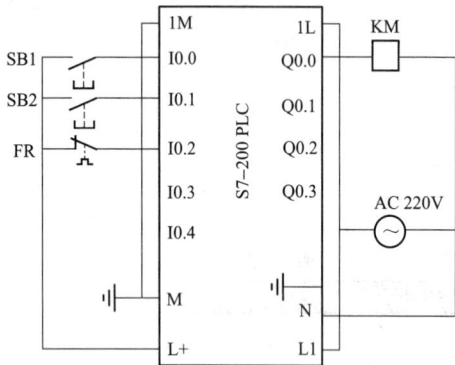

图 8.6　电动机单向启动、停止 PLC
控制参考接线图

3）确定与继电器电路图的中间继电器、时间继电器对应的梯形图中的存储器位和定时器的地址。

4）在继电器电路图的基础上改画出梯形图，并予以简化和修改。

该控制系统的 PLC 外部接线图可参考图 8.6，启动、停止按钮 SB1 和 SB2 分别接在 PLC 输入端 I0.0 和 I0.1，负载接在输出端 Q0.0。可根据参考图在实训室接线。

可以使用"转换法"来编写该梯形图程序，转换之前首先要给电气原理图中的按钮、热继电器触点等输入元件指定对应的输入继电器地址，

给交流接触器等输出元件指定对应的输出继电器地址，通常要列出表格，即 I/O 端口分配表，可以参考表 8.1。PLC 外部接线图和 I/O 端口分配表的输入/输出继电器地址分配要一致。

表 8.1　　　　　　　　单台电动机的启动、停止控制 I/O 端口分配表

输入信号			输出信号		
PLC 地址	电气符号	功能说明	PLC 地址	电气符号	功能说明
I0.0	SB1	启动按钮	Q0.0	KM	接触器线圈
I0.1	SB2	停止按钮			
I0.2	FR	热继电器触点 FR			

列出 I/O 端口分配表后，就可以根据输入/输出信号分配直接将电气原理图 [见图 8.7（a）] 转换为梯形图程序 [见图 8.7（b）]，再根据梯形图的编程特点及基本规则整理程序 [见图 8.7（c）]。

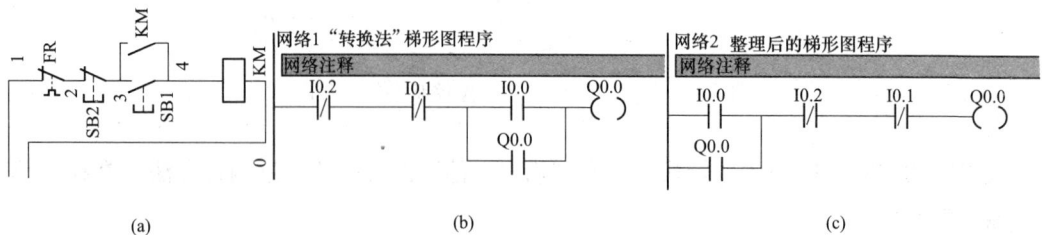

图 8-7　"转换法"编写梯形图过程
（a）电气原理图；（b）梯形图程序；（c）整理后的梯形图程序

（2）"启-保-停"法。启动、保持和停止电路简称为"启-保-停"电路。在梯形图中，可以认为每一个线圈通电都需要启动和停止信号。如图 8.7（c）所示，图中的启动信号为

I0.0，停止信号为 I0.1 和 I0.2，这些信号持续 ON 的时间一般都很短，这种信号称为短信号。如果 Q0.0 的线圈需要长时间保持通电，其动合触点就需要作为保持条件与 I0.0 的动合触点并联。

"启-保-停"电路最主要的特点是具有"记忆"功能，按下启动按钮，I0.0 的动合触点接通，如果这时未按停止按钮（I0.1 的动断触点接通），热继电器不动作（I0.2 动断触点闭合），Q0.0 的线圈通电，Q0.0 的动合触点同时接通。松开启动按钮，I0.0 的已闭合的触点断开，"能流"经 Q0.0 的已闭合的触点、I0.1 的动断触点和 I0.2 的动断触点流过 Q0.0 的线圈，Q0.0 仍为 ON，这就是自锁或自保持功能。

按下停止按钮，I0.1 的动断触点断开，Q0.0 的线圈断电，Q0.0 已闭合的动合触点断开，以后即使放开停止按钮，I0.1 的动断触点恢复接通状态，Q0.0 的线圈仍然断电，使 KM 线圈断电，电动机停转。电动机过载时，I0.2 的动断触点断开，使 Q0.0 的线圈断电，电动机停转。

4. 串联电路块的并联连接指令 OLD

两个以上触点串联形成的支路叫串联电路块。

OLD（Or Load）：或块指令。用于串联电路块的并联连接。

OLD 指令的用法如图 8.8 所示。

使用说明：

（1）当几个串联支路并联连接时，其支路的起点以 LD、LDN 开始，支路终点用 OLD 指令结束。

（2）如果需要将多个支路并联，从第二条支路开始，在每一支路后面加 OLD 指令。用这种方法编程，对并联支路的个数没有限制。

（3）OLD 指令无操作数。

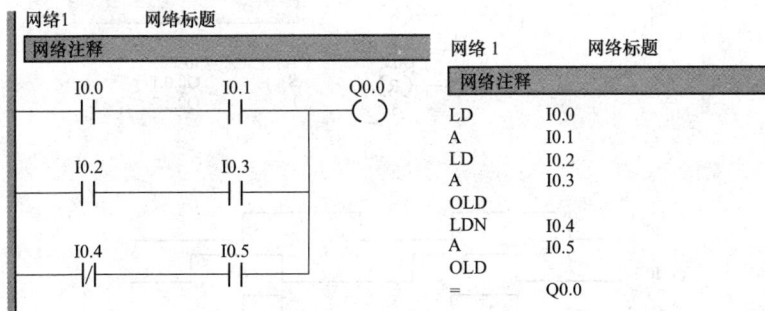

图 8.8　OLD 指令的用法

5. 并联电路块的串联连接指令 ALD

两条以上支路并联形成的电路叫并联电路块。

ALD（And Load）：与块指令。用于并联电路块的串联连接。

ALD 指令的用法如图 8.9 所示。

使用说明：

（1）在分支电路（并联电路块）与前面电路串联连接时，使用 ALD 指令。分支的起点用 LD、LDN 开始，终点用 ALD 指令结束与前面电路串联。

（2）如果有多个并联电路块串联，顺次以 ALD 指令与前面支路连接，支路数量没有限制。

（3）ALD 指令无操作数。

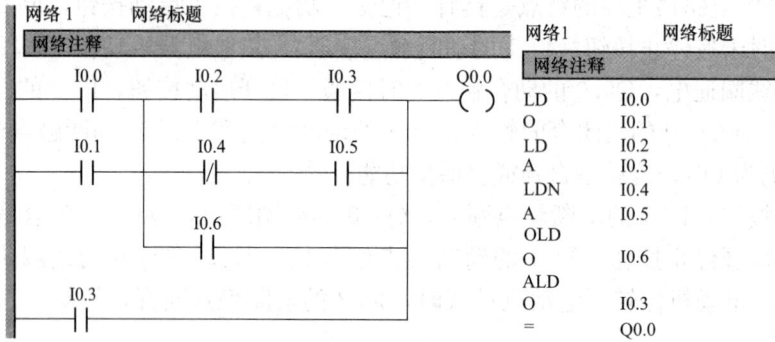

图 8.9　ALD 指令的用法

6. 置位和复位指令 S、R

S（Set）：置位指令，将位存储区的指定位（bit）开始的 N 个同类存储器位置位。

R（Reset）：复位指令，将位存储区的指定位（位 bit）开始的 N 个同类存储器位复位。

置位和复位指令应用程序及其对应的时序图如图 8.10 所示。

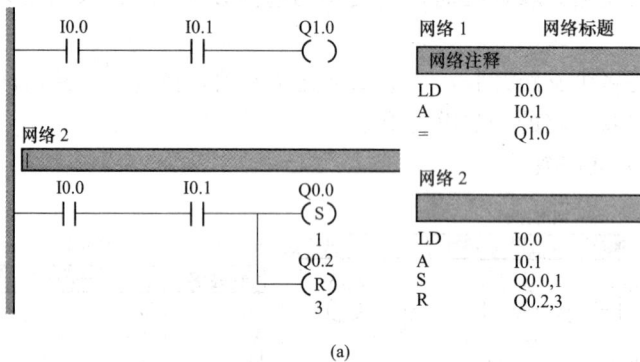

(a)

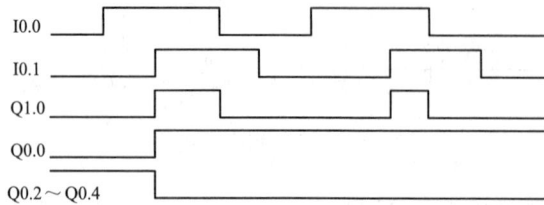

(b)

图 8.10　置位和复位指令应用程序及其对应的时序图
(a) 置位和复位指令应用程序；(b) 时序图

使用说明：

（1）置位即置 1，复位即置 0。置位和复位指令可以将位存储区的某一位开始的一个或多个（最多可达 255 个）同类存储器位置 1 或置 0。

（2）这两条指令在使用时需指明三点：操作性质、开始位和位的数量。

（3）使用复位指令时，如果是对定时器 T 位或计数器 C 位进行复位，则定时器位或计数器位被复位，同时，定时器或计数器的当前值被清零。

编程小站：PLC 控制程序编程设计非常灵活，例如电动机单向启动、停止控制，除了前面介绍过的程序，还可以采用 R/S 指令编程实现，其 PLC 外部接线图与图 8.6 相同，其程序及时序分析如图 8.11 所示。

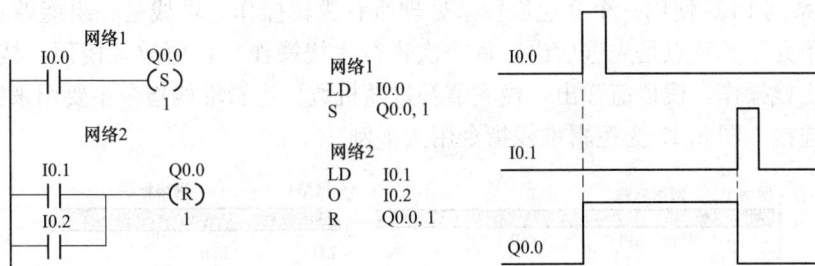

图 8.11　电动机单向启动、停止控制的 R/S 指令程序

7. 立即指令 I

立即指令是为了提高 PLC 对输入/输出的响应速度而设置的，它不受 PLC 循环扫描工作方式的影响，允许对输入/输出点进行快速直接存取，如图 8.12 所示。立即指令的名称和类型如下：

（1）立即触点指令（立即取 LDI、取反 LDNI、或 OI、或反 ONI、与 AI、与反 ANI）。在每个标准触点指令的后面加"I"。指令执行时，立即读取物理输入点的值，但是不刷新对应映像寄存器的值。注意：立即触点指令只能用于 I。

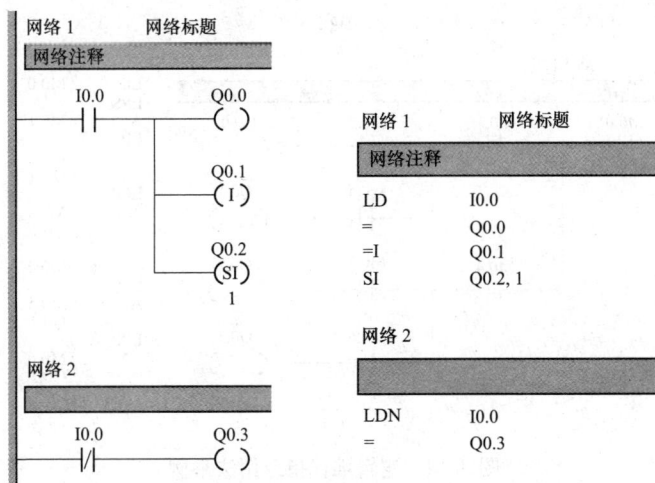

图 8.12　立即指令的用法举例

（2）立即输出指令（=I）。用立即指令访问输出点时，把栈顶值立即复制到指令所指出的物理输出点，同时，相应的输出映像寄存器的内容也被刷新。注意：立即输出指令只能用于 Q。

（3）立即置位指令（SI）。用立即置位指令访问输出点时，从指令所指出的位（bit）开

始的 N 个（最多为 128 个）物理输出点被立即置位，同时，相应的输出映像寄存器的内容也被刷新。

（4）立即复位指令（RI）。用立即复位指令访问输出点时，从指令所指出的位（bit）开始的 N 个（最多为 128 个）物理输出点被立即复位，同时，相应的输出映像寄存器的内容也被刷新。

8. 逻辑堆栈操作指令

S7-200 系列 PLC 使用一个 9 层堆栈来处理所有逻辑操作。堆栈是一组能够存储和取出数据的暂存单元，其特点是先进后出。每一次进行入栈操作，新值放入栈顶，栈底值丢失；每一次进行出栈操作，栈顶值弹出，栈底值补进随机数。逻辑堆栈指令主要用来完成对触点进行的复杂连接。图 8.13 为逻辑堆栈指令用法举例。

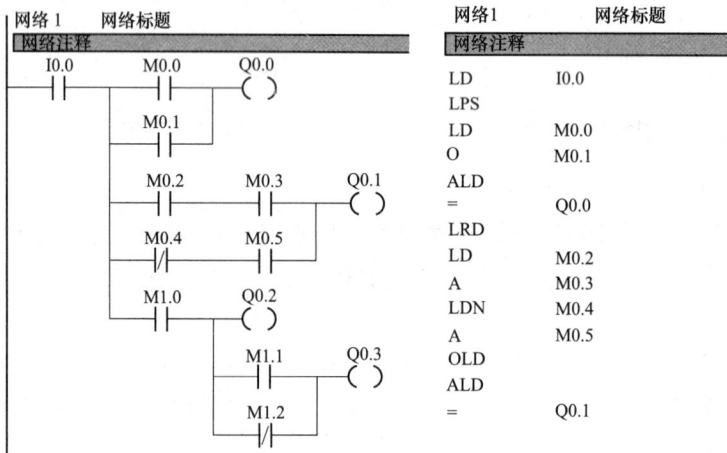

(a)

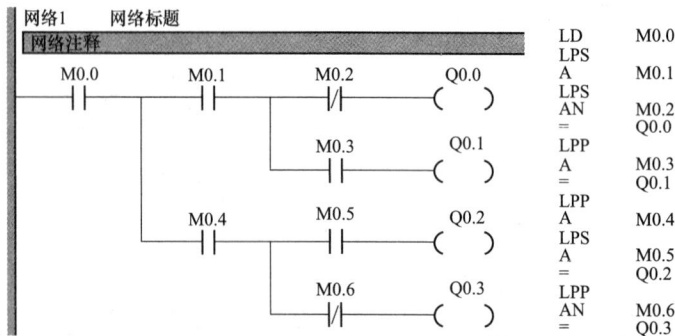

(b)

图 8.13　逻辑堆栈指令用法举例

（a）1 层栈；（b）栈的嵌套

栈操作指令包括 LPS、LRD、LPP 指令。

（1）LPS：逻辑推入栈指令（分支或主控指令）。在梯形图中的分支结构中，用于生成一条新的母线，左侧为主控逻辑块，完整的从逻辑块从此处开始。

注意：使用 LPS 指令时，本指令为分支的开始，以后必须有分支结束指令 LPP。即

LPS 与 LPP 指令必须成对出现。

（2）LPP：逻辑弹出栈指令（分支结束或主控复位指令）。在梯形图中的分支结构中，用于将 LPS 指令生成一条新的母线进行恢复。

注意：使用 LPP 指令时，必须出现在 LPS 的后面，与 LPS 成对出现。

（3）LRD：逻辑读栈指令。在梯形图中的分支结构中，当左侧为主控逻辑块时，开始第二个后边更多的从逻辑块的编程。

使用说明：

（1）由于受堆栈空间的限制（9 层），LPS、LPP 指令连续使用时应少于 9 次。

（2）LPS 和 LPP 指令必须成对使用，它们之间可以使用 LRD 命令。

（3）LPS、LRD、LPP 指令无操作数。

9. 边沿触发脉冲生成指令和取非操作指令

脉冲生成指令为 EU（Edge Up）、ED（Edge Down），取非指令 NOT。表 8.2 为脉冲生成和取非操作指令使用说明，图 8.14 为脉冲生成指令与取非操作指令用法举例。

表 8.2　　　　　　　　　　　脉冲生成及取非指令使用说明

指令名称	LAD	STL	指令功能	寻址范围
上升沿脉冲（Edge Up）	—| P |—	EU	在检测信号的上升沿产生一个扫描周期宽度的脉冲	无操作数
下降沿脉冲（Edge Down）	—| N |—	ED	在检测信号的下降沿产生一个扫描周期宽度的脉冲	
取非指令	—| NOT |—	NOT	将该触点左侧的逻辑运算结果取反	

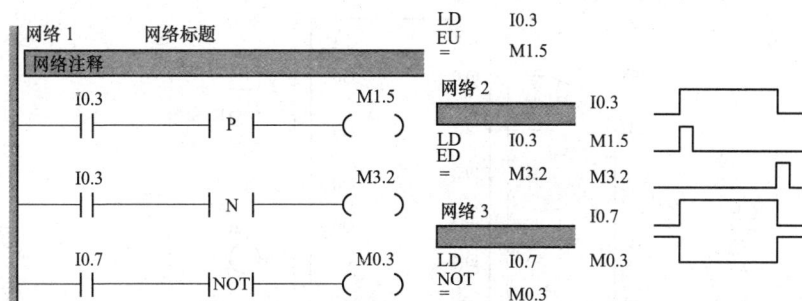

图 8.14　脉冲生成指令与取非操作指令用法举例

EU 指令对其之前的逻辑运算结果的上升沿产生一个宽度为一个扫描周期的脉冲，如图 8.14 中的 M1.5；ED 指令对其逻辑运算结果的下降沿产生一个宽度为一个扫描周期的脉冲，如图 8.14 中的 M3.2。脉冲指令常用于启动及关断条件的判定以及配合功能指令完成一些逻辑控制任务。

编程小站：如图 8.15 所示，是一个按钮控制两台电动机依次顺序启动的控制电路，控制过程为：按下按钮 SB1，第一台电动机 M1 启动，松开按钮 SB1，第二台电动机 M2 启动，这样可使两台电动机分开启动，从而防止两台电动机同时启动造成对电网的不良影响。按停止按钮 SB2，两台电动机都停止。现在要求用 PLC 实现其控制。

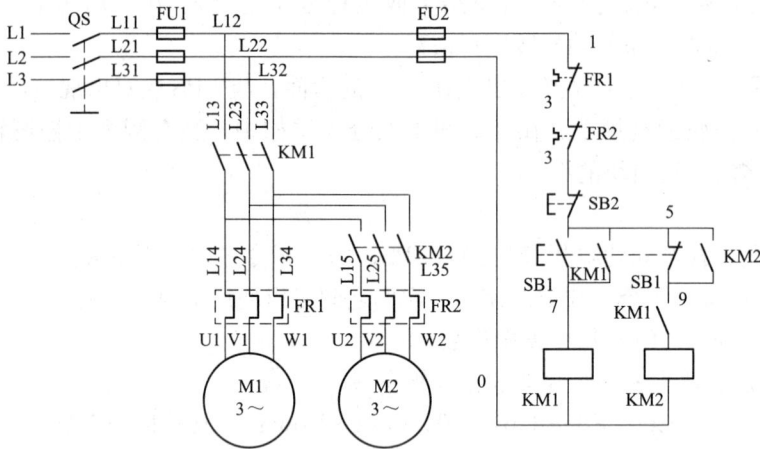

图 8.15   一个按钮控制两台电动机依次顺序启动的控制电路原理图

可以使用"转换法"来编写梯形图程序，表 8.3 为 I/O 端口分配表，图 8.16 所示为 PLC 控制接线图，图 8.17 所示为使用"转换法"得到的梯形图程序。

表 8.3   一个按钮控制两台电动机依次顺序启动的 I/O 端口分配

输 入 信 号			输 出 信 号		
PLC 地址	电气符号	功能说明	PLC 地址	电气符号	功能说明
I0.0	SB1	启动按钮，动合触点	Q0.0	KM1	电动机 M1 接触器线圈
I0.1	SB2	停止按钮，动合触点	Q0.1	KM2	电动机 M2 接触器线圈

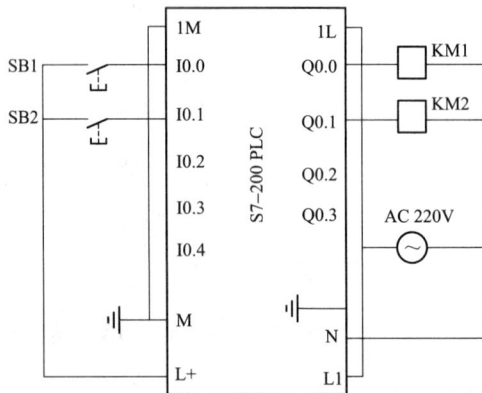

图 8.16   一个按钮控制两台电动机依次顺序启动的 PLC 外部接线图

这个例子还可以借助内部标志位存储区 M（辅助继电器），使用边沿触发脉冲生成指令编写梯形图程序，如图 8.18 所示。

10. 定时器指令

按照工作方式分类，定时器可分成接通延时型定时器 TON、断开延时型定时器 TOF、

网络1　网络标题
一个按钮控制两台电动机的依次顺序启动

I0.1　　I0.0　　　　Q0.0

Q0.0

I0.0　　Q0.0　　　　Q0.1

Q0.1

网络1　网络标题
一个按钮控制两台电动机的依次顺序启动

```
LDN     I0.1
LPS
LD      I0.0
O       Q0.0
ALD
=       Q0.0
LPP
LDN     I0.0
O       Q0.1
ALD
A       Q0.0
=       Q0.1
```

(a)

程序注释
网络1　网络标题
第一台电动机启动

I0.0　　I0.1　　　Q0.0

Q0.0

网络2

I0.0　　I0.1　　Q0.0　　Q0.1

Q0.1

程序注释

网络1　网络标题

第一台电动机启动

```
LD      I0.0
O       Q0.0
AN      I0.1
=       Q0.0
```

网络2

第二台电动机启动

```
LDN     I0.0
O       Q0.1
AN      I0.1
A       Q0.0
=       Q0.1
```

(b)

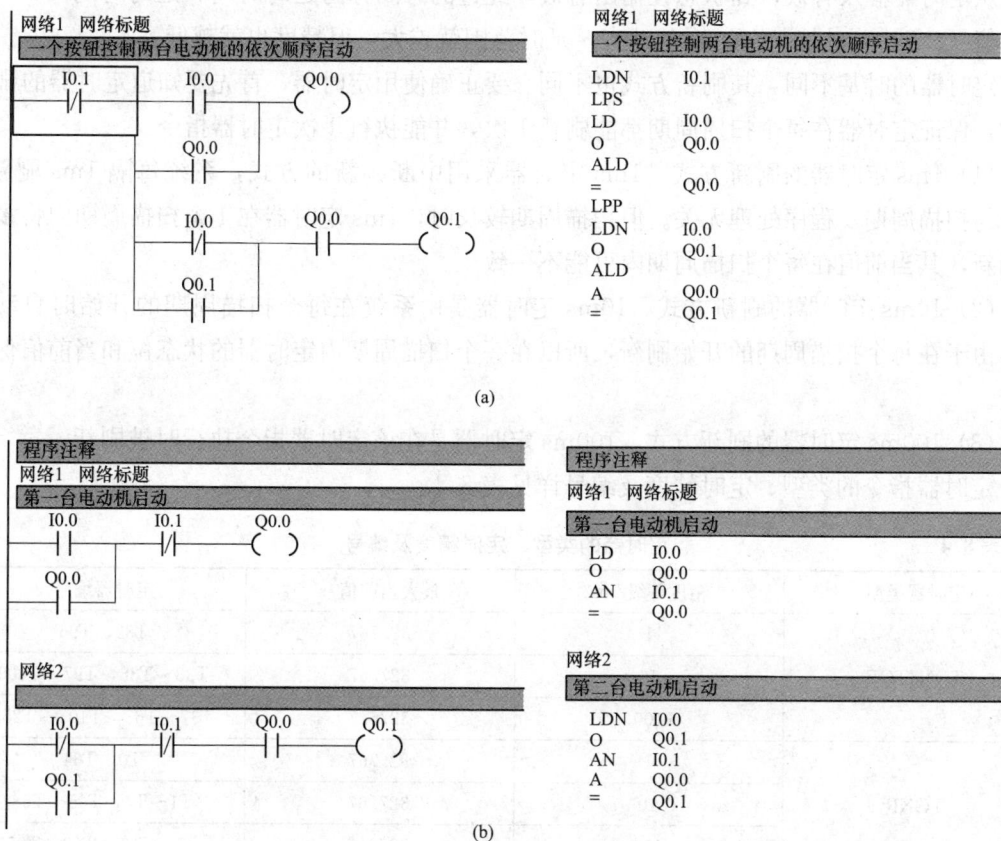

图 8.17　"转换法"得到的梯形图程序
(a) 直接转换的梯形图程序及语句表指令；(b) 整理后的梯形图程序及语句表指令

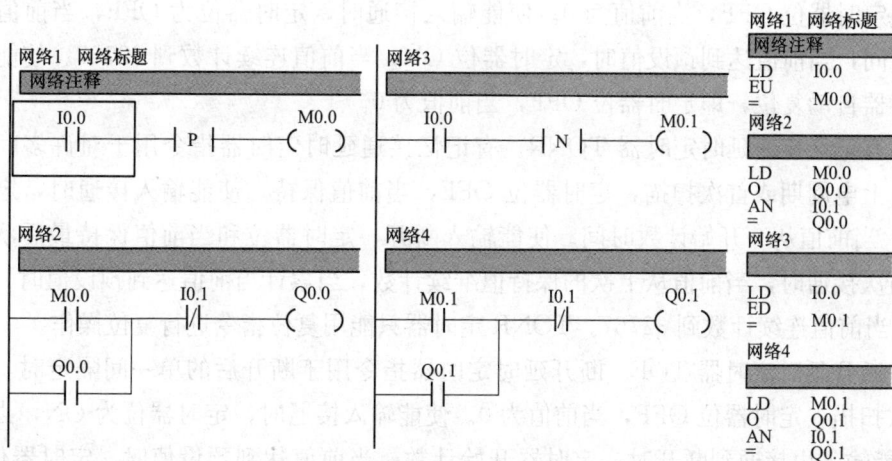

网络1　网络标题
网络注释

I0.0　　　P　　M0.0

网络3

I0.0　　　N　　M0.1

网络2

M0.0　　I0.1　　　Q0.0

Q0.0

网络4

M0.1　　I0.1　　　Q0.1

Q0.1

网络1　网络标题
网络注释

```
LD      I0.0
EU
=       M0.0
```

网络2

```
LD      M0.0
O       Q0.0
AN      I0.1
=       Q0.0
```

网络3

```
LD      I0.0
ED
=       M0.1
```

网络4

```
LD      M0.1
O       Q0.1
AN      I0.1
=       Q0.1
```

图 8.18　一个按钮控制两台电动机依次顺序启动的 PLC 参考程序

有记忆接通延时型定时器 TONR 3 种。

从定时器输入有效，到状态位输出有效，经过的时间称为延时时间。延时时间（T）＝设定值（PT）×时基（S），时基越大，延时范围就越大，但精度也就越低。

定时器的时基不同，其刷新方式也不同。要正确使用定时器，首先要知道定时器的刷新方式，保证定时器在每个扫描周期都能刷新 1 次，并能执行 1 次定时器指令。

（1）1ms 定时器的刷新方式。1ms 定时器采用中断刷新的方式，系统每隔 1ms 刷新 1 次，与扫描周期及程序处理无关。但扫描周期较长时，1ms 定时器在 1 个扫描周期内将多次被刷新，其当前值在每个扫描周期内可能不一致。

（2）10ms 定时器的刷新方式。10ms 定时器是由系统在每个扫描周期的开始时自动刷新。由于在每个扫描周期的开始刷新，所以在一个扫描周期内定时器的状态位和当前值保持不变。

（3）100ms 定时器的刷新方式。100ms 定时器是在该定时器指令执行时被刷新。

定时器指令的类型、定时精度及编号详见表 8.4。

表 8.4　　　　　　　　　　　定时器的类型、定时精度及编号

定时器类型	精度等级/ms	最大当前值/s	定时器编号
TON/TOF	1	32.767	T32，T96
	10	327.67	T33～T36，T97～T100
	100	3276.7	T37～T63，T101～T255
TONR	1	32.767	T0，T64
	10	327.67	T1～T4，T65～T68
	100	3276.7	T5～T31，T69～T95

定时器指令使用说明：

（1）接通延时定时器 TON。接通延时定时器指令用于单一间隔的定时。上电周期或首次扫描，定时器位 OFF，当前值为 0。使能输入接通时，定时器位为 OFF，当前值从 0 开始计数时间，当前值达到预设值时，定时器位 ON，当前值连续计数到 32767。使能输入断开，定时器自动复位，即定时器位 OFF，当前值为 0。

（2）有记忆接通延时定时器 TONR。有记忆接通延时定时器指令用于对许多间隔的累计定时。上电周期或首次扫描，定时器位 OFF，当前值保持。使能输入接通时，定时器位为 OFF，当前值从 0 开始计数时间。使能输入断开，定时器位和当前值保持最后状态。使能输入再次接通时，当前值从上次的保持值继续计数，当累计当前值达到预设值时，定时器位 ON，当前值连续计数到 32767。TONR 定时器只能用复位指令进行复位操作。

（3）断开延时定时器 TOF。断开延时定时器指令用于断开后的单一间隔定时。上电周期或首次扫描，定时器位 OFF，当前值为 0。使能输入接通时，定时器位为 ON，当前值为 0。当使能输入由接通到断开时，定时器开始计数，当前值达到预设值时，定时器位 OFF，当前值等于预设值，停止计数，当前值保持不变。TOF 复位后，如果使能输入再有从 ON 到 OFF 的负跳变，则可实现再次启动。

定时器指令应用举例见图 8.19。

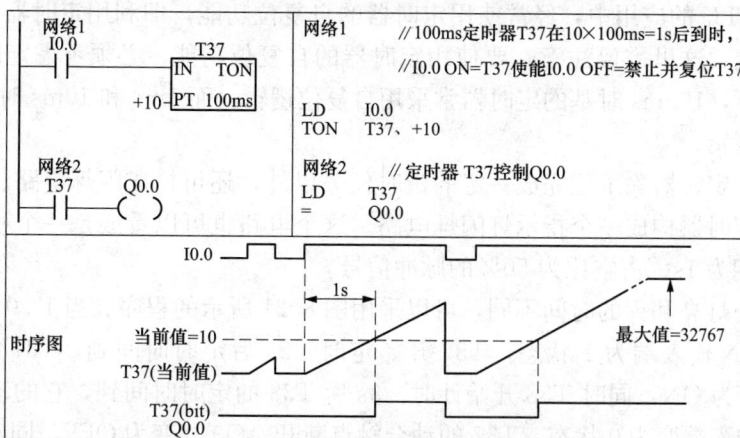

(a)

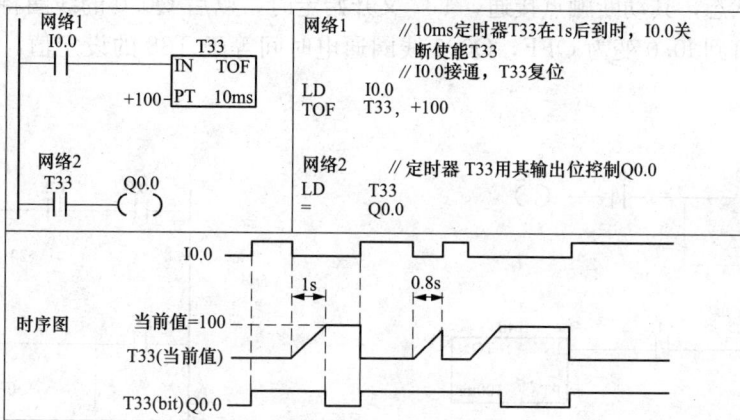

(b)

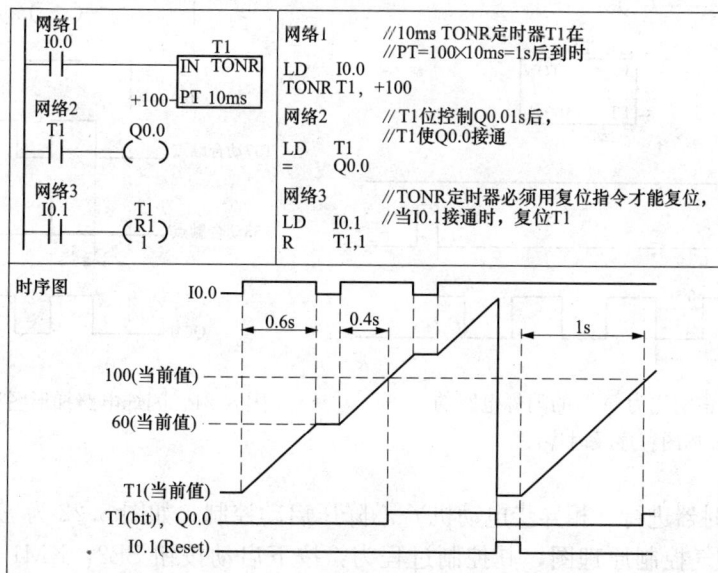

(c)

图 8.19　定时器指令应用举例

（a）TON 指令应用程序举例；（b）TOF 指令应用程序举例；（c）TONR 指令应用程序举例

注意：在 PLC 的应用中，经常使用定时器的自复位功能，即利用定时器自己的动断触点使定时器复位。这里需要注意，要使用定时器的自复位功能，必须考虑定时器的刷新方式。一般情况下，100ms 时基的定时器常采用自复位逻辑，而 1ms 和 10ms 时基的定时器不可采用自复位逻辑。

编程小站：定时器除了能完成一定的延时任务以外，还可构成闪烁电路。如图 8.20 所示，使用两个定时器构成一个指示灯闪烁电路。这个电路也可以看成是一个秒脉冲生成器，它可以产生周期为 1s、占空比为 50% 的脉冲信号。

如果需要小灯亮和灭的时间不同，可以采用图 8.21 所示的程序。当 I0.0 的动合触点接通后，T37 的 IN 输入端为 1 状态，T37 开始定时。2s 后定时时间到，T37 的动合触点接通，使 Q0.0 变为 ON，同时 T38 开始计时。3s 后 T38 的定时时间到，它的动断触点断开，使 T37 的 IN 输入端变为 0 状态，T37 的动合触点断开，Q0.0 变为 OFF，同时使 T38 的 IN 输入端变为 0 状态，其动断触点接通，T37 又开始定时，以后 Q0.0 的线圈将这样周期性地通电和断电，直到 I0.0 变为 OFF，Q0.0 线圈通电时间等于 T38 的设定值，断电时间等于 T37 的设定值。

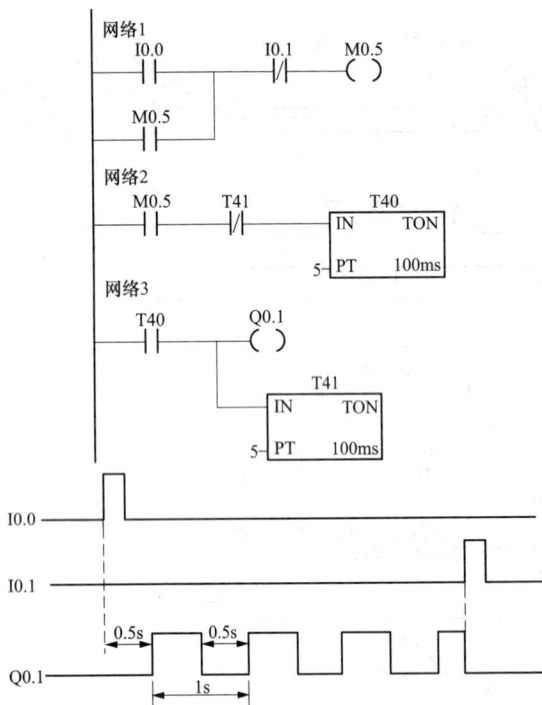

图 8.20　占空比为 50% 的闪烁电路的
梯形图程序及时序图

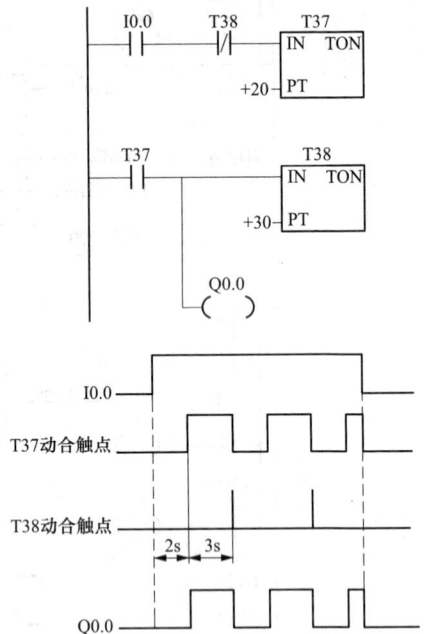

图 8.21　闪烁电路梯形图程序及时序图

接下来用定时器进行三相异步电动机丫-△降压启动控制，如图 8.22 为三相异步电动机丫/△降压启动电气控制原理图，其控制过程为：按下启动按钮 SB2，KM1 和 KM3 吸合，电动机丫起动，8s 后，KM3 断开，KM2 吸合，电动机△运行，启动完成；按下停止按钮 SB1，接触器全部断开，电动机停止运行；如果电动机超负荷运行，热继电器 FR 断开，电动机停止运行。

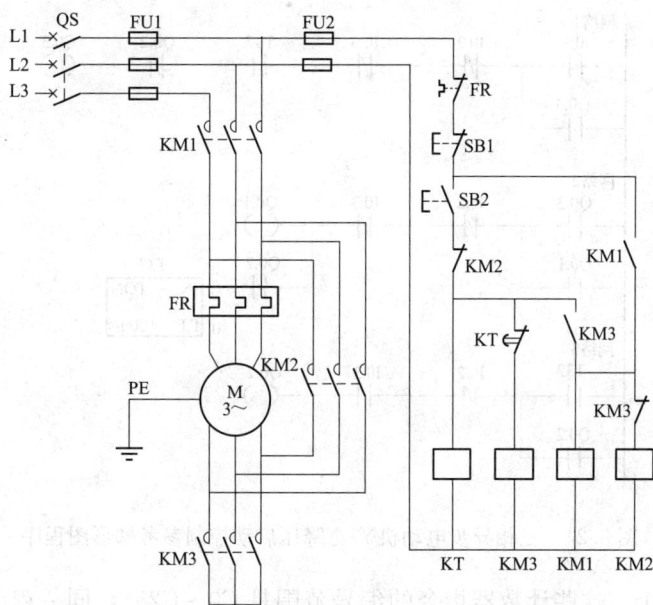

图 8.22   三相异步电动机丫-△降压启动电气控制原理图

用 PLC 实现其控制，需要先分配 I/O 端口，如表 8.5 所示。

表 8.5 三相异步电动机丫-△降压启动控制 I/O 端口分配表

输 入 信 号			输 出 信 号		
PLC 地址	电气符号	功能说明	PLC 地址	电气符号	功能说明
I0.1	SB2	启动按钮，动合触点	Q0.1	KM1	接触器线圈
I0.2	SB1	停止按钮，动合触点	Q0.2	KM2	△接法接触器线圈
I0.3	FR	热继电器，动合触点	Q0.3	KM3	丫接法接触器线圈

PLC 控制系统外部接线图可参考图 8.23。

根据控制要求，可以采用"启-保-停"方法编写程序，参考梯形图程序如图 8.24 所示。这里需要注意的是，有些初学者在分配 I/O 端口的时候把定时器也算在其中，PLC 中的定时器不同于传统继电器控制系统中的时间继电器，并不存在实际意义的线圈。在 PLC 所有的编程软元件中，只有输入、输出继电器与外部电路相联，它们的数量也最有限，所以要分配 I/O 端口。

11. 计数器指令

计数器用来累计输入脉冲的次数，在实际应用中用来对产品进行计数或完成复杂的逻辑控制

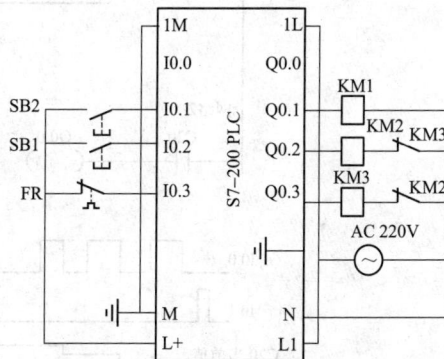

图 8.23   三相异步电动机丫-△降压启动 PLC 控制系统外部接线图

任务。S7-200PLC 的普通计数器有 3 种：递增计数器 CTU、递减计数器 CTD 和增减计数器

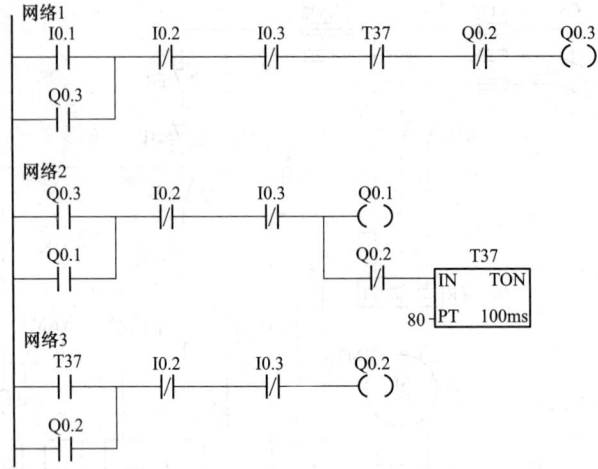

图 8.24　三相异步电动机丫-△降压启动控制参考梯形图程序

CTUD，共计 256 个。这些计数器指令的编号范围是 C0～C255，同一程序中每个计数器编号只能使用一次。

计数器指令使用说明：

（1）增计数器 CTU。首次扫描，计数器位 OFF，当前值为 0。脉冲输入 CU 的每个上升沿，计数器计数 1 次，当前值增加 1 个单位，当前值达到预设值时，计数器位 ON，当前值继续计数到 32767 停止计数。复位输入（R）有效或执行复位指令，计数器自动复位，即计数器位 OFF，当前值为 0。图 8.25 所示为增计数器程序举例。

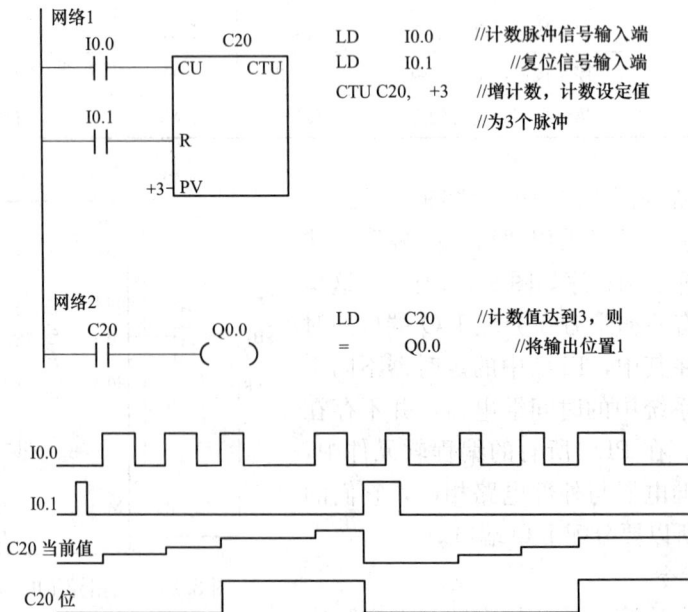

图 8.25　增计数器程序举例

（2）增减计数器 CTUD。增减计数器指令有两个脉冲输入端：CU 输入端用于递增计数，CD 输入端用于递减计数。执行增/减计数指令时，只要当前值不小于设定值（PV）时，计数状态置位 1，否则置 0。复位输入有效或执行复位指令时，计数器自动复位且当前值清零。达到当前值最大值 32767 后，下一个 CU 输入上升沿将使计数值变为最小值（−32768）。同样，达到最小值（−32768）后，下一个 CD 输入上升沿将使计数值变为最大值 32767。图 8.26 所示为增减计数器程序举例。

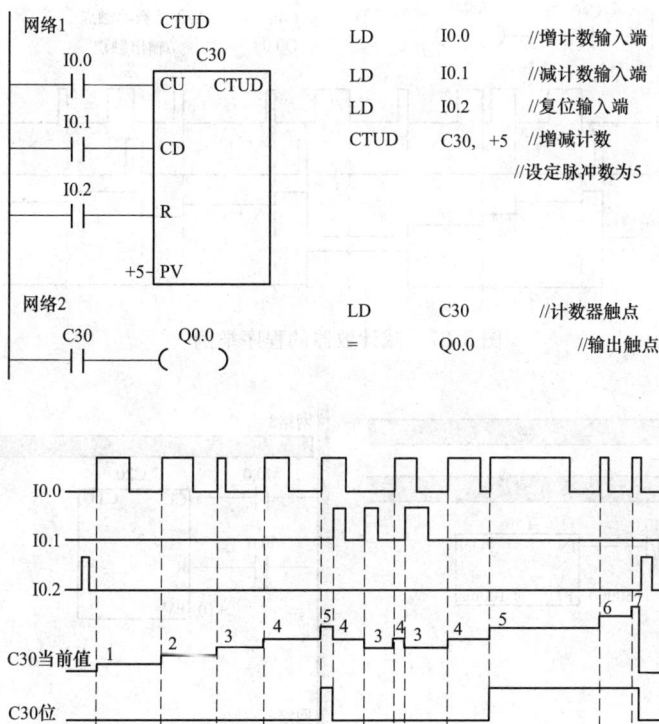

图 8.26 增减计数器程序举例

（3）减计数器 CTD。脉冲输入端 CD 用于递减计数。首次扫描，计数器位 OFF，当前值为预设值 PV。计数器检测到 CD 输入的每个上升沿时，计数器当前值减小 1 个单位，当前值减到 0 时，计数器位 ON。复位输入有效或执行复位指令，计数器自动复位，即计数器位 OFF，当前值复位为预设值，而不是 0。图 8.27 所示为减计数器的程序举例。

编程小站：有时为了增加延时时间，可以用计数器和定时器配合编程，如图 8.28 所示。读者可自行分析该程序中的实际延时。

计数器还可以与边沿脉冲指令一起构成二分频电路，二分频电路也叫单按钮电路，可以节省一个输入点，如图 8.29 所示。计数器的复位采用输出断开信号，在第一个输入脉冲到来后的第一次扫描，Q0.0 为 ON，计数器计一次数，第二次扫描，Q0.0 自锁；第二个输入脉冲到来后的第一次扫描，计数器第二次计数，第二次扫描，Q0.0 断开，同时计数器复位。

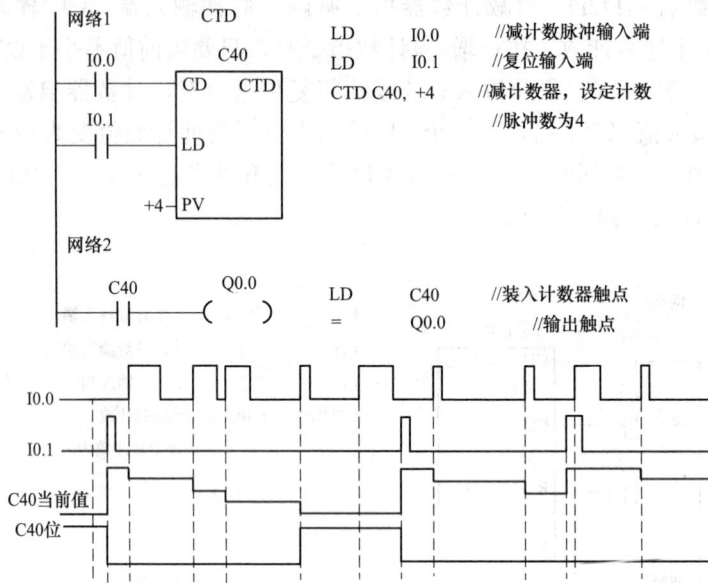

图 8.27　减计数器的程序举例

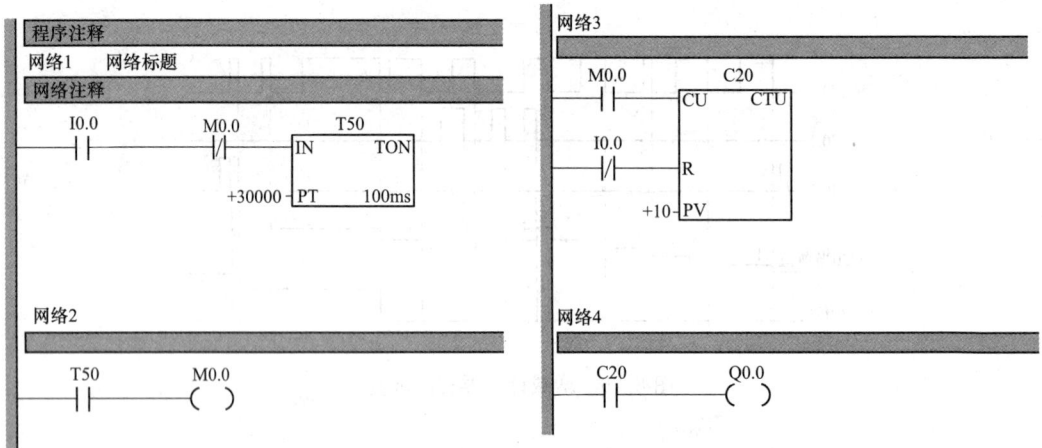

图 8.28　计数器和定时器配合增加延时时间程序

任务（一）单台电动机双重互锁正反转 PLC 控制系统设计、安装与调试

一、任务要求

图 8.30 所示为前面项目中介绍的三相异步电动机正反转电气控制电路原理图，其控制过程为：按下正转启动按钮 SB1，电动机 M 正向启动且连续运转；按下反转启动按钮 SB2，电动机 M 反向启动且连续运转。其中按钮 SB1、SB2 和接触器 KM1、KM2 的动断触点分别串接在对方接触器线圈回路中，当接触器 KM1 通电闭合时，接触器 KM2 不能通电闭合，当接触器 KM2 通电闭合时，接触器 KM1 不能通电闭合，具备互锁功能。现在要求用 PLC 实现其控制。

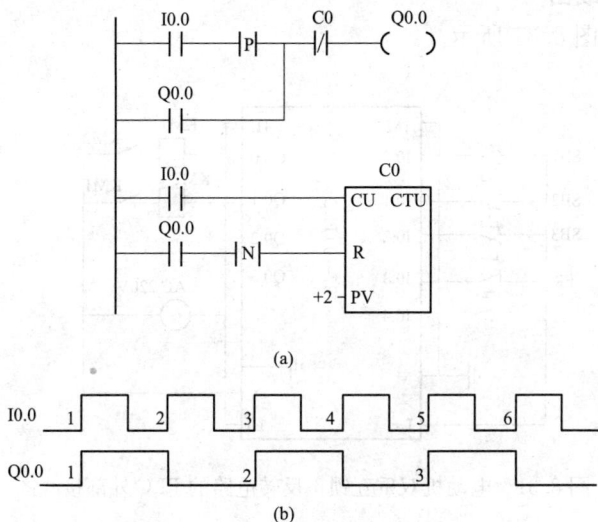

图 8.29 二分频电路程序及时序图

(a) 二分频电路程序；(b) 二分频电路时序图

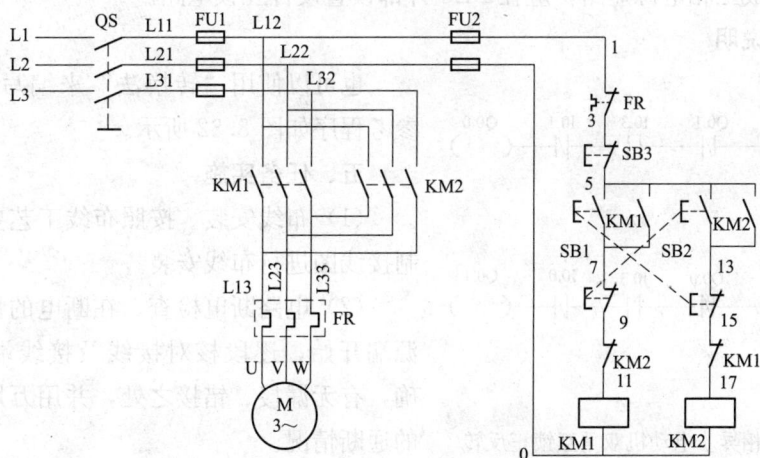

图 8.30 三相异步电动机双重互锁正反转电气控制电路原理图

二、I/O 端口分配

I/O 端口分配如表 8.6 所示。

表 8.6   三相异步电动机双重互锁正反转控制系统 I/O 端口分配

输 入 信 号			输 出 信 号		
PLC 地址	电气符号	功 能 说 明	PLC 地址	电气符号	功 能 说 明
I0.0	SB1	正转启动按钮，动合触点	Q0.0	KM1	正转接触器线圈
I0.1	SB2	反转启动按钮，动合触点	Q0.1	KM2	反转接触器线圈
I0.2	SB3	停止按钮，动合触点			
I0.3	KR	热继电器动断触点			

三、PLC 控制接线图

PLC 外部接线如图 8.31 所示。

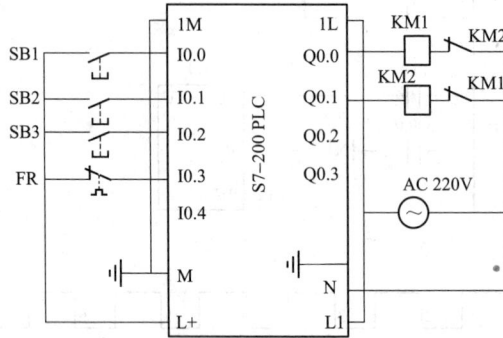

图 8.31　电动机双重互锁正反转电路的 PLC 外部接线图

注意：PLC 的继电器输出模块和双向晶闸管输出模块一般只能驱动额定电压为交流 220V 的负载，因此交流接触器的线圈应选用 220V 产品。为了防止控制正反转的两个接触器同时动作造成三相电源短路，应在 PLC 外部设置硬件互锁电路。

四、程序说明

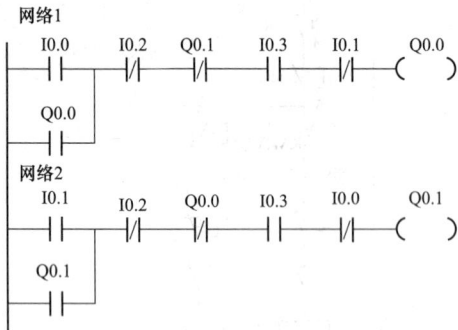

图 8.32　三相异步电动机双重互锁正反转控制电路的 PLC 控制梯形图程序

也可以使用"转换法"来编写梯形图程序，参考程序如图 8.32 所示。

五、任务实施

（1）布线安装。按照布线工艺要求，根据控制接线图进行布线安装。

（2）电路断电检查。在断电的情况下，从电源端开始，逐段核对接线及接线端子处是否正确，有无漏接、错接之处，并用万用表检查电路的通断情况。

（3）在 STEP 7-Micro/WIN 编程软件中输入程序。

（4）在遵守安全规程的前提及指导教师现场监护下，通电试车。

任务（二）　运料小车循环工作的 PLC 控制系统设计、安装与调试

一、任务要求

图 8.33 所示为一运料小车循环工作运行过程示意图，小车原位在后退终端，当小车压下后限位开关 SQ1 时，按下启动按钮 SB，小车前进，当运行至料斗下方时，前限位开关 SQ2 动作，此时打开料斗给小车加料，延时 7s 后关闭料斗，小车后退返回，SQ1 动作时，打开小车底门卸料，5s 后结束，完成一次动作。如此循环 4 次后系统停止。现在要求用

PLC 实现其控制。

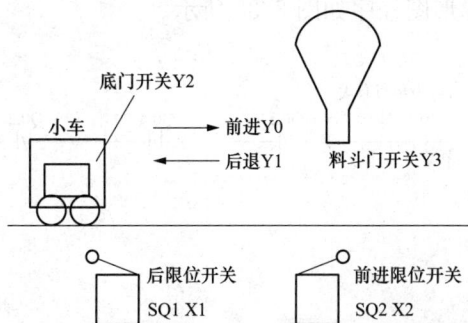

图 8.33　运料小车循环工作运行过程示意图

二、I/O 端口分配

I/O 端口分配如表 8.7 所示。

表 8.7　　　　　　　　运料小车循环工作控制系统的 I/O 端口分配表

输 入 信 号			输 出 信 号		
PLC 地址	电气符号	功能说明	PLC 地址	电气符号	功能说明
I0.0	SQ1	左限位行程开关，动合触点	Q0.1	KM1	小车右行控制接触器
I0.1	SQ2	右限位行程开关，动合触点	Q0.2	KM2	小车左行控制接触器
I0.2	SB	启动按钮，动合触点	Q0.3	YV1	漏斗门电磁阀
I0.3	FR	热继电器触点，动断触点	Q0.4	YV2	底门电磁阀

三、PLC 外部接线图

PLC 外部接线如图 8.34 所示。

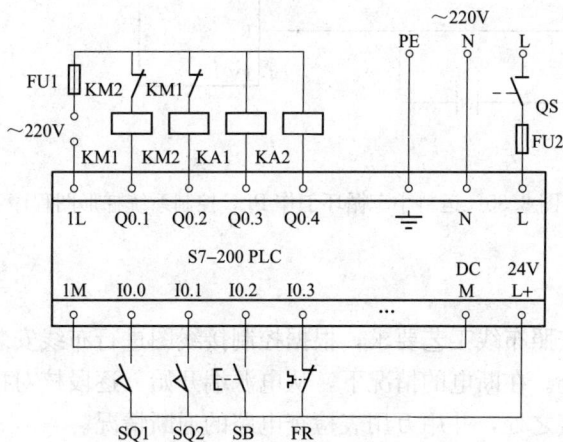

图 8.34　运料小车循环工作的 PLC 外部接线图

四、参考程序

根据控制要求，参考梯形图程序如图 8.35 所示。

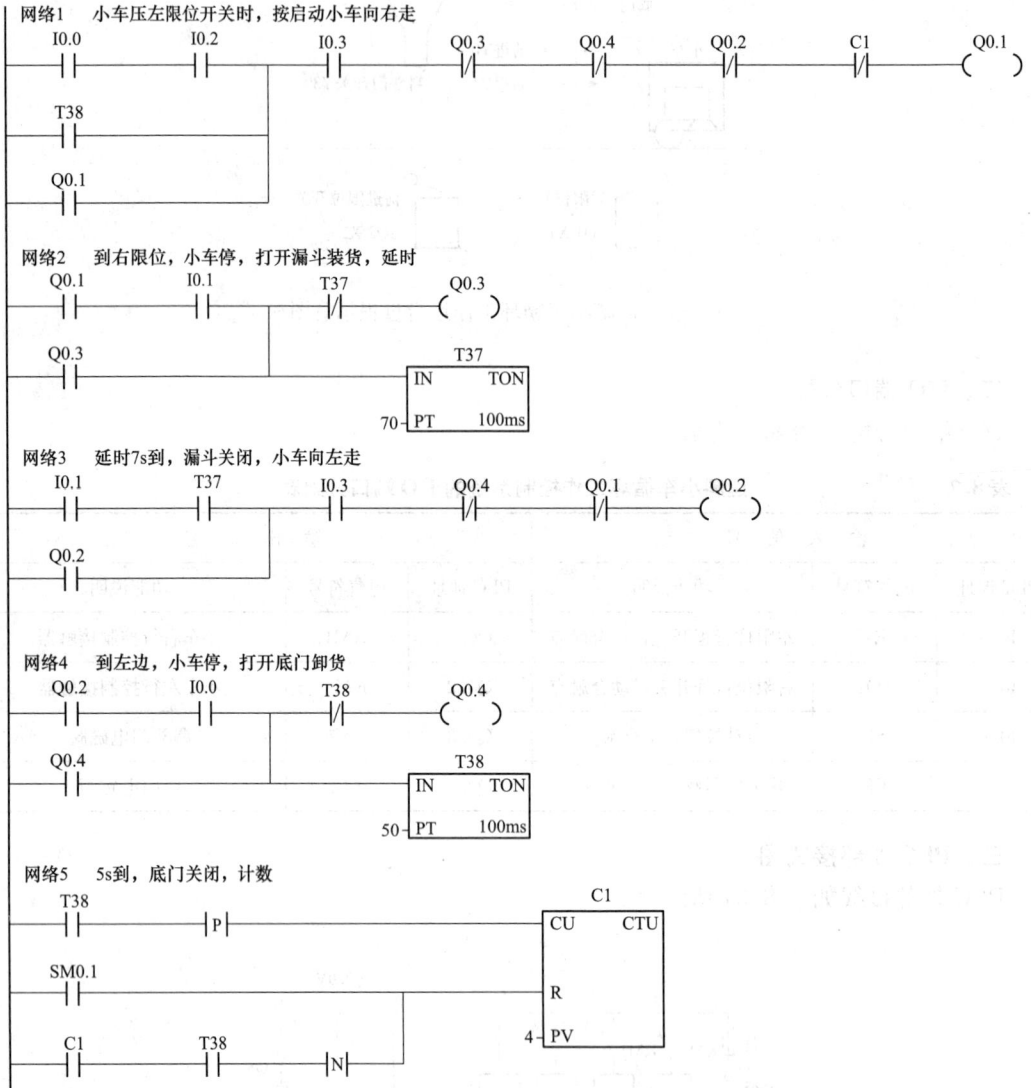

图 8.35　运料小车循环工作 PLC 控制系统梯形图程序

五、任务实施

（1）布线安装。按照布线工艺要求，根据控制接线图进行布线安装。

（2）电路断电检查。在断电的情况下，从电源端开始，逐段核对接线及接线端子处是否正确，有无漏接、错接之处，并用万用表检查电路的通断情况。

（3）在 STEP 7-Micro/WIN 编程软件中输入程序。

（4）在遵守安全规程的前提及指导教师现场监护下，通电试车。

8.2 知识链接——数据处理类功能指令在程序设计中的应用

8.2.1 数据处理指令

1. 数据传送指令

数据传送指令用于在各个编程元件之间进行数据传送。根据每次传送数据的数量，可分为单个数据传送指令和数据块传送指令。

1) 单个数据传送指令。数据传送指令 MOV 用来传送单个的字节、字、双字、实数。指令格式及功能如表 8.8 所示。

表 8.8   单个数据传送指令格式及功能

	字节传送指令	字传送指令	双字传送指令	实数传送指令
LAD	MOV_B —EN ENO— —IN OUT—	MOV_W —EN ENO— —IN OUT—	MOV_DW —EN ENO— —IN OUT—	MOV_R —EN ENO— —IN OUT—
STL	MOVB IN, OUT	MOVW IN, OUT	MOVD IN, OUT	MOVR IN, OUT
操作数	VB、IB、QB、MB、SB、SMB、LB、AC、常量 （常量仅限输入寻址）	VW、IW、QW、MW、SW、SMW、LW、T、C、AC、AIW、常量、AQW （AIW、AQW、常量仅限输入寻址）	VD、ID、QD、MD、SD、SMD、LD、HC、AC、常量 （常量仅限输入寻址）	VD、ID、QD、MD、SD、SMD、LD、AC、常量 （常量仅限输入寻址）
指令功能	使能端 EN（=1）有效时，将一个输入 IN 的字节、字/整数、双字/双整数或实数送到 OUT 指定的存储器输出，传送后存储器 IN 中的内容不变，传送过程中不改变数据的大小			

2) 数据块传送指令。数据块 BLKMOV 传送指令按操作数据的类型可分为字节块传送指令、字块传送指令、双字块传送指令，可以一次进行多个（最多 255 个）数据的传送，传送过程中各存储单元的内容不变。数据块传送指令格式及功能如表 8.9 所示。

表 8.9   数据块传送指令格式及功能

	字节块传送指令	字块传送指令	双字块传送指令
LAD	BLKMOV_B —EN ENO— —IN OUT— —N	BLKMOV_W —EN ENO— —IN OUT— —N	BLKMOV_DW —EN ENO— —IN OUT— —N

续表

		字节块传送指令	字块传送指令	双字块传送指令
	STL	BMB IN, OUT, N	BMW IN, OUT, N	BMD IN, OUT, N
操作数	IN/OUT	VB、IB、QB、MB、SB、SMB、LB	AIW。OUT：VW、IW、QW、MW、SW、SMW、LW、T、C、AQW	VD、ID、QD、MD、SD、SMD、LD
	N	VB、IB、QB、MB、SB、SMB、LB、AC、常量：范围为 0～255		
指令功能		使能端 EN（=1）有效时，把从输入 IN 开始的 N 个字节（字、双字）传送到以输出 OUT 开始的 N 个字节（字、双字）中，传送后存储器 IN 中的内容不变，传送过程中不改变数据的大小		

2. 字节交换、字节立即读写指令

字节交换指令用来交换输入字 IN 的最高位字节和最低位字节。

字节立即读指令读取实际输入端 IN 给出的 1 个字节的数值，并将结果写入 OUT 所指定的存储单元，但输入映像寄存器未更新。

字节立即写指令从输入 IN 所指定的存储单元中读取 1 个字节的数值并写入（以字节为单位）实际输出 OUT 端的物理输出点，同时刷新对应的输出映像寄存器。

字节交换、字节立即读写指令格式及功能如表 8.10 所示。

表 8.10　　　　字节交换、字节立即读写指令格式及功能

		字节交换指令	字节立即读指令	字节立即写指令
LAD		SWAP / EN ENO / IN	MOV_BIR / EN ENO / IN OUT	MOV_BIW / EN ENO / IN OUT
	STL	SWAP IN	BIR IN, OUT	BIW IN, OUT
操作数	IN/OUT	IN: VW、IW、QW、MW、SW、SMW、T、C、LW、AC 数据类型：字	IN：IB OUT：VB、IB、QB、MB、SB、SMB、LB、AC 数据类型：字节	IN：VB、IB、QB、MB、SB、SMB、LB、AC、常量 OUT：QB 数据类型：字节
指令功能		使能输入 EN 有效时，将输入字 IN 的高字节与低字节交换，结果仍放在 IN 中	使能输入 EN 有效时，读取实际输入端 IN 给出的 1 个字节的数值，并将结果写入 OUT 所指定的存储单元，但输入映像寄存器未更新	使能输入 EN 有效时，从输入 IN 所指定的存储单元中读取 1 个字节的数值并写入实际输出 OUT 端的物理输出点，同时刷新对应的输出映像寄存器

3. 数据移位和循环移位指令

移位指令是比较常用的 PLC 控制指令，分为 3 大类：左、右移位；循环左、右移位；寄存器移位指令。前两种移位指令按操作数的长度可分为字节型、字型、双字型 3 种。

(1) 左、右移位指令。左移位指令 SHL（Shift Left）：当使能端有效时，把输入端（IN）指定的数据左移 N 位，结果存入指定的输出（OUT）单元中，右端移出位补 0。左移位指令按操作数的类型可分为字节左移位指令、字左移位指令、双字左移位指令。右移位指令 SHR（Shift Right）：当使能端有效时，把输入端（IN）指定的数据右移 N 位，结果存入指定的输出（OUT）单元中，左端移出位补 0。右移位指令按操作数的类型可分为字节右移位指令、字右移位指令、双字右移位指令。

左、右移位指令格式及功能如表 8.11 所示，指令用法如图 8.36 所示。

表 8.11　　　　　　　　　　左、右移位指令格式及功能

		字节左移指令	字左移指令	双字左移指令
LAD		SHL_B EN　ENO ????—IN　OUT—???? ????—N	SHL_W EN　ENO ????—IN　OUT—???? ????—N	SHL_DW EN　ENO ????—IN　OUT—???? ????—N
STL		SLB OUT, N	SLW OUT, N	SLD OUT, N
指令功能		使能输入有效时，即 EN＝1 时，把从输入 IN 开始的字节（字、双字）数左移 N 位后，结果输出 OUT 存储单元中，移出位补 0，最后一个移出位保存在溢出标志位存储器 SM1.1 中		
		字节右移指令	字右移指令	双字右移指令
LAD		SHR_B EN　ENO ????—IN　OUT—???? ????—N	SHR_W EN　ENO ????—IN　OUT—???? ????—N	SHR_DW EN　ENO ????—IN　OUT—???? ????—N
STL		SRB OUT, N	SRW OUT, N	SRD OUT, N
指令功能		使能输入有效时，即 EN＝1 时，把从输入 IN 开始的字节（字、双字）数右移 N 位后，结果输到 OUT 存储单元中，移出位补 0，最后一个移出位保存在溢出标志位存储器 SM1.1 中		
操作数	IN	VB、IB、QB、MB、SB、SMB、LB、AC、常量	VW、IW、QW、MW、SW、SMW、LW、T、C、AIW、AC、常量	VD、ID、QD、MD、SD、SMD、LD、HC、AC、常量
	OUT	VB、IB、QB、MB、SB、SMB、LB、AC	VW、IW、QW、MW、SW、SMW、LW、T、C、AC	VD、ID、QD、MD、SD、SMD、LD、AC
	N	VB、IB、QB、MB、SB、SMB、LB、AC、常量		

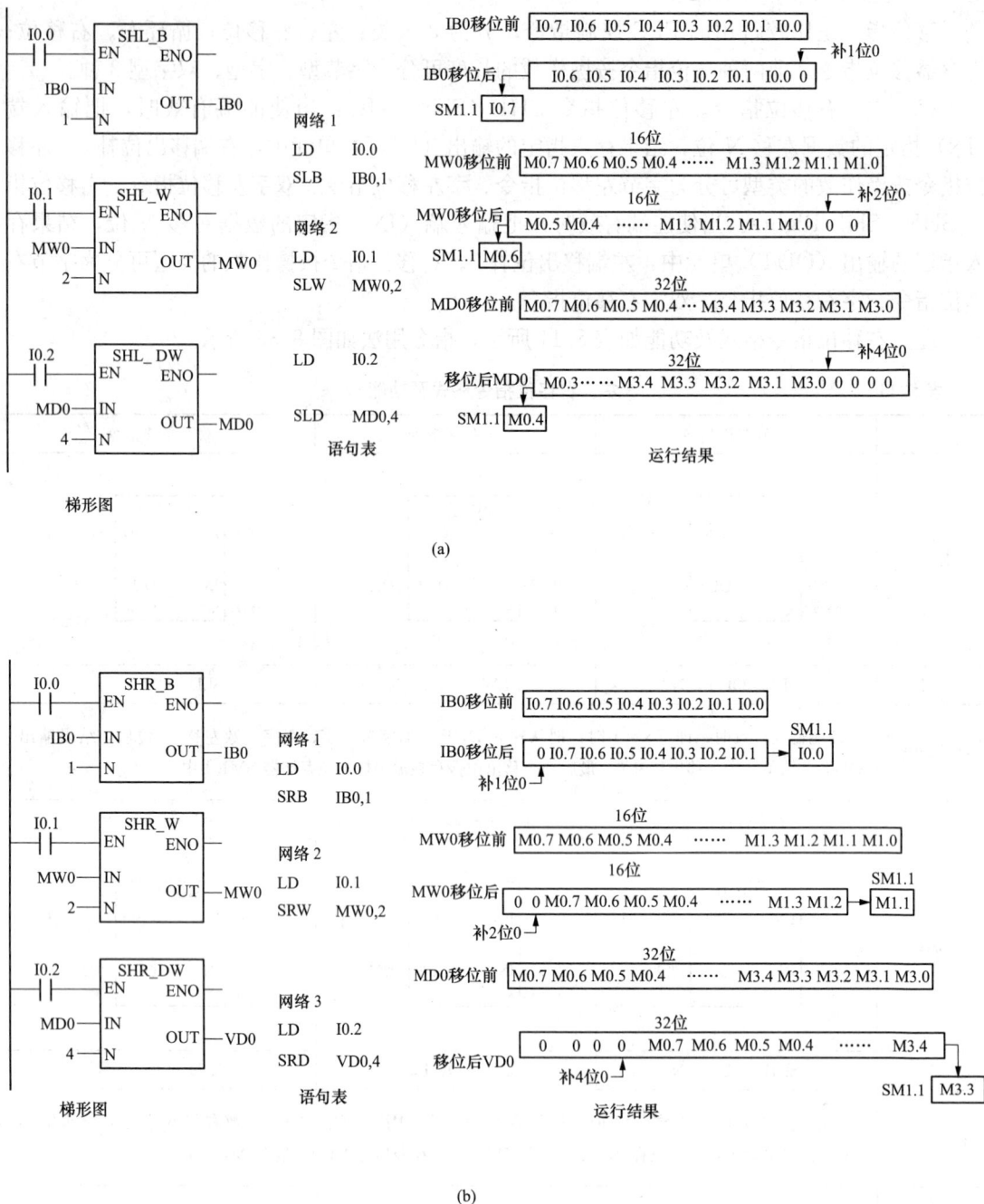

梯形图　　　语句表　　　运行结果

(a)

梯形图　　　语句表　　　运行结果

(b)

图 8.36　左、右移位指令用法

(a) 左移位指令用法；(b) 右移位指令用法

　　(2) 左、右循环移位指令。循环左移位指令（Rotate Left）：把输入端（IN）指定的数据循环左移 N 位，其结果存入指定的输出单元（OUT）中，指令按操作数的类型可分为字节循环左移位指令、字循环左移位指令、双字循环左移位指令。循环右移位指令（Rotate

Right)：把输入端（IN）指定的数据循环右移 N 位，其结果存入指定的输出单元（OUT）中，指令按操作数的类型可分为字节循环右移位指令、字循环右移位指令、双字循环右移位指令。

循环移位指令格式及功能如表 8.12 所示，指令用法如图 8.37 所示。

表 8.12　　　　　　　　　　　左、右循环移位指令格式及功能

	字节循环左移指令	字循环左移指令	双字循环左移指令
LAD	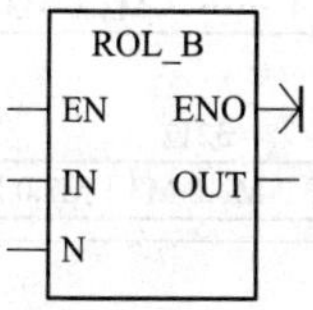 ROL_B EN　ENO IN　OUT N	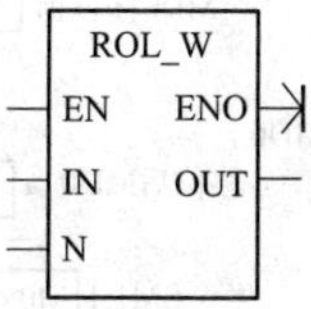 ROL_W EN　ENO IN　OUT N	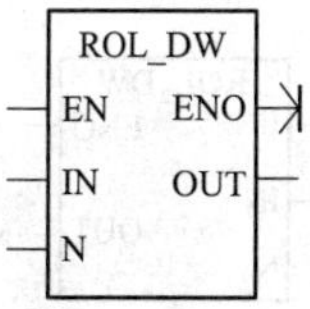 ROL_DW EN　ENO IN　OUT N
STL	RLB　OUT, N	RLW　OUT, N	RLD　OUT, N
指令功能	使能输入有效时，即 EN=1 时，将字节（字、双字）型数输入数据 IN 循环左移 N 位后，结果输出 OUT 存储单元中		
	字节循环右移指令	字循环右移指令	双字循环右移指令
LAD	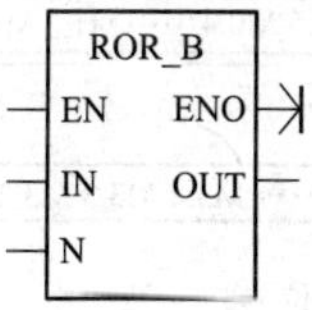 ROR_B EN　ENO IN　OUT N	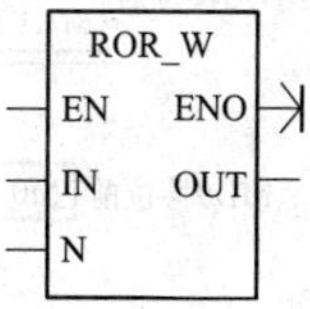 ROR_W EN　ENO IN　OUT N	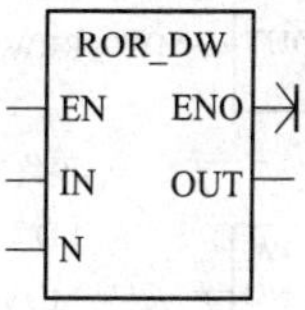 ROR_DW EN　ENO IN　OUT N
STL	RRB　OUT, N	RRW　OUT, N	RRD　OUT, N
指令功能	使能输入有效时，即 EN=1 时，将字节（字、双字）型数输入数据 IN 循环右移 N 位后，结果输出 OUT 存储单元中		
操作数 IN	VB、IB、QB、MB、SB、SMB、LB、AC、常量	VW、IW、QW、MW、SW、SMW、LW、T、C、AIW、AC、常量	VD、ID、QD、MD、SD、SMD、LD、HC、AC、常量
操作数 OUT	VB、IB、QB、MB、SB、SMB、LB、AC	VW、IW、QW、MW、SW、SMW、LW、T、C、AC	VD、ID、QD、MD、SD、SMD、LD、AC
操作数 N	VB、IB、QB、MB、SB、SMB、LB、AC，常量		

（3）寄存器移位指令。寄存器移位指令（Shift Register）是可以指定移位寄存器的长度和移位方向的移位指令。其指令格式及功能如表 8.13 所示。

梯形图　　　　　　语句表　　　　　　运行结果

(a)

梯形图　　　　　　语句表　　　　　　运行结果

(b)

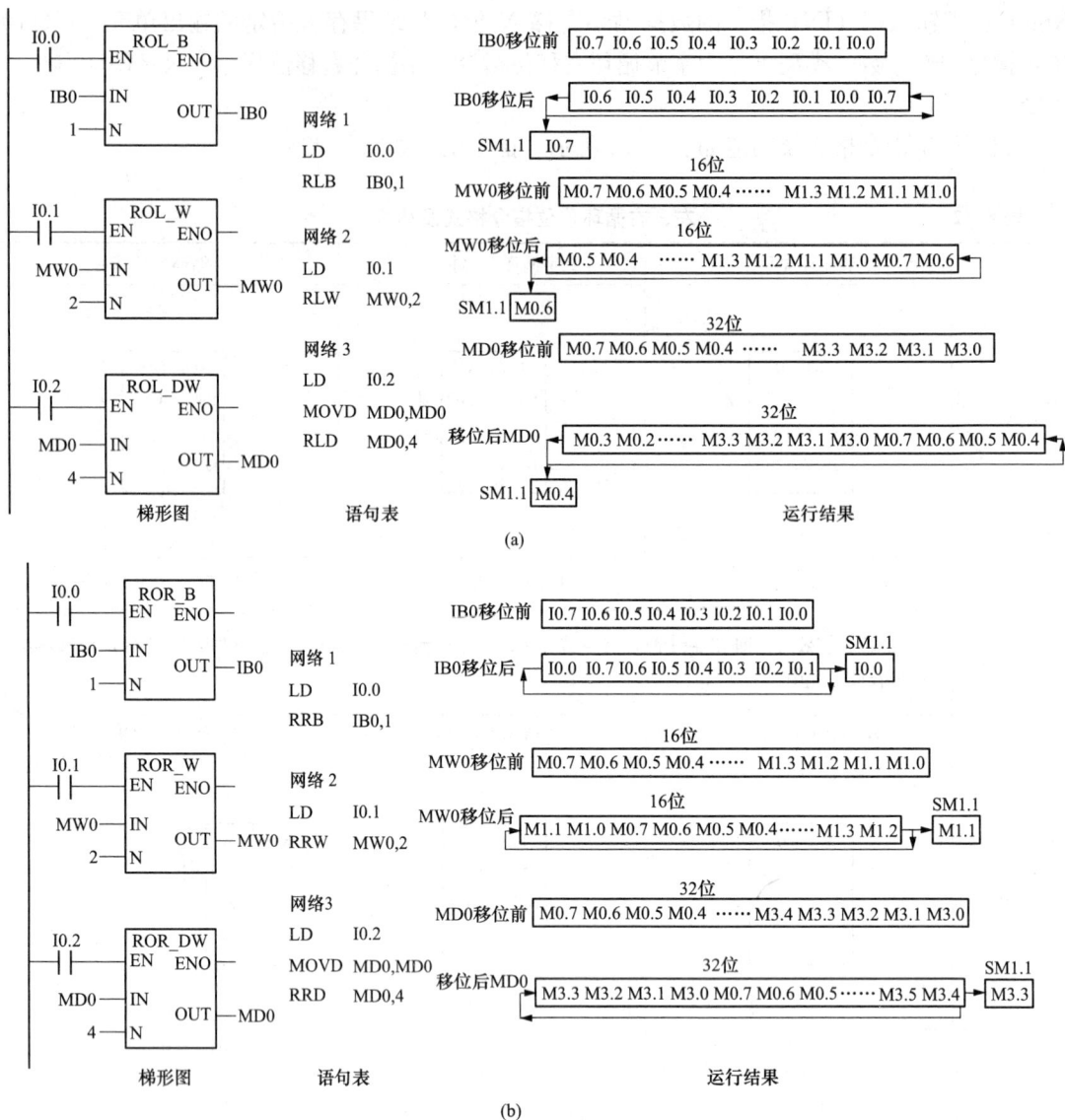

图 8.37　循环左、右移位指令用法

(a) 循环左移位指令用法；(b) 循环右移位指令用法

表 8.13　　　　　　　　　　　　寄存器移位指令格式及功能

LAD	STL	指令盒说明	操作数及数据类型
SHRB EN　ENO ??.?—DATA ??.?—S_BIT ????—N	SHTB DATA, S_BIT, N	DATA：移位寄存器的数据输入端 S_BIT：移位寄存器的最低位 N：指定移位寄存器的长度和方向（$N \leqslant 64$）	DATA 和 S_BIT：I、Q、M、SM、T、C、V、S、L N：VB、IB、QB、MB、SB、SMB、LB、AC，常量数据类型为字节

LAD	STL	指令盒说明	操作数及数据类型
指令功能		当使能输入 EN 有效（即 EN＝1）时，如果 $N＞0$，则在每个 EN 的前沿将数据输入 DATA 的状态移入移位寄存器的最低位 S_BIT，移位寄存器的其他位按照指定的方向（左移）（即由低位到高位），依次串行移位一次。如果 $N＜0$，则在每个 EN 的前沿将数据输入 DATA 的状态移入移位寄存器的最高位 S_BIT；移位寄存器的其他位按照指定的方向（右移）（即由高位到低位），依次串行移位一次	

8.2.2 数据运算指令

PLC 的数据运算指令主要用于完成数据的处理、单位换算及数值计算等任务。

S7-200 PLC 的算术运算指令包括加、减、乘、除运算，增 1/减 1 指令和数学函数变换指令；逻辑运算包括逻辑与、或、非指令等。本书对其中个别指令不做详细介绍。

1. 加、减运算指令

加、减运算指令可以完成两个有符号数的加、减运算，分为整数、双整数、实数加减法指令。

整数加法（ADD_I）和减法（SUB_I）指令：使能输入有效时，将两个 16 位符号整数相加或相减，并产生一个 16 位的结果，从 OUT 指定的存储单元输出。

双整数加法（ADD_D）和减法（SUB_D）指令：使能输入有效时，将两个 32 位符号整数相加或相减，并产生一个 32 位结果，从 OUT 指定的存储单元输出。

实数加法（ADD_R）和减法（SUB_R）指令：当使能输入有效时，将两个 32 位实数相加或相减，并产生一个 32 位结果，从 OUT 指定的存储单元输出。

2. 乘、除运算指令

乘、除运算指令可以完成两个有符号数的乘、除运算，包括整数乘、除运算，完全整数乘、除运算，双整数乘、除运算，实数乘、除运算。

3. 递增、递减指令

递增字节（字、双字）和递减字节（字、双字）指令在输入字节（字、双字）上加 1 或减 1，并将结果置入 OUT 指定的变量中。

4. 数学函数变换指令

数学函数变换指令包括平方根、自然对数、指数、三角函数等，除平方根（SQRT）指令，其他数学函数需要 CPU 224 1.0 以上版本支持。

8.2.3 表功能指令

表功能指令用来建立和存取字型的数据表。

数据表是用来存放字型数据的表格，表格的第一个字地址即首地址，为表地址，首地址中的数据是表格的最大长度（TL），即最大填表数。表格的第二个字地址中的数值是表的实际长度（EC），指定表格中的实际填表数。每次向表格中增加新数据后，EC 值自动加 1，从第三个字地址开始，存放数据（字），表格最多可存放 100 个数据（字），不包括指定最大填表数（TL）和实际填表数（EC）的参数。数据表中数据的存储格式如表 8.14 所示。

表 8.14 数据的存储格式

单元地址	单元内容	说　明
VW200	0005	VW200 为表格的首地址，TL＝5 为最大填表数
VW202	0004	VW202 为表的实际长度，EC＝4（EC≤100）为该表实际填表数
VW204	2345	数据 0
VW206	5678	数据 1
VW208	9243	数据 2
VW210	3412	数据 3
VW212	＊＊＊＊	无效数据

要建立表格，首先要确定表的最大填表数，确定了表格的最大填表数后，可用表功能指令在表中存取字型数据。表功能指令包括填表指令、表中取数指令、查表指令。

8.2.4　数据转换及比较指令

数据转换指令的功能是对操作数的类型进行转换。数据转换指令包括数据类型转换指令、数据的编码和译码指令、字符串类型转换指令。

数据比较指令用于比较两个数据的大小，并根据比较的结果使触点闭合，进而实现某种控制要求。数字比较指令包括字节比较、字整数比较、双字整数比较、实数比较指令 4 种。

1. 字节与字整数、字整数与双字整数之间的转换

PLC 中的数据类型包括字节、整数、双整数和实数。主要的码制有 BCD 码、ASCII 码、十进制数和十六进制数等。不同性质的指令对操作数的类型要求不同。不同类型的两个数据不能直接进行数学运算操作。因此，在使用之前要将操作数转化成相应的数据类型，才能保证指令的正确执行。

字节与字整数、字整数与双字整数之间的转换指令格式及功能如表 8.15 所示。

表 8.15 字节与字整数、字整数与双字整数转换指令格式及功能

指令名称	LAD	STL	指 令 功 能
字节与整数转换指令	B_I EN ENO ????-N OUT-????	BTI IN, OUT	当使能位 EN 有效时，BTI 指令将字节数值（IN）转换成整数值，并将结果置入 OUT 指定的存储单元。因为字节不带符号，所以无符号扩展
整数与字节转换指令	I_B EN ENO ????-IN OUT-????	ITB IN, OUT	当使能位 EN 有效时，ITB 指令将字整数（IN）转换成字节，并将结果置入 OUT 指定的存储单元。输入的字整数 0～255 被转换，超出部分导致溢出，SM1.1＝1，输出不受影响
整数与双整数转换指令	I_DI EN ENO ????-IN OUT-????	ITD IN, OUT	当使能位 EN 有效时，ITD 指令将整数值（IN）转换成双整数值，并将结果置入 OUT 指定的存储单元。符号被扩展

续表

指令名称	LAD	STL	指　令　功　能
双整数与整数转换指令	DI_I EN ENO ????-IN OUT-????	DTI IN, OUT	当使能位 EN 有效时，DTI 指令将双整数值（IN）转换成整数值，并将结果置入 OUT 指定的存储单元。如果转换的数值过大，则无法在输出中表示，产生溢出 SM1.1＝1，输出不受影响

2. 双整数与实数转换指令

双整数与实数转换指令可实现双整数与实数之间的相互转换。其指令格式及功能如表 8.16 所示。

表 8.16　　　　　　　双整数与实数转换指令格式及功能

指令名称	实数与双整数转换指令（小数部分四舍五入）	实数与双整数转换指令（小数部分舍去）	双整数与实数转换指令
LAD	ROUND EN ENO IN OUT	TRUNC EN ENO IN OUT	DI_R EN ENO IN OUT
STL	ROUND IN, OUT	TRUNC IN, OUT	DTR IN, OUT
指令功能	指令按小数部分四舍五入的原则，将实数（IN）转换成双整数值，并将结果置入 OUT 指定的存储单元	指令按小数部分直接舍去的原则，将 32 位实数（IN）转换成 32 位双整数，并将结果置入 OUT 指定的存储单元	指令将 32 位带符号整数 IN 转换成 32 位实数，并将结果置入 OUT 指定的存储单元

3. BCD 码与整数的转换指令

PLC 主要是通过外部 BCD 码拨码开关设定 PLC 的相关数据，或通过外部的 BCD 码显示器显示 PLC 的内部数据。BCD 码与整数的转换指令可实现整数与 BCD 码之间的相互转换。其指令格式及功能如表 8.17 所示。

表 8.17　　　　　　　BCD 码与整数的转换指令格式及功能

指令名称	BCD 码到整数的转换指令	整数到 BCD 码的转换指令
LAD	BCD_I EN ENO ????-IN OUT-????	I_BCD EN ENO ????-IN OUT-????

续表

指令名称	BCD 码到整数的转换指令	整数到 BCD 码的转换指令
STL	BCDI　OUT	IBCD　OUT
指令功能	指令将二进制编码的十进制数 IN 转换成整数，并将结果送入 OUT 指定的存储单元。IN 的有效范围是 BCD 码 0~9999	指令将输入整数 IN 转换成二进制编码的十进制数，并将结果送入 OUT 指定的存储单元。IN 的有效范围是 0~9999
操作数	IN：VW、IW、QW、MW、SW、SMW、LW、T、C、AIW、AC、常量。数据类型为字 OUT：VW、IW、QW、MW、SW、SMW、LW、T、C、AC。数据类型为字	

4．译码和编码指令

编码指令和译码指令的格式及功能如表 8.18 所示。

表 8.18　　　　　　　　　　编码和译码指令的格式及功能

指令名称	编 码 指 令	译 码 指 令
LAD		
STL	ENCO IN，OUT	DECO IN，OUT
指令功能	编码指令将输入字（IN）最低有效位（其值为 1）的位号（00~15）进行编码，写入输出字节（OUT）的低 4 位中	译码指令根据输入字节（IN）的低 4 位表示的输出字的位号（00~15），将输出字的相对应的位置位为 1，输出字的其他位均置位为 0
操作数	IN：VB、IB、QB、MB、SMB、LB、SB、AC、常量。数据类型为字节 OUT：VW、IW、QW、MW、SMW、LW、SW、AQW、T、C、AC。数据类型为字	IN：VW、IW、QW、MW、SMW、LW、SW、AIW、T、C、AC、常量。数据类型为字 OUT：VB、IB、QB、MB、SMB、LB、SB、AC。数据类型为字节

任务（三）喷泉控制系统设计、安装与调试

一、任务要求

图 8.38 所示为喷泉模块示意图，设置要求如下：当置位启动开关 SD 为 ON 时，LED 指示灯依次循环显示 1→2→3→…→8→1、2→3、4→5、6→7、8→1、2、3→4、5、6→7、8→1→2→3→…，模拟喷泉"水流"状态。置位启动开关 SD 为 OFF 时，LED 指示灯停止显示，系统停止工作。

二、I/O 端口分配

喷泉控制系统 I/O 端口分配如表 8.19 所示。

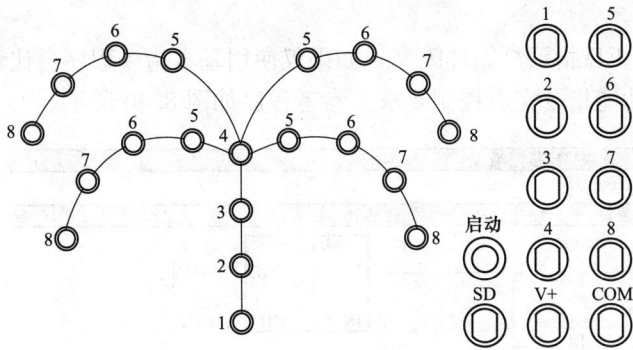

图 8.38　喷泉模块示意图

表 8.19　　　　　　　　　　　喷泉控制系统 I/O 端口分配

输　入　信　号			输　出　信　号		
PLC 地址	电气符号	功能说明	PLC 地址	电气符号	功能说明
I0.0	SD	启动	Q0.0	1	喷泉 1 模拟指示灯
			Q0.1	2	喷泉 2 模拟指示灯
			Q0.2	3	喷泉 3 模拟指示灯
			Q0.3	4	喷泉 4 模拟指示灯
			Q0.4	5	喷泉 5 模拟指示灯
			Q0.5	6	喷泉 6 模拟指示灯
			Q0.6	7	喷泉 7 模拟指示灯
			Q0.7	8	喷泉 8 模拟指示灯

三、PLC 控制接线图

喷泉控制系统 PLC 外部接线如图 8.39 所示。

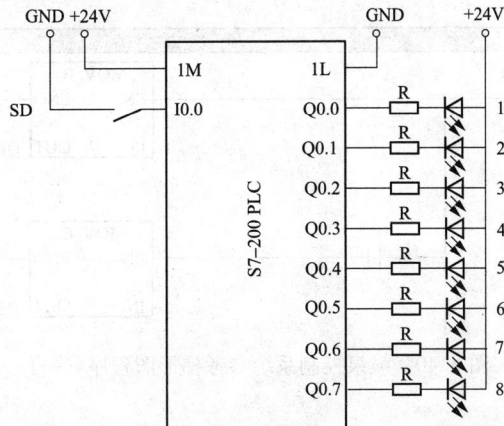

图 8.39　喷泉控制系统 PLC 外部接线图

四、程序说明

本任务中要求 LED 指示灯循环闪亮，如果仅使用基本指令程序会比较"繁琐"，所以要考虑使用数据处理功能指令完成控制要求。参考程序如图 8.40 所示。

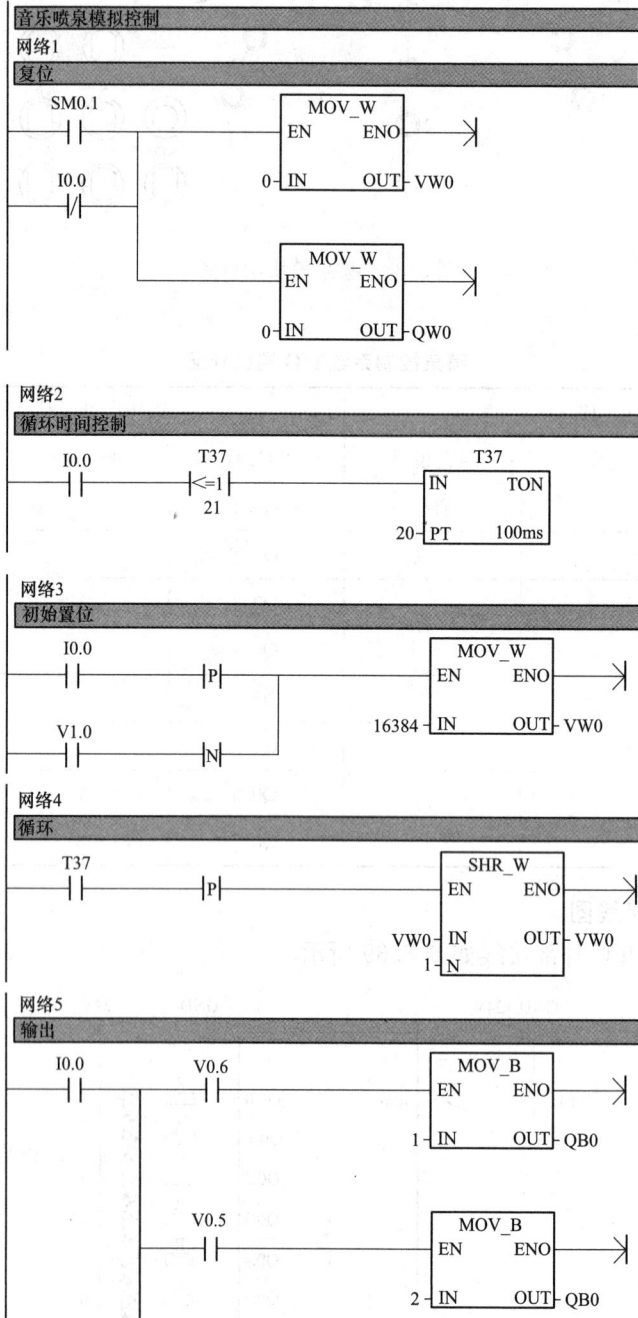

图 8.40　喷泉控制系统参考梯形图程序（一）

```
V0.4          MOV_B
─┤ ├─        EN   ENO ──┤
          4 ─IN   OUT ├ QB0

V0.3          MOV_B
─┤ ├─        EN   ENO ──┤
          8 ─IN   OUT ├ QB0

V0.2          MOV_B
─┤ ├─        EN   ENO ──┤
         16 ─IN   OUT ├ QB0

V0.1          MOV_B
─┤ ├─        EN   ENO ──┤
         32 ─IN   OUT ├ QB0

V0.0          MOV_B
─┤ ├─        EN   ENO ──┤
         64 ─IN   OUT ├ QB0

V1.7          MOV_B
─┤ ├─        EN   ENO ──┤
        128 ─IN   OUT ├ QB0

V1.6          MOV_B
─┤ ├─        EN   ENO ──┤
          3 ─IN   OUT ├ QB0

V1.5          MOV_B
─┤ ├─        EN   ENO ──┤
         12 ─IN   OUT ├ QB0

V1.4          MOV_B
─┤ ├─        EN   ENO ──┤
         48 ─IN   OUT ├ QB0

V1.0          MOV_B
─┤ ├─        EN   ENO ──┤
        192 ─IN   OUT ├ QB0
```

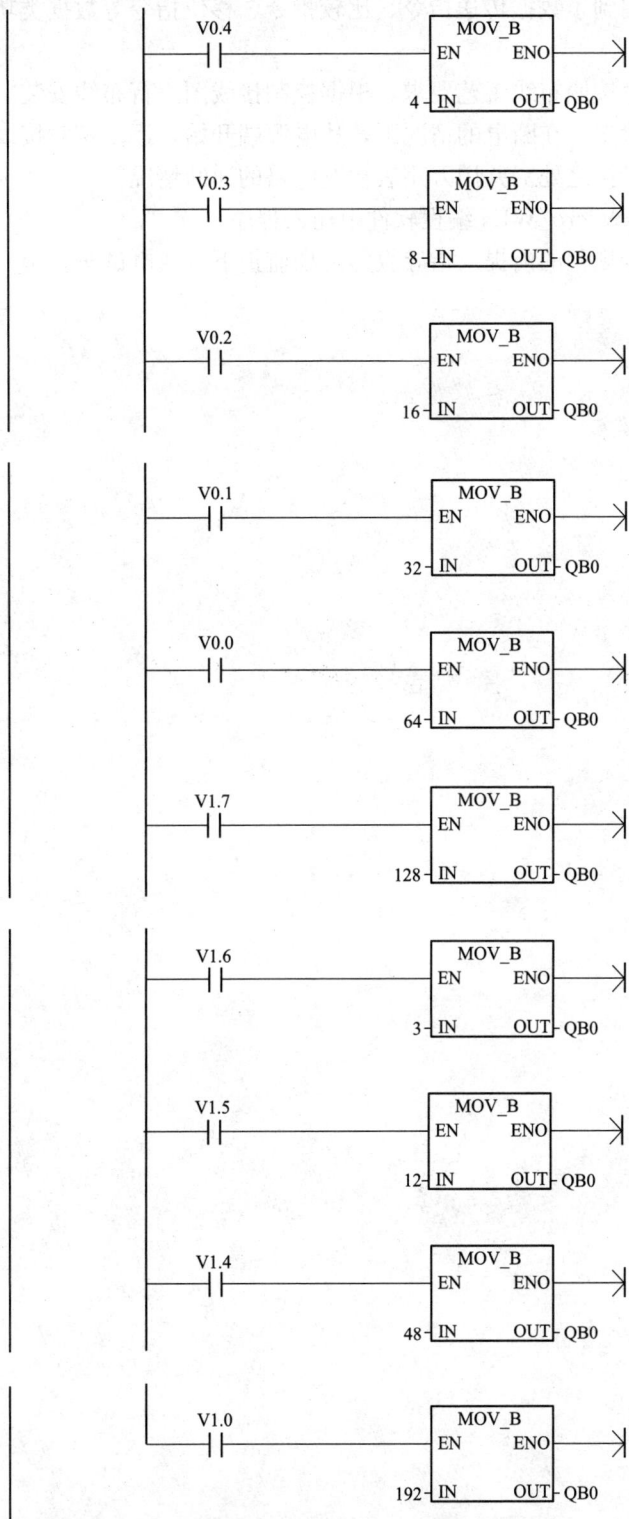

图 8.40 喷泉控制系统参考梯形图程序（二）

参考程序中使用到了数据传送指令、比较指令、移位指令等数据类功能指令。

五、任务实施

（1）布线安装。按照布线工艺要求，根据控制接线图进行布线安装。

（2）电路断电检查。在断电的情况下，从电源端开始，逐段核对接线及接线端子处是否正确，有无漏接、错接之处。并用万用表检查电路的通断情况。

（3）在 STEP 7-Micro/WIN 编程软件中输入程序。

（4）在遵守安全规程的前提及指导教师现场监护下，通电试车。

项目 9　PLC 的 典 型 应 用

教学设计

项 目 分 解	项 目 目 标
知识链接—— 顺序控制设计法及顺序控制指令在程序设计中的应用	熟悉 PLC 程序的顺序控制设计法与顺序控制功能图的组成，掌握顺序控制指令的应用方法
任务 钻床的 PLC 控制系统的设计、接线调试与操作	能根据实际控制要求设计顺序控制流程图并用 SCR 指令编写梯形图程序，包括模拟钻床运行控制系统、自动配料装车控制系统等，并运行调试
知识链接—— 程序控制类指令在程序设计中的应用	熟悉 S7-200 PLC 程序控制类指令的功能，包括结束及暂停指令、看门狗复位指令、跳转和跳转标号指令、循环指令、子程序指令等

9.1　知识链接——顺序控制设计法及顺序控制指令在程序设计中的应用

9.1.1　顺序控制设计法

顺序控制就是按照生产工艺预先规定的顺序，在各个输入信号的作用下，根据内部状态和时间的顺序，使生产过程中各个执行机构自动有序地进行操作。使用顺序控制设计法时首先根据系统的工艺过程，画出顺序控制功能图，然后根据顺序控制功能图画出梯形图。顺序控制设计法是一种先进的设计方法，方便程序的调试、修改和阅读，对初学者和有经验的工程师都容易接受。

顺序控制设计法（简称顺控设计法）的设计步骤如下：

（1）步的划分。顺控设计法最基本的思想是将系统的一个工作周期划分为若干个顺序相连的阶段，这些阶段称为步（step），并用编程元件（例如位存储器 M 或顺序控制继电器 S）来代表各步。步是根据输出量的状态变化来划分的，在任何一步之内，各输出量的 ON/OFF 状态不变，但是相邻两步输出量的状态是不同的，步的这种划分方法使代表各步的编程元件的状态与各输出量的状态之间有着极为简单的逻辑关系。

（2）转换条件的确定。使系统由当前步转入下一步的信号称为转换条件。转换条件可能是外部输入信号（如按钮、指令开关、限位开关的接通或断开等），也可能是 PLC 内部产生的信号（如定时器、计数器的动合触点的接通等），或者是若干个信号与、或、非的逻辑组合。

（3）顺序控制功能图的绘制。绘制顺序功能图是顺控设计法中最为关键的一步。顺序功能图主要由步、有向连线、转换、转换条件和动作（命令）组成。

图 9.1 所示为送料小车的顺序控制设计。根据工作过程将小车一个周期的运行过程分为四个状态，在顺序控制功能图中用相应的顺序控制继电器 S 代表各状态步。

小车各运行状态之间都有相应的转换条件，顺序控制功能图中使用 SM0.1 作为初始状态的转换条件；当 I0.0（启动按钮）与 I0.2（左限位）为 ON 时满足启动条件，小车进入右行状态；当小车碰到 I0.1（右限位开关）为 ON 时小车进入停留状态；当计时时间到 T37 为 ON 时小车进入左行状态；当小车碰到 I0.2（左限位开关）为 ON 时小车返回初始状态。

初始状态没有动作，右行状态要使相应的输出继电器置 ON（电动机正转），停留状态中定时器计时，左行状态要使相应的输出继电器置 ON（电动机反转）。

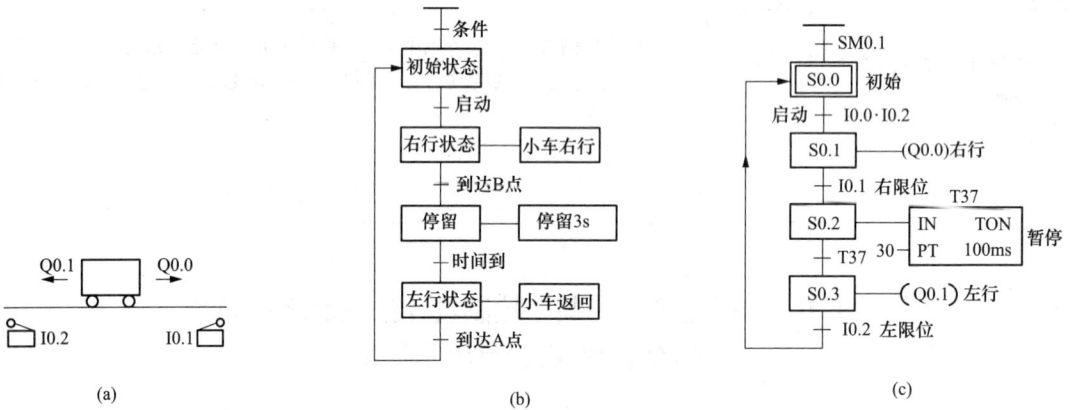

图 9.1　送料小车顺序控制设计

(a) 工作示意图；(b) 工艺过程图；(c) 顺序控制功能图

（4）梯形图的编制。有的 PLC 为用户提供了顺序功能图语言，在编程软件中生成顺序功能图后便完成了编程工作，有的则需要使用顺序控制指令将顺序功能图转换成梯形图程序。S7-200 系列 PLC 属于后者。

9.1.2 顺序控制指令

顺序控制用 3 条指令描述程序的顺序控制步进状态，指令格式如表 9.1 所示。从表中可以看出，顺序控制指令的操作对象为状态继电器 S，每一个继电器 S 的位都表示顺序功能图中的一步。

表 9.1　　　　　　　　　　　　　　顺序控制指令格式

LAD	STL	功能说明	操作对象
??.? SCR	LSCR bit	顺序状态开始，为步开始的标志，该步的状态元件的位置 1 时，执行该步	继电器 S
??.? —(SCRT)	SCRT bit	顺序状态转移，使能有效时，关断本步，进入下一步，该指令由转换条件的触点启动	继电器 S

LAD	STL	功能说明	操作对象
─(SCRE)	SCRE	顺序状态结束，为步结束的标志	无

从 LSCR 指令开始到 SCRE 指令结束的所有指令组成一个顺序控制（SCR）段，对应功能图中的一步。LSCR 指令标记一个 SCR 步的开始，当该步的状态继电器置位时，允许该 SCR 步工作，SCR 步必须用 SCRE 指令结束。每一个 SCR 程序步一般有 3 种功能：

（1）驱动处理：在该步状态继电器有效时，根据程序完成相应工作。

（2）指定转移条件和目标：在满足转移条件后活动步移到目标所指的下一个步。

（3）转移源自动复位功能：步发生转移后，使下一个步变为活动步的同时，自动复位原步。

SCR 指令仅仅对于顺序控制继电器 S 有效，但是对于顺序控制继电器，能够使用 LD、LDN、A、AN、O、ON、=、S、R 等指令且具有一般辅助继电器的功能。

在使用顺序控制指令时应注意：

（1）步进控制指令 SCR 只对状态元件 S 有效。为了保证程序的可靠运行，驱动状态元件 S 的信号应采用短脉冲。

（2）当输出需要保持时，可使用 S/R 指令。

（3）不能把同一编号的状态元件用在不同的程序中。例如，如果在主程序中使用 S0.1，则不能在子程序中再使用。

（4）在 SCR 段中不能使用 JMP 和 LBL 指令。即不允许跳入或跳出 SCR 段，也不允许在 SCR 段内跳转。可以使用跳转和标号指令在 SCR 段周围跳转。

（5）不能在 SCR 段中使用 FOR、NEXT 和 END 指令。

图 9.2 所示为送料小车顺序控制功能图及对应的梯形图程序。在设计梯形图时，用 LSCR 和 SCRE 指令作为 SCR 段的开始和结束指令。在 SCR 段中用 SM0.0 的动合触点来驱动在该步中应为 1 状态的输出点的线圈，并用转换条件对应的触点或电路来驱动转到后续步的 SCRT 指令。

9.1.3 顺序功能图

1. 顺序功能图中的基本概念

（1）步与动作。

步：矩形框表示步，方框内是该步的编号。编程时一般用 PLC 内部编程元件 M 或 S 来代表各步。

初始步：与系统的初始状态相对应的步称为初始步。初始状态一般是系统等待启动命令的相对静止的状态，用双线方框表示，每一个顺序功能图至少应有一个初始步。在实际使用时，有时也画成单线矩形框，有时画一条横线表示功能图的开始。

活动步：当控制系统正处于某一步所在的阶段时，该步处于活动状态，称该步为活动步。步处于活动状态时，相应的动作被执行；步处于不活动状态时，相应的非存储型的动作被停止执行。在每个稳定的步下，可能会有相应的动作，称为与步对应的动作或

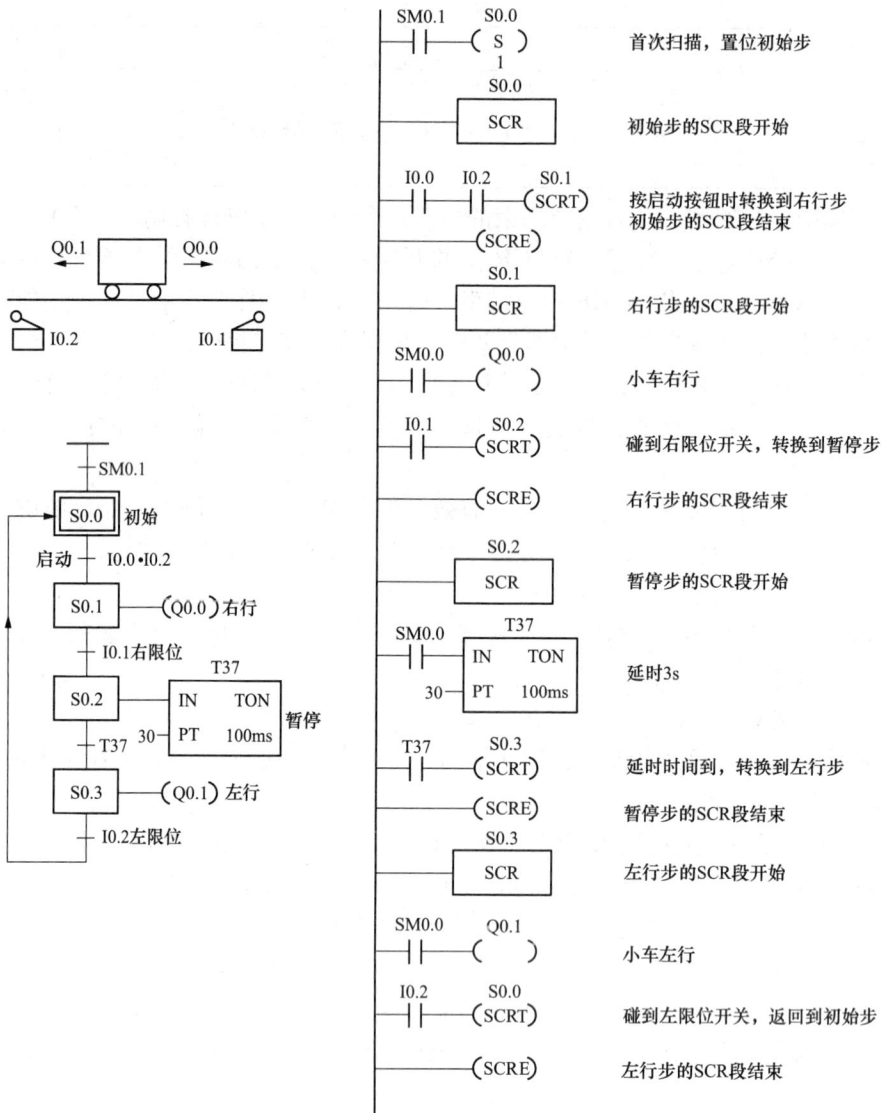

图 9.2　送料小车顺序控制功能图及对应的梯形图程序

命令。

（2）有向连线、转换与转换条件。

有向连线：顺序功能图中步的活动状态的顺序进展按有向连线规定的路线和方向进行。

转换：用有向连线上与有向连线垂直的短划线来表示，转换将相邻两步分隔开。

转换条件：转换条件可以用文字语言、布尔代数表达式或图形符号标注在表示转换的短线的旁边。

2. 顺序功能图的基本构成规则

在顺序功能图中，步的活动状态的进展是由转换实现的，顺序功能图的绘制必须满足以下规则：

（1）步与步不能相连，必须用转移分开。

（2）转移与转移不能相连，必须用步分开。

（3）步与转移、转移与步之间的连接采用有向线段，从上向下画时可以省略，当有向线段从下向上画时，必须画上箭头，以表示方向。

（4）一个功能图至少要有一个初始步。

3. 顺序功能图的基本结构

（1）单序列：功能流程图的单流程结构形式简单，例如图 9.2 所示的功能图。其特点是：每一步后面只有一个转换，每个转换后面只有一步。各个工步按顺序执行，上一工步执行结束，转换条件成立，立即开通下一工步，同时关断上一工步。

（2）选择序列：选择序列结构功能流程图如图 9.3 所示。图中，顺控继电器 S0.2 或 S0.4 接通，则顺控继电器 S0.1 自动复位。顺控继电器 S0.6 由顺控继电器 S0.3 或 S0.5 置位。顺控继电器 S0.6 置位，则顺控继电器 S0.3 或 S0.5 自动复位。

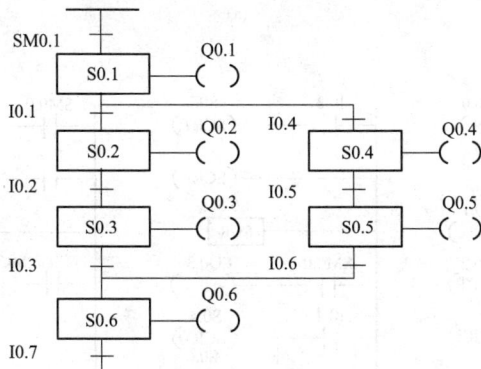

图 9.3 选择序列结构顺序功能图

（3）并行序列：并行序列结构功能流程图如图 9.4 所示。图中，顺控继电器 S0.2 和 S0.4 同时接通，则顺控继电器 S0.1 自动复位。顺控继电器 S0.6 由顺控继电器 S0.3 和 S0.5 一起置位。在顺控继电器 S0.3 和 S0.5 同时接通且转移条件满足的情况下，顺控继电器 S0.6 被置位。顺控继电器 S0.6 置位后，顺控继电器 S0.3 和 S0.5 自动复位。

有些控制程序中需要将上述三种基本结构结合起来编程，例如图 9.5（a）所示顺序功能图就是选择序列与并行序列的组合。

图 9.5（a）中步 S0.3 之后有一个并行序列的分支，当步 S0.3 是活动步，转换条件 I0.4 满足时，步 S0.4 与

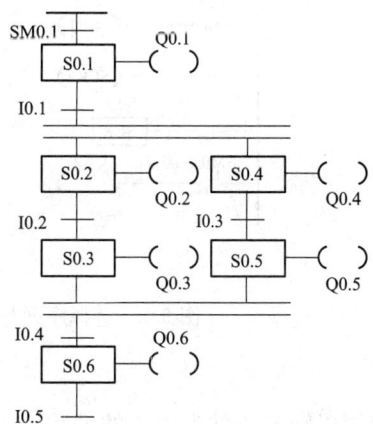

图 9.4 并行序列结构顺序功能图

步 S0.6 应同时变为活动步。这是用 S0.3 对应的 SCR 段中 I0.4 的动合触点同时驱动指令 SCRT S0.4 和 SCRT S0.6 对应的线圈来实现的。与此同时，S0.3 被自动复位，步 S0.3 变为不活动步。

步 S1.0 之前有一个并行序列的合并，I0.7 对应的转换条件是所有的前级步（即步 S0.5 和 S0.7）都是活动步，且转换条件 I0.7 满足，就可以使下级步 S1.0 置位。由此可知，应

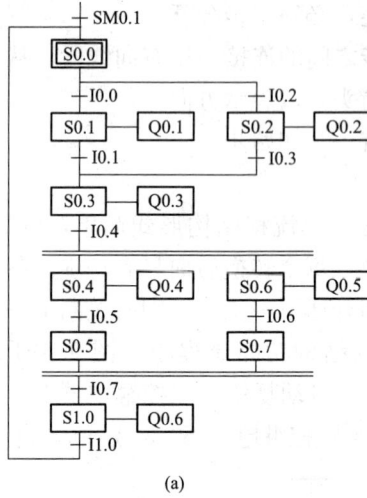

(a)

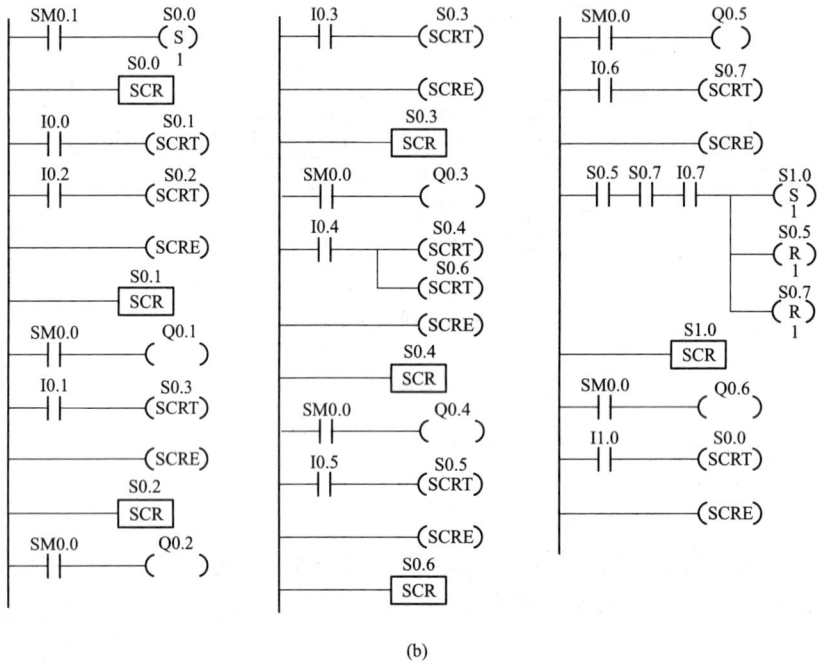

(b)

图 9.5　选择序列与并行序列组合的顺序功能图及对应的梯形图程序

(a) 顺序功能图；(b) 梯形图程序

使用以转换条件为中心的编程方法，将 S0.5、S0.7 和 I0.7 的动合触点串联，来控制 S1.0 的置位和 S0.5、S0.7 的复位，从而使步 S1.0 变为活动步，步 S0.5 和 S0.7 变为不活动步。

任务　钻床的 PLC 控制系统的设计、接线调试与操作

一、任务要求

图 9.6 是某专用钻床的结构及加工示意图，该钻床用来加工圆盘状零件上均匀分布的 6

个孔，控制要求为：

（1）开始自动运行时两个钻头在最上面的位置，限位开关 I0.3 和 I0.5 为 ON。

（2）操作人员放好工件后，按下启动按钮 I0.0，Q0.0 变为 ON，工件被夹紧，夹紧后压力继电器 I0.1 为 ON。

（3）工件被夹紧后 Q0.1 和 Q0.3 使两只钻头同时开始工作下行，分别钻到由限位开关 I0.2 和 I0.4 设定的深度时，Q0.2 和 Q0.4 使两只钻头分别上行，升到由限位开关 I0.3 和 I0.5 设定的起始位置时，分别停止上行，设定值为 3 的计数器 C0 的当前值加 1。

（4）两只钻头都上升到位后，若没有钻完 3 个孔，C0 的动断触点闭合，Q0.5 使工件旋转 120°，旋转到位时限位开关 I0.6 为 ON，旋转结束后又开始钻第 2 对孔。

（5）3 对孔都钻完后，计数器的当前值等于设定值 3，C0 的动合触点闭合，Q0.6 使工件松开，松开到位时，限位开关 I0.7 为 ON，系统返回到初始状态。

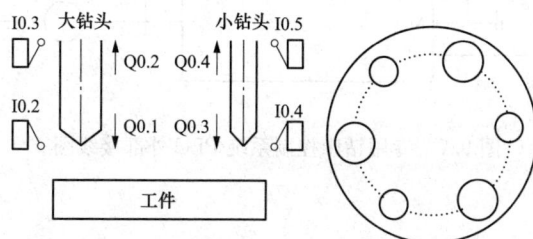

图 9.6　专用钻床的结构及加工示意图

二、I/O 端口分配

专用钻床控制系统的 I/O 分配如表 9.2 所示。

表 9.2　　　　　　　　　　专用钻床控制系统的 I/O 端口分配

	输入设备	输入继电器编号		输出设备	输出继电器编号
SB1	启动按钮（常开）	I0.0	YV1	工件夹紧电磁阀	Q0.0
SP	压力继电器	I0.1	KM1	大钻头下降接触器	Q0.1
SQ1	大钻头下限位开关	I0.2	KM2	大钻头上升接触器	Q0.2
SQ2	大钻头上限位开关	I0.3	KM3	小钻头下降接触器	Q0.3
SQ3	小钻头下限位开关	I0.4	KM4	小钻头上升接触器	Q0.4
SQ4	小钻头上限位开关	I0.5	KM5	工件旋转接触器	Q0.5
SQ5	旋转到位限位开关	I0.6	YV2	工件松开电磁阀	Q0.6
SQ6	工件到位限位开关	I0.7			

三、PLC 外部接线图

专用钻床控制系统的 PLC 外部接线如图 9.7 所示。

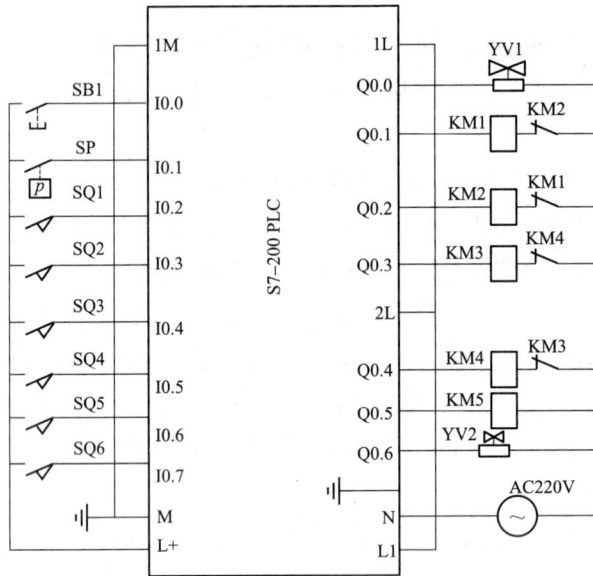

图 9.7　专用钻床控制系统 PLC 外部接线图

四、程序说明

根据系统控制要求及 I/O 分配，使用顺序控制编程法编制顺序控制功能图，如图 9.8 所示。

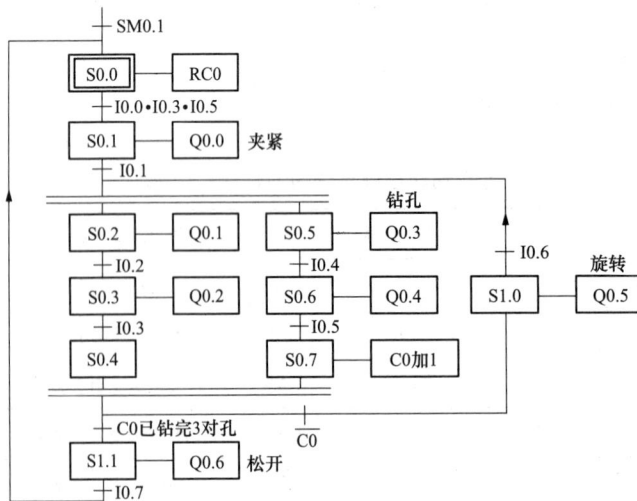

图 9.8　专用钻床控制系统顺序控制功能图

根据系统顺序控制功能图编写梯形图程序，如图 9.9 所示。

五、任务实施

（1）布线安装。按照布线工艺要求，根据控制接线图进行布线安装。

（2）电路断电检查。在断电的情况下，从电源端开始，逐段核对接线及接线端子处是否

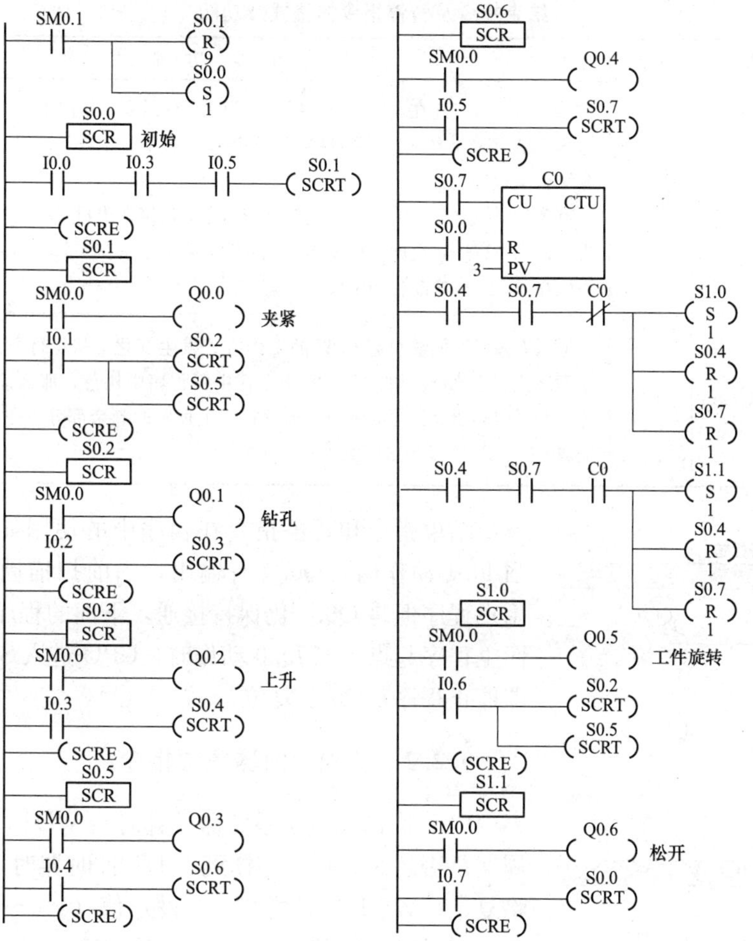

图 9.9　专用钻床控制系统梯形图程序

正确，有无漏接、错接之处，并用万用表检查电路的通断情况。

（3）在 STEP7-Micro/WIN 编程软件中输入、调试程序。

（4）在遵守安全规程的前提及指导教师现场监护下，通电试车。

9.2　知识链接——程序控制类指令在程序设计中的应用

程序控制指令主要用于程序执行流程的控制，该类指令主要包括结束、暂停、监视计时器复位、跳转、跳转标号、循环、子程序和顺序控制等指令。顺序控制指令前面已经介绍，这里主要介绍其他程序控制类指令。

9.2.1　结束指令及暂停指令

结束指令（END）和暂停指令（STOP）通常用来对突发紧急事件进行处理，以避免实际生产中的重大损失。指令格式及功能如表 9.3 所示。

表 9.3　　　　　　　　　　　　　　**结束指令及暂停指令的格式及功能**

指令名称	LAD	STL	指 令 功 能
结束指令	—(END)	END	结束指令直接连在左侧逻辑母线上，为无条件结束，西门子 PLC 编程软件自动在主程序结束时加上一个无条件结束（MEND）指令，用户程序必须以无条件结束指令结束主程序 　　有条件结束（END）指令通过触点或指令盒连接在逻辑母线上，就是执行条件成立时结束主程序，返回主程序起点。条件结束指令用在无条件结束指令之前，指令不能在子程序或中断程序中使用
暂停指令	—(STOP)	STOP	输入有效时，能够引起 CPU 的工作方式发生变化，从运行方式进入停止方式，立即终止程序执行。如果 STOP 指令在中断程序中执行，那么该中断程序立即终止，并且忽略所有挂起的中断，继续扫描主程序的剩余部分。在本次扫描的最后，完成 CPU 从 RUN 到 STOP 方式的转换

网络1　　　网络标题
END指令的使用

网络2
STOP指令的使用

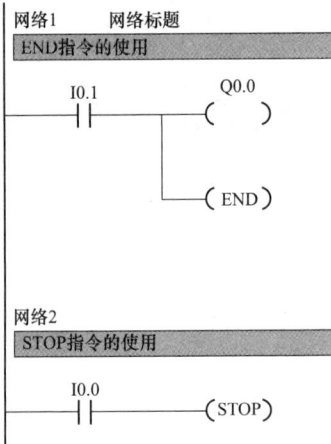

图 9.10　结束指令和暂停指令
在程序中的使用

结束指令和暂停指令在程序中的使用如图 9.10 所示。当 I0.1 动作时，Q0.0 有输出，当前扫描周期结束，终止用户程序但是 Q0.0 仍保持接通，下面的程序不会执行，返回主程序起点；当 I0.0 动作时，CPU 进入 STOP 模式，立即停止程序，Q0.0 复位。

9.2.2　监视计时器复位指令

PLC 内部设置了系统监视计时器 WDT，用于监视扫描周期是否超时，每当扫描到 WDT 计时器时，WDT 计时器将复位。WDT 计时器有一个设定值（100～300ms）。系统正常工作时，所需扫描时间小于 WDT 的设定值，WDT 计时器被计时复位。系统故障情况下，扫描周期大于 WDT 计时器设定值，该计时器不能及时复位，则报警并停止 CPU 运行，同时复位输入、输出。这种故障称为 WDT 故障，以防止因系统故障或程序进入死循环而引起的扫描周期过长。

系统正常工作时，有时会因为用户程序过长或使用中断指令、循环指令使扫描时间过长，而超过 WDT 计时器的设定值，为防止这种情况下监视计时器动作，可使用监视计时器复位指令（俗称看门狗指令），使 WDT 计时器复位。使用 WDR 计时器复位，在终止本次扫描之前，下列操作过程将被禁止：通信（自由端口方式除外）、I/O（立即 I/O 除外）、强制更新、SM 位更新（SM0，SM5～SM29 不能被更新）、运行时间诊断、在中断程序中的 STOP 指令。其指令格式及功能如表 9.4 所示。

表 9.4　　　　　　　　　　　　　　**监视计时器复位指令格式及功能**

指令名称	LAD	STL	指 令 功 能
监视计时器复位指令	—(WDR)	WDR	输入有效时，可以把警戒时钟刷新，即延长扫描周期，从而有效避免看门狗超时错误

9.2.3 跳转指令和跳转标号指令

跳转指令和跳转标号指令,使主机可根据对不同条件的判断,选择不同的程序段执行,从而提高编程的灵活性。跳转指令和相应标号指令必须在同一程序段中配合使用。其指令的格式及功能见表 9.5。

表 9.5   **跳转指令和跳转标号指令格式及功能**

指令名称	LAD	STL	指 令 功 能
跳转指令	n —(JMP)	JMP n	输入有效时,可使程序流程转到同一程序中的具体标号(n)处
跳转标号指令	n LBL	LBL n	标记跳转目的地的位置(n),n 为常数,通常为 0~255

执行跳转后,被跳过程序段中的各器件状态为:

(1) Q、M、S、C 等元器件的位保持跳转前的状态。

(2) 计数器 C 停止计数,当前值存储器保持跳转前的计数值。

(3) 对定时器来说,因刷新方式的不同,工作状态也不同。在跳转期间,1ms 时基和 10ms 时基的定时器会一直保持跳转前的工作状态,当前值到达设定值后,其状态位也会改变,输出触点动作,当前值会一直累计到最大 32767 停止。对时基为 100ms 的定时器,跳转期间停止工作,但不会复位,当前值为跳转时的值,跳转结束后,若输入允许,可继续计时,但已失去了准确计时的意义,所以跳转段中的定时器要慎用。

(4) 图 9.11 所示为跳转指令和跳转标号指令的用法举例。当 I0.3 为 ON 时,I0.3 的动合触点接通,JMP1 条件满足,程序跳转到标号指令 LBL1 以后的指令,而在 JMP1 和

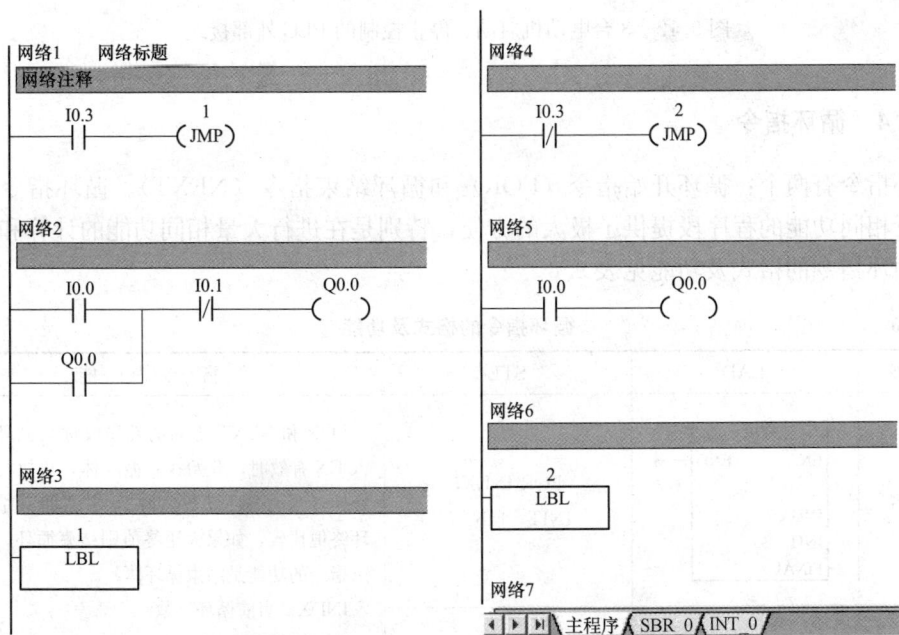

图 9.11 跳转指令和跳转标号指令的用法举例

LBL1 之间的指令一概不执行；当 I0.3 为 OFF 时，I0.3 的动断触点接通，JMP1 条件不满足，JMP2 条件满足，则程序跳转到标号指令 LBL2 以后的指令，而在 JMP2 和 LBL2 之间的指令一概不执行。如果把 I0.3 作为点动/连续控制选择信号，该程序可作为电动机的点动与连续运转控制程序。

　　JMP 和 LBL 指令在工业现场控制中，常用于工作方式的选择。例如，有 3 台电动机 M1、M2、M3，具有两种启动、停止工作方式：①手动操作方式，分别用每台电动机各自的启动、停止按钮控制电动机的启动、停止状态。②自动操作方式：按下启动按钮，M1、M2、M3 每隔 5s 依次启动，按下停止按钮，3 台电动机同时停止。本例中，PLC 的外部接线和程序可参考图 9.12、图 9.13。

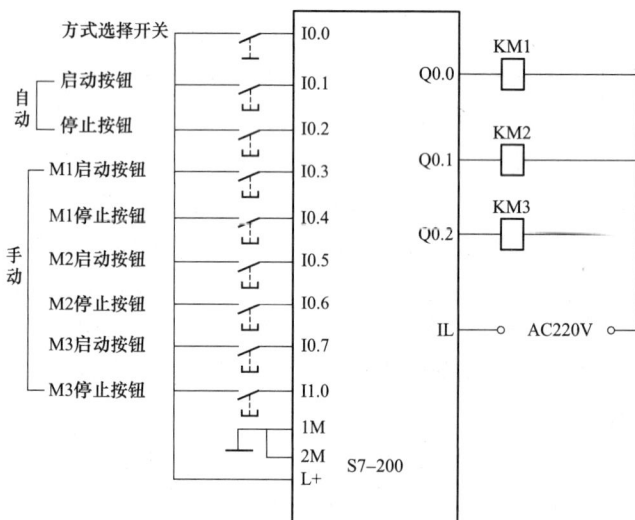

图 9.12　3 台电动机启动、停止控制的 PLC 外部接线

9.2.4　循环指令

　　循环指令有两个：循环开始指令（FOR）和循环结束指令（NEXT）。循环指令为解决重复执行相同功能的程序段提供了极大的方便，特别是在进行大量相同功能的计算和逻辑处理时。循环指令的格式及功能见表 9.6。

表 9.6　　　　　　　　　　　　　　循环指令的格式及功能

指令名称	LAD	STL	指 令 功 能
循环开始指令	FOR EN　　ENO INDX INIT FINAL	FOR INDX, INIT, FINAL	FOR 和 NEXT 之间的程序段称为循环体，输入 EN 有效时，开始执行循环体，每执行一次循环体，当前循环计数值增 1，并且将其结果同循环终值比较，如果大于终值则结束循环。循环结束指令的功能是结束循环体。 　　INDX：当前循环计数
循环结束指令	——(NEXT)	NEXT	INIT：循环初值 FINAL：循环终值

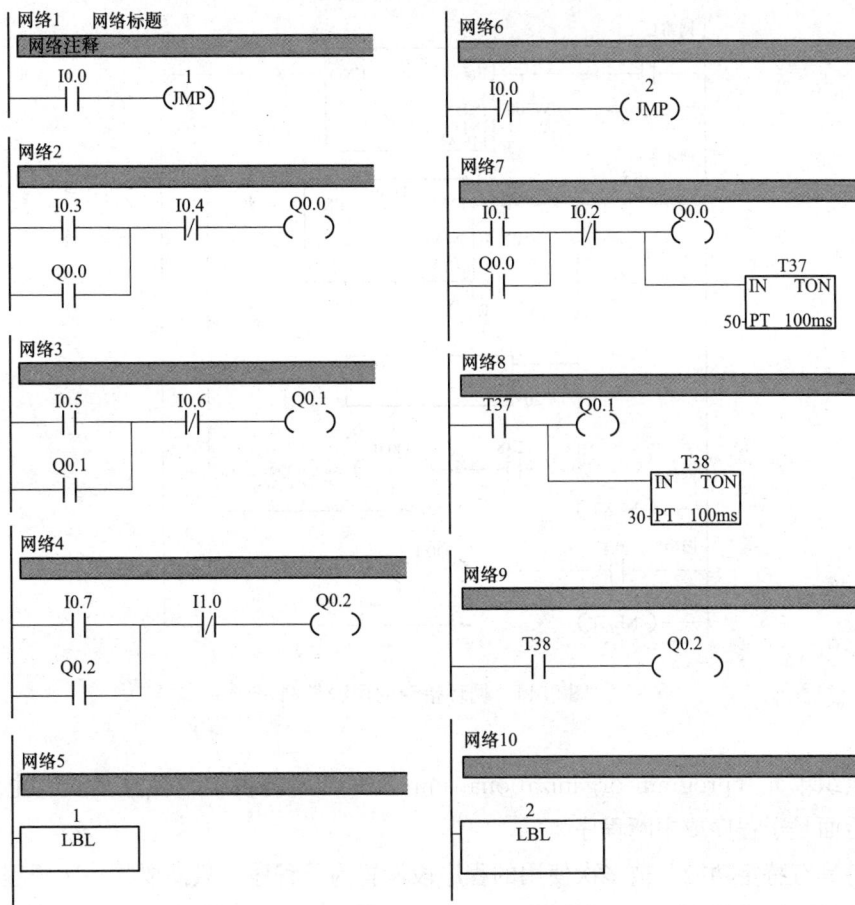

图 9.13　3 台电动机启动、停止控制的 PLC 控制参考程序

指令说明：

（1）循环开始指令有 INDX、INIT、FINAL 三个数据输入端，输入数据类型均为整数型。当前循环计数 INDX，其操作数为 VW、IW、QW、MW、SW、SMW、LW、T、C、AC、*VD、*AC 和 *CD；循环初值 INIT，循环终值 FINAL，它们的操作数为 VW、IW、QW、MW、SW、SMW、LW、T、C、AC、常数、*VD、*AC 和 *CD。

（2）执行循环指令时，FOR 和 NEXT 指令必须配合使用。循环指令可以嵌套使用，但最多不能超过 8 层，且循环体之间不可有交叉。

（3）使能有效时，循环指令各参数将自动复位。

图 9.14 所示为循环指令的用法举例。该程序为两重循环指令应用，当 I0.0 的状态为 ON 时，①所示的外循环执行 3 次，由 VW200 累计循环次数；当 I0.1 的状态为 ON 时，外循环每执行一次，②所示的内循环执行 3 次，且由 VW200 累计循环次数。

9.2.5　子程序指令

S7-200 PLC 的 CPU 控制程序由主程序、子程序和中断程序组成。程序编辑器窗口里为

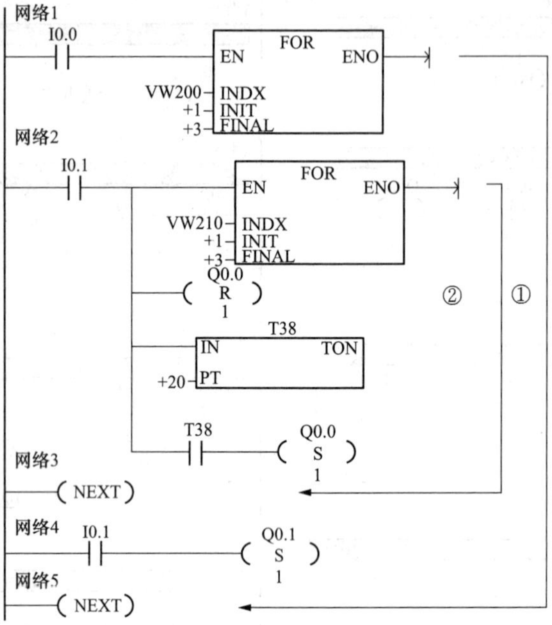

图 9.14　循环指令的用法举例

每个程序组织单元（program organizational unit，POU）提供一个独立的页，主程序总是第 1 页，后面是子程序或中断程序。

通常将具有特定功能并被多次使用的程序段设置为子程序，只需要写一次子程序，其他的程序在需要的时候调用它，无须重写该程序。主程序中一般设置有子程序调用指令，由子程序调用指令来决定子程序是否被执行。当满足调用条件时，程序的执行将转移到指定编号的子程序处，执行完子程序，系统返回到主程序中的子程序调用处，继续扫描主程序，因此使用子程序可以减少扫描时间。

在程序中使用子程序，必须进行下列 3 项任务：建立子程序；在子程序局部变量表中定义参数（带参数的子程序调用中有该项）；在主程序或另一个子程序中设置子程序调用指令。

可采用 3 种方法创建子程序：①在"编辑"菜单中执行命令"插入（Insert）""子程序（Subroutine）"；②在程序编辑器视窗中右击并从弹出的菜单中执行命令"插入（Insert）""子程序（Subroutine）"，程序编辑器将从原来的 POU 显示进入新的子程序；③在"指令树"中，用鼠标右键单击"程序块"图标，并从弹出的快捷菜单中选择"插入（Insert）""子程序（Subroutine）"命令。右击指令树中的子程序或中断程序的图标，在弹出的菜单中选择"重命名"，可修改子程序或中断程序的名称。

1. 子程序调用指令及子程序返回指令

主程序可以用子程序调用指令来调用一个子程序，子程序有子程序返回指令，子程序返回又分为条件返回和无条件返回。STESTEP7-Micro/WIN 编程软件为每个子程序自动加入无条件返回（RET）指令。指令格式及功能见表 9.7。

表 9.7　　　　　　　　　　**子程序调用指令及子程序返回指令格式及功能**

指令名称	LAD	STL	指 令 功 能
子程序 调用指令	SBR_n —EN	CALL SBR_n	控制条件有效时，子程序调用与标号指令（CALL）把程序的控制权交给子程序（SBR_n），可以带参数或不带参数调用子程序。 n为常数，通常为 0～63
子程序返回 指令	——(RET)	CRET	有条件子程序返回指令（CRET）根据该指令前面的逻辑关系，决定是否终止子程序（SBR_n），在控制条件有效时，终止子程序。 无条件子程序返回指令（RET）立即终止子程序的执行。 子程序结束后，必须返回到原调用处

指令说明：

（1）一个项目中最多可以创建 64 个子程序，CPU 226 型 PLC 支持 128 个子程序。

（2）在中断程序、子程序中也可调用子程序，但在子程序中不能调用自己，子程序的嵌套深度最多为 8 层。

（3）子程序被调用时，系统会保存当前的逻辑堆栈。保存后置栈顶值为 1，堆栈的其他值为零，把控制权交给被调用的子程序。子程序执行完毕，通过返回指令自动恢复逻辑堆栈原调用点的值，把控制权交还给调用程序。主程序和子程序共用累加器，调用子程序时无须对累加器作存储及重装操作。

2. 局部变量表

使用子程序可以将程序分成容易管理的小块，使程序结构简单清晰，易于查错和维护。如果子程序中只使用局部变量，因为与其他 POU 没有地址冲突，可以将子程序移植到其他项目。为了移植子程序，应避免使用全局符号和变量（I、Q、M、SM、AI、AQ、V、T、C、S、AC 内存中的绝对地址）。

（1）局部变量与全局变量。在 SIMATIC 符号表（西门子符号表）或 IEC（国际电工委员会）的全局变量表中定义的变量为全局变量。程序中的每个程序 POU 均有自己的由 64 字节存储器组成的局部变量表。它们用来定义有范围限制的变量。局部变量只在它被创建的 POU 中有效。与之相反，全局符号在各 POU 中均有效，只能在符号表/全局变量表中定义。全局符号与局部变量名称相同时，在定义局部变量的 POU 中，该局部变量的定义优先，该全局定义则在其他 POU 中使用。

在子程序中只用局部变量，不用绝对地址或全局符号，子程序可以移植到别的项目去。局部变量还用来在子程序和调用它的程序之间传递输入参数和输出参数。在编程软件中，将水平分列条拉至程序编辑器视窗的顶部，则不再显示局部变量表，但它仍然存在；将分列条下拉，将再次显示局部变量表。

带参数调用子程序时需要设置调用的参数，参数由地址、参数名称（最多 8 个字符）、变量类型和数据类型描述。子程序最多可以传递 16 个参数，传递的参数在子程序局部变量表中定义，如图 9.15 所示。

（2）局部变量的类型。局部变量表中的变量有 IN、IN_OUT、OUT 和 TEMP 四种

符号		变量类型	数据类型	注释
	EN	IN	BOOL	
L0.0	IN1	IN	BOOL	
LB1	IN2	IN	BYTE	
L2.0	IN3	IN	BOOL	
LD3	IN4	IN	DWORD	
		IN		
LD7	INOUT	IN_OUT	REAL	
LD11	OUT	OUT	REAL	
		IN		
		IN_OUT		

图 9.15　局部变量表

类型。

1）IN（输入）型：将指定位置的参数传入子程序。如果参数是直接寻址（如 VB10），在指定位置的数值被传入子程序。如果参数是间接寻址（如＊AC1），地址指针指定地址的数值被传入子程序。如果参数是数据常量（16♯1234）或地址（&VB100），常量或地址数值被传入子程序。

2）IN_OUT（输入-输出）型：将指定参数位置的数值传入子程序，并将子程序的执行结果的数值返回至相同的位置。输入/输出型的参数不允许使用常量（如 16♯1234）和地址（如 &VB100）。

3）OUT（输出）型：将子程序的结果数值返回至指定的参数位置。常量（如 16♯1234）和地址（如 &VB100）不允许用作输出参数。

4）TEMP 型：是局部存储变量，只能用于子程序内部暂时存储中间运算结果，不能用来传递参数。

（3）局部变量表中数据类型。局部变量表中的数据类型包括能流、布尔（位）、字节、字、双字、整数、双整数和实数型。

1）能流：仅用于位（布尔）输入。能流输入必须用在局部变量表中其他类型输入之前，只有输入参数允许使用。在梯形图中表达形式为用触点（位输入）将左侧母线和子程序的指令盒连接起来。

2）布尔：用于位输入和输出。

3）字节、字、双字：分别用于 1、2 或 4 个字节不带符号的输入或输出参数。

4）整数、双整数：分别用于 2 或 4 个字节带符号的输入或输出参数。

5）实数：用于单精度（4 个字节）IEEE 浮点数值。

（4）建立带参数子程序的局部变量表。局部变量表隐藏在程序显示区，将梯形图显示区向下拖动，可以露出局部变量表，在局部变量表输入变量名称、变量类型、数据类型等参数以后，双击指令树中子程序（或选择单击方框快捷按钮 F9，在弹出的菜单中选择子程序项），在梯形图显示区显示出带参数的子程序调用指令盒。

局部变量表使用局部变量存储器，在局部变量表中加入一个参数时，系统自动给该参数分配局部变量存储空间。当给子程序传递值时，参数放在子程序的局部变量存储器中。在局部变量表中赋值时，只需指定局部变量的类型和数据类型，不用指定存储器地址（局部变量表最左列是系统指定的每个被传递参数的局部存储器地址），程序编辑器按照子程序指令的调用顺序将参数值分配给局部变量存储器，起始地址是 L0.0，8 个连续位的参数值分配一个字节，从 LX.0 到 LX.7。字节、字和双字值按照字节顺序分配在局部变量存储器中。

局部变量表变量类型的修改方法：用光标选中变量类型区，单击鼠标右键弹出快捷菜单，选中的相应类型，在变量类型区光标所在处可以得到选中的类型。

3. 带参数的子程序调用

对于梯形图程序，在子程序局部变量表中为该子程序定义参数后，将生成客户化的调用指令块，指令块中自动包含子程序的输入参数和输出参数。

图 9.16 所示为"模拟量计算"的子程序。在该子程序的局部变量表中，定义了名为"转换值""系数 1"和"系数 2"的输入（IN）变量，名为"模拟值"的输出（OUT）变量，名为"暂存"的临时（TEMP）变量。局部变量表最左边的一列是每个参数在局部存储器（L）中的地址。

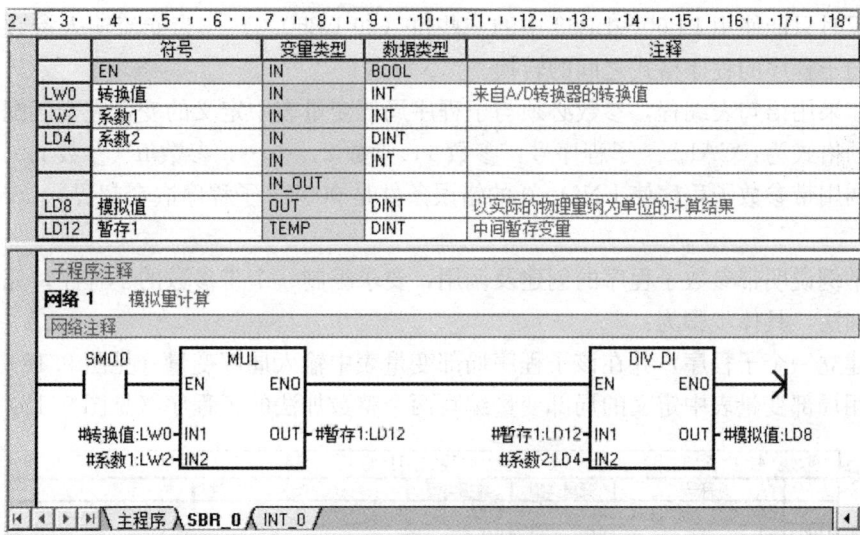

	符号	变量类型	数据类型	注释
	EN	IN	BOOL	
LW0	转换值	IN	INT	来自A/D转换器的转换值
LW2	系数1	IN	INT	
LD4	系数2	IN	DINT	
		IN	INT	
		IN_OUT		
LD8	模拟值	OUT	DINT	以实际的物理量纲为单位的计算结果
LD12	暂存1	TEMP	DINT	中间暂存变量

子程序注释

网络 1　模拟量计算

网络注释

```
SM0.0        MUL                           DIV_DI
─┤├─────EN    ENO───────────────────EN    ENO────( )

      #转换值:LW0─IN1   OUT─#暂存1:LD12   #暂存1:LD12─IN1   OUT─#模拟值:LD8
      #系数1:LW2─IN2                      #系数2:LD4─IN2
```

主程序 \ SBR_0 \ INT_0

图 9.16　模拟量计算子程序
与局部变量表

建立子程序后，STEP7-Micro/WIN 在指令树最下面的"调用子程序"文件夹下面自动生成刚创建的子程序"模拟量计算"对应的图标，在子程序局部变量表中为该子程序定义参数后，将生成客户化调用指令块（见图 9.17），指令块中自动包含了子程序的输入参数和输出参数。

在梯形图程序中插入子程序调用指令时，首先打开程序编辑器视窗中需要调用子程序的 POU，找到需要调用子程序的地方。双击打开指令树最下面的子程序文件夹，将需要调用的子程序图标从指令树"拖"到程序编辑器中的正确位置，放开左键，子程序块便被放置在该位置。也可以将矩形光标置于程序编辑器视窗中需要放置该子程序的地方，然后双击指令树中要调用的子程序，子程序图标会自动出现在光标所在的位置。

注意事项：

（1）如果在使用子程序调用指令后，又修改了该子程序的局部变量表，则调用指令无

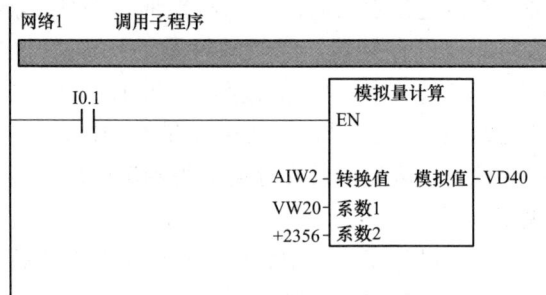

图 9.17　调用指令块

效。必须删除无效调用，并用反映正确参数的最新调用指令代替该调用。

（2）子程序和调用程序共用累加器，不会因使用子程序对累加器执行保存或恢复操作。

（3）编程软件使用局部变量存储器 L 内存的 4 个字节 LB60～LB63，保存调用参数数据。在编程时只能使用 LB60～LB63 中的一些位（如 LB60.0）作为能流输入参数，才能实现在参数的子程序的程序格式之间的转换。

（4）如果用语句表编程，参数必须与子程序局部变量表中定义的变量完全匹配。子程序调用指令的格式为：CALL　子程序号，参数 1，参数 2，……，参数 n（参数 n＝0～16）。

（5）调用带参数子程序使 ENO＝0 的错误条件是 0008（子程序嵌套超界）、SM4.3（运行时间）。

下面举例说明带参数子程序的创建及调用，要求编制一个带参数的子程序，完成任意两个整数的加法，具体步骤为：

（1）建立一个子程序，并在该子程序局部变量表中输入局部变量（见图 9.18）。

（2）用局部变量表中定义的局部变量编写两个整数加法的子程序（见图 9.18）。

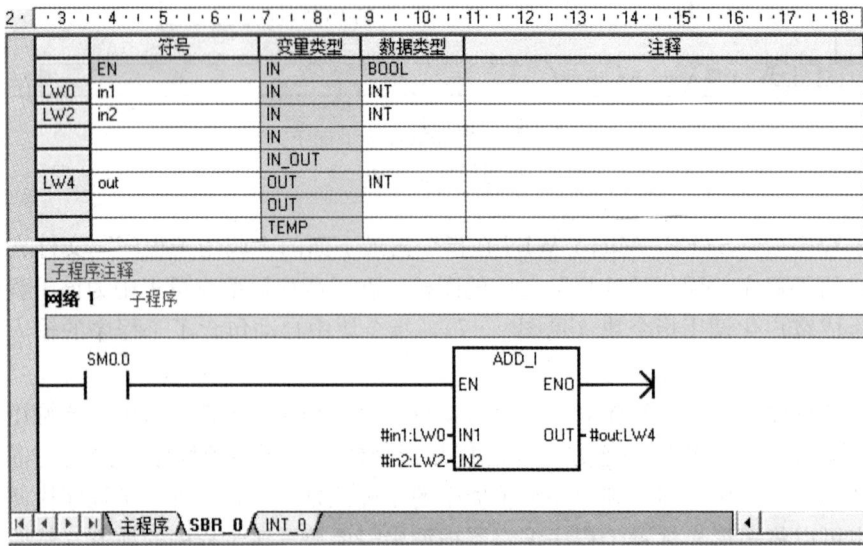

图 9.18　子程序局部变量表及整数加法子程序

（3）在主程序中调用该子程序，如图 9.19 所示。

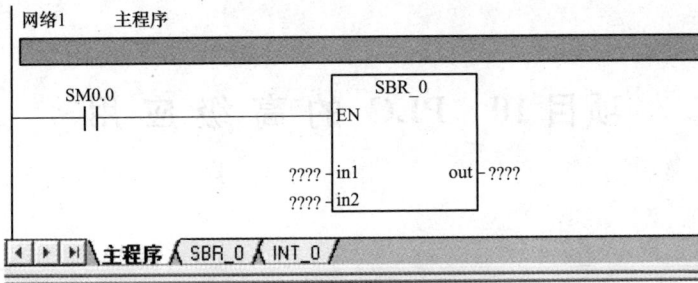

图 9.19　主程序中调用子程序

（4）在主程序中根据子程序局部变量表中变量的数据类型（INT）指定输入、输出变量的地址（对于整数型的变量应按字编址），输入变量也可以为常量，便可实现 VW0＋VW2＝VW100 的运算，如图 9.20 所示。

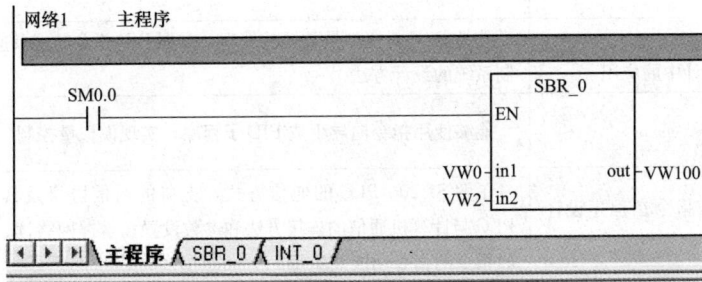

图 9.20　主程序

项目 10 PLC 的高级应用

教学设计

项 目 分 解	项 目 目 标
知识链接—— 高速处理指令在程序设计中的应用	掌握中断指令的格式及功能；熟悉高速计数器的计数方式、工作模式、控制字节、状态字节等含义；掌握高速计数器指令的功能及应用；掌握高速脉冲输出指令的功能及应用
任务（一） 使用"位控向导设置"控制步进电动机	能够使用位控向导设置高速输出梯形图程序，控制步进电动机运行
知识链接—— PID指令在程序设计中的应用	熟悉 PLC 对模拟量数据的处理，掌握 PID 指令功能及应用，掌握模拟量控制系统的设计方法
任务（二） PID控制电炉温度	能够使用指令向导生成 PID 子程序，实现模拟量控制
知识链接——通信指令在程序设计中的应用	了解 S7-200 PLC 的通信方式，支持的通信协议及其特点；熟悉 S7-200 PLC 与计算机通信的连接方法和参数设置；掌握网络读、写指令、发送与接收指令的指令功能及应用

10.1 知识链接——高速处理指令在程序设计中的应用

10.1.1 中断指令应用

在 PLC 控制系统中，对于那些不定期产生的急需处理的事件，常常采用中断处理技术来完成。中断程序不是由程序调用，而是在中断事件发生时由系统调用。当 CPU 响应中断请求后，会暂时停止当前正在执行的程序，进行现场保护，在将累加器、逻辑堆栈、寄存器及特殊继电器的状态和数据保存起来后，转到相应的中断服务程序中去处理。一旦处理结束，立即恢复现场，将保存起来的现场数据和状态重新装入，返回到原程序继续执行。

中断事件的发生具有随机性，中断处理属于 PLC 的高级应用技术，在人机联系、实时处理、运动控制、网络通信中非常重要。

1. 中断事件

在 PLC 中，很多信息和事件（即中断源）都能够引起中断。其中系统的内部中断是由系统来处理的，如编程器、数据处理器和某些智能单元等，可能随时会向 CPU 发出中断请求，PLC 会自动完成这种中断请求的处理；而由用户引起的分为两大类：来自控制过程的中断（过程中断），来自 PLC 内部的定时功能（时基中断）。

（1）过程中断。

1）通信口中断：S7-200 PLC 的串行通信口可以由用户程序来控制。用户可以通过编程的方法来设置波特率、奇偶校验和通信协议等参数。对通信口的这种操作方式，又称为自由通信。利用接收和发送中断可简化程序对通信的控制。

2）外部输入中断：中断的信息可以通过 I0.0～I0.3 的上升沿或下降沿输入到 PLC 中，系统将对此中断信息进行快速响应。

3）高速计数器中断：在应用高速计数器的场合下，允许响应高速计数器的当前值等于设定值，或者计数方向发生改变，或者高速计数器外部复位等事件使高速计数器向 CPU 提出的中断请求。

4）高速脉冲串输出中断：允许 PLC 响应完成输出给定数量的高速脉冲串时引起的中断。

（2）时基中断。

1）定时中断：定时中断响应周期性事件，按指定的周期时间循环执行。周期时间以 1ms 为计量单位，周期时间可从 1～255ms。定时中断有定时中断 0 和定时中断 1 两种类型，它们分别把周期时间写入特殊寄存器 SMB34 和 SMB35。

2）定时器中断：利用指定的定时器设定的时间产生中断。S7-200 PLC 中，指定的定时器为 1ms 的定时器 T32 和定时器 T96。中断允许后，定时器 T32 和 T96 的当前值等于预置值时就发生中断。

2. 中断优先级

S7-200 系列 PLC 最多有 34 个中断事件，每个中断事件分配不同的编号用于识别，称为中断事件号。在中断系统中，将全部中断事件按中断性质和轻重缓急分配不同的优先级，使得当多个中断事件同时发出中断请求时，按照优先级从高到低进行排队。S7-200 PLC 规定的中断优先级由高到低依次是通信中断、高速脉冲串输出中断、外部输入中断、高速计数器中断、定时中断、定时器中断。

CPU 响应中断的原则是：当不同优先级别的中断事件同时向 CPU 发出中断请求时，CPU 总是按照优先级别由高到低的顺序响应中断。当同一优先级别的多个中断源同时向 CPU 发出中断请求时，CPU 则按照先来先服务的原则处理。在同一时刻，只能有一个中断服务程序被执行。一个中断服务程序一旦处于执行过程中，中途不能被另一个中断服务程序所中断，即便是优先级别更高的中断也不行。在中断服务程序执行期间发生的其他中断需排队等候处理。

3. 中断指令

在 S7-200 PLC 中，中断服务程序的调用和处理由中断指令来完成。中断指令包括开中断指令、关中断指令、中断连接指令、中断分离指令、中断返回指令 RETI 和 CRETI、清除中断事件指令 CLEAR EVENT，其中前 4 条指令为常用指令，指令格式及功能见表 10.1。

表 10.1   **中断指令格式及功能**

梯形图（LAD）	语句表（STL）	指令功能及说明
—(ENI)	ENI	开中断指令，使能有效时，全局允许所有被连接的中断事件中断
—(DISI)	DISI	关中断指令，使能有效时，全局禁止所有被连接的中断事件

续表

梯形图（LAD）	语句表（STL）	指令功能及说明
ATCH EN ENO INT EVNT	ATCH INT, EVNT	中断连接指令，使能有效时，将一个中断事件（EVNT）和一个中断程序（INT）建立联系，并允许该中断事件
DTCH EN ENO EVNT	DTCH EVNT	中断分离指令，使能有效时，切断一个中断事件（EVNT）和所有程序的联系并禁用该中断事件

4. 中断程序

可以采用下列方法创建中断程序：在"编辑"菜单中选择"插入"→"中断"命令；或在程序编辑器视窗中单击鼠标右键，从弹出的菜单中选择"插入"→"中断"命令；或用鼠标右键单击指令树上的"程序块"图标，并从弹出的菜单中选择"插入"→"中断"命令。创建成功后程序编辑器将显示新的中断程序，程序编辑器底部出现标有新的中断程序的标签，可以对新的中断程序编程。

在中断程序中不能改写其他程序使用的存储器，最好使用局部变量。中断程序实现特定的任务，应"越短越好"，以减少中断程序的执行时间。在中断程序中禁止使用 DISI、ENI、CALL、HDEF、FOR/NEXT、LSCR、SCRE、SCRT、END 等指令。

10.1.2 高速计数器指令应用

PLC 普通计数器的计数过程与扫描工作方式有关，CPU 通过每一扫描周期读取一次被测信号来捕捉被测信号的上升沿，受扫描周期的影响，被测信号的频率较高时，会丢失计数脉冲，因此普通计数器的工作频率一般仅有几十赫兹。对于比 CPU 扫描频率高的脉冲输入，设计了高速计数器 HSC，用于捕捉比 CPU 扫描速度更快的事件，并产生中断，执行中断程序，完成预定的操作。

高速计数器在现代自动控制的精确定位控制领域有重要的应用价值，一般与增量式旋转编码器配合使用，实现精确定位和测量长度，它可用来累计比 PLC 的扫描频率高得多的脉冲输入。

1. S7-200 系列 PLC 的高速计数器

(1) 高速计数器的数量及编号。S7-200 系列 PLC 中有 6 个高速计数器，分别是 HSC0～HSC5，其中 HSC（或 HC）表示编程元件是高速计数器，n 为地址编号。不同型号的 PLC 主机其高速计数器的数量不同，CPU221 和 CPU222 有 4 个，分别是 HSC0 和 HSC3～HSC5。CPU224、CPU224XP 和 CPU226 有 6 个，分别是 HSC0～HSC5。这些计数器中，HSC3 和 HSC5 只能作为单相计数器，其他计数器既可以作为单相计数器，也可以作为双相计数器使用。

(2) 中断事件类型。高速计数器的计数和动作可采用中断方式进行控制，与 CPU 的扫描周期关系不大，各种型号 PLC 可用的高速计数器的中断事件大致分为 3 类：当前值等于预置值中断、输入方向改变中断、外部复位中断。所有高速计数器都支持当前值等于预设值中断，但并不是所有高速计数器都支持 3 种类型中断。每个高速计数器的 3 种中断优先级由高到低，不同高速计数器的优先级又按编号顺序由高到低，高速计数器产生的中断事件有14 个。中断源优先级可查阅有关技术手册。

（3）工作模式。S7-200 系列 PLC 高速计数器的输入点和工作模式如表 10.2 所示。工作模式分为 4 种基本类型：单路脉冲输入、内部方向控制的加、减计数器（模式 0~2）；单路脉冲输入、外部方向控制的加、减计数器（模式 3~5）；两路脉冲输入双相加/减计数器（模式 6~8）；A、B 相正交计数器（模式 9~11）。根据有无外部硬件复位和启动输入，4 种类型又可分为 3 种，即无复位无启动输入、有复位无启动输入和既有启动又有复位输入。

每种高速计数器有多种工作模式，以完成不同的功能。高速计数器的工作模式与中断事件有密切关系。在使用一个高速计数器时，首先要使用 HDEF 指令给计数器设定一种工作模式。每一种 HSCn 的工作模式的数量也不同，HSC0 和 HSC4 最多有 8 种（0、1、3、4、6、7、9、10），HSC1 和 HSC2 最多 12 种（0~11），而 HSC3 和 HSC5 只有一种工作模式（0）。选用某个高速计数器在某种工作模式下工作后，高速计数器所使用的输入端不是任意选择的，必须按系统指定的输入点输入信号。例如选择 HSC1 在模式 11 下工作，则必须用I0.6 作为 A 相脉冲输入端，I0.7 作为 B 相脉冲输入端，I0.0 作为复位端，I1.1 作为启动端。已经定义用于高速计数器的输入点不应再用于其他的功能。

表 10.2　　　　　　　　　　　　高速计数器的输入点和工作模式

高速计数器 HSC 的工作模式	功能及说明		占用的输入端子及其功能			
	高速计数器编号	HSC0	I0.0	I0.1	I0.2	×
		HSC4	I0.3	I0.4	I0.5	×
		HSC1	I0.6	I0.7	I1.0	I1.1
		HSC2	I1.2	I1.3	I1.4	I1.5
		HSC3	I0.1	×	×	×
		HSC5	I0.4	×	×	×
0	单路脉冲输入的内部方向控制加、减计数。控制字节的第 3 位。SM37.3 为 0，减计数；SM37.3 为 1，加计数		脉冲输入端	×	×	×
1				×	复位端	×
2				×	复位端	启动
3	单路脉冲输入的外部方向控制加、减计数。方向控制端为 0，减计数；方向控制端为 1，加计数		脉冲输入端	方向控制端	×	×
4					复位端	×
5					复位端	启动
6	两路脉冲输入的双相加、减计数。加计数有脉冲输入，加计数；减计数端脉冲输入，减计数（加、减计数脉冲时间间隔在 0.3ms 之内，CPU 会认为这两个计数脉冲是同时到来的，此时计数器的当前值保持不变）		加计数脉冲输入端	减计数脉冲输入端	×	×
7					复位端	×
8					复位端	启动
9	A、B 相正交计数。A 相超前于 B 相 90°时，加计数；B 相超前于 A 相 90°时，减计数（有 1 倍频模式和 4 倍频模式，需要增加测量精度时，可采用 4 倍频模式）		A 相脉冲输入端	B 相脉冲输入端	×	×
10					复位端	×
11					复位端	启动

2. 高速计数器指令的功能及说明

(1) 高速计数器指令格式及功能见表 10.3。

表 10.3 高速计数器指令格式及功能

梯形图 (LAD)	语句表 (STL)	指令功能及说明
HDEF EN ENO ????—HSC ????—MODE	HDEF HSC, MODE	定义高速计数器指令, 当使能输入有效时, 根据高速计数器特殊存储器位的状态及 HDEF 指令指定的工作模式, 设置高速计数器并控制其工作。操作数 HSC 指定高速计数器号 (0～5), MODE 指定高速计数器的工作模式 (0～11)。每个高速计数器只能用一条 HDEF 指令
HSC EN ENO ????—N	HSC N	高速计数器指令, 当使能输入有效时, 按照 HDEF 指令指定的工作模式, 为高速计数器分配一种工作模式并控制其工作。操作数 N 指定高速计数器号 (0～5)

(2) 控制字节。高速计数器的控制字节用于设置计数器的计数允许、计数方向等, 各高速计数器的控制字节含义如表 10.4 所示。

表 10.4 高速计数器的控制字节含义

HSC0	HSC1	HSC2	HSC3	HSC4	HSC5	说 明
SM37.0	SM47.0	SM57.0	×	SM147.0	×	复位信号有效电平: 0 为高电平有效; 1 为低电平有效
×	SM47.1	SM57.1	×	×	×	启动信号有效电平: 0 为高电平有效; 1 为低电平有效
SM37.2	SM47.2	SM57.2	×	SM147.2	×	正交计数器的倍率选择: 0 为 4 倍率; 1 为 1 倍率
SM37.3	SM47.3	SM57.3	SM137.3	SM147.3	SM157.3	计数方向控制位: 0 为减计数; 1 为加计数
SM37.4	SM47.4	SM57.4	SM137.4	SM147.4	SM157.4	向 HSC 写入计数方向: 0 为不更新; 1 为更新
SM37.5	SM47.5	SM57.5	SM137.5	SM147.5	SM157.5	向 HSC 写入新的预设值: 0 为不更新; 1 为更新
SM37.6	SM47.6	SM57.6	SM137.6	SM147.6	SM157.6	向 HSC 写入新的当前值: 0 为不更新; 1 为更新
SM37.7	SM47.7	SM57.7	SM137.7	SM147.7	SM157.7	启用 HSC: 0 为关 HSC; 1 为开 HSC

(3) 状态字节。每个高速计数器都有一个状态字节。状态位用来表示当前计数方向、当前值是否大于或等于预置值。每个高速计数器状态字节的状态位如表 10.5 所示, 其中状态字节的 0～4 位未用。PLC 通过监控高速计数器状态位使外部事件产生中断, 来完成重要的操作。

表 10.5 高速计数器状态字节的状态位

HSC0	HSC1	HSC2	HSC3	HSC4	HSC5	含　义
SM36.5	SM46.5	SM56.5	SM136.5	SM146.5	SM156.5	当前计数方向状态位：0 为减计数；1 为加计数
SM36.6	SM46.6	SM56.6	SM136.6	SM146.6	SM156.6	当前值等于预置值状态位：0 为不等于；1 为相等
SM36.7	SM46.7	SM56.7	SM136.7	SM146.7	SM156.7	当前值大于预置值状态位：0 为小于或等于；1 为大于

（4）当前值寄存器和预置值寄存器。每个高速计数器都有一个 32 位当前值寄存器和一个 32 位预置值寄存器，当前值和预设值均为带符号的整数值。高速计数器的值可以通过高速计数器标识符 HC 加计数器号码寻址来读取。当前值和预置值占用的特殊内部寄存器如表 10.6 所示。

表 10.6 高速计数器当前值寄存器和预置值寄存器

寄存器名称	HSC0	HSC1	HSC2	HSC3	HSC4	HSC5
当前值寄存器	SMD38	SMD48	SMD58	SMD138	SMD148	SMD158
预置值寄存器	SMD42	SMD52	SMD62	SMD142	SMD152	SMD162

10.1.3　高速脉冲输出指令应用

高速脉冲输出指令功能是指在 PLC 的某些输出端产生高速脉冲，用来驱动负载实现精确定位控制、速度控制等，在运动控制中具有广泛应用。S7-200 系列 PLC 高速脉冲输出频率可达 20kHz，使用高速脉冲输出功能时，PLC 主机应选用晶体管输出型，以满足高速输出的频率要求。

1. 高速脉冲输出方式

S7-200 晶体管输出型的 PLC（如 CPU224DC/DC/DC）有脉冲串输出（PTO）、脉宽调制输出（PWM）两台高速脉冲发生器。一个发生器分配给输出端 Q0.0，另一个分配给 Q0.1。PTO、PWM 输出映象寄存器共同使用 Q0.0 和 Q0.1，当 Q0.0 或 Q0.1 设定为 PTO 或 PWM 功能时，其他操作均失效。当不使用 PTO 或 PWM 发生器时，Q0.0 或 Q0.1 作为普通输出端子使用。通常在启动 PTO 或 PWM 操作之前，用复位 R 指令将 Q0.0 或 Q0.1 清 0。

（1）脉冲串输出（PTO）。PTO 功能可输出一定脉冲个数和占空比为 50% 的方波脉冲。输出脉冲的个数在 1～4294967295 范围内可调，输出脉冲的周期以 μs 或 ms 为增量单位，变化范围分别是 10～65535 μs 或 2～65535ms。编程时周期一般设置成偶数，如果周期小于两个时间单位，周期被默认为两个时间单位。如果指定的脉冲数为 0，则脉冲数默认为 1。PTO 功能允许多个脉冲串排队输出，从而形成流水线（也称为管线）。流水线分为两种：单段流水线和多段流水线。

单段流水线是指流水线中每次只能存储一个脉冲串的控制参数，初始 PTO 段一旦启动，必须按照对第二个波形的要求立即刷新特殊存储器，并再次执行 PLS 指令，在第一个脉冲串完成后，第二个脉冲串输出立即开始，重复这一步骤可以实现多个脉冲串的输出。单段流水线中的各段脉冲串可以采用不同的时间基准，但有可能造成脉冲串之间的不平稳过渡。

多段流水线是指在变量存储区 V 建立一个包络表（包络表 Profile 是一个预先定义的横坐标为位置、纵坐标为速度的曲线，是运动的图形描述），包络表存放每个脉冲串的参数。执行 PLS 指令时，PLC 自动按包络表中的顺序及参数进行脉冲串输出。包络表中每段脉冲串的参数占用 8 个字节，由一个 16 位周期值、一个 16 位周期增量值 Δ（周期增量值为整数微秒或毫秒）和一个 32 位脉冲计数值组成。包络表的格式如表 10.7 所示。

表 10.7　　　　　　　　　　　　　　　多段流水线的包络表格式

从包络表起始地址的字节偏移	段	说　明
VBn		总段数（1～255）；数值 0 产生非致命错误，无 PTO 输出
VBn+1		初始周期（2～65535 个时基单位）
VBn+3	段 1	每个脉冲的周期增量 Δ（符号整数：−32768～32767 个时基单位）
VBn+5		脉冲数（1～4294967295）
VBn+9		初始周期（2～65535 个时基单位）
VBn+11	段 2	每个脉冲的周期增量 Δ（符号整数：−32768～32767 个时基单位）
VBn+13		脉冲数（1～4294967295）
VBn+17		初始周期（2～65535 个时基单位）
VBn+19	段 3	每个脉冲的周期增量 Δ（符号整数：−32768～32767 个时基单位）
VBn+21		脉冲数（1～4294967295）

多段流水线的特点是编程简单，能够通过指定脉冲的数量自动增加或减少周期，周期增量值 Δ 为正值会增加周期，周期增量值 Δ 为负值会减少周期，若 Δ 为零则周期不变。在包络表中的所有的脉冲串必须采用同一时基，在多段流水线执行时，包络表的各段参数不能改变。多段流水线常用于步进电动机的控制。

（2）脉宽调制输出（PWM）。PWM 功能可输出周期一定占空比可调的高速脉冲串，其时间基准可以是 μs 或 ms，周期的变化范围为 10～65535 μs 或 2～65535ms，脉宽的变化范围为 0～65535μs 或 0～65535ms。当指定的脉冲宽度大于周期值时，占空比为 100%，输出连续接通。当脉冲宽度为 0 时，占空比为 0%，输出断开。如果指定的周期小于两个时间单位，周期被默认为两个时间单位。

可以用同步更新、异步更新两种办法改变 PWM 波形的特性。如果不要求改变时间基准，即可以进行同步更新，同步更新时，波形的变化发生在两个周期的交界处，可以实现平滑过渡。如果需要改变时间基准，则应使用异步更新。异步更新瞬时关闭 PTO/PWM 发生器，与 PWM 的输出波形不同步，可能引起被控设备的抖动。为此通常不使用异步更新，而是选择一个适用于所有周期时间的时间基准，使用同步 PWM 更新。

PWM 输出的更新方式由表 10.9 控制字节中的 SM67.4 或 SM77.4 位来指定，执行高速脉冲输出 PLS 指令使改变生效。如果改变了时间基准，不管 PWM 更新方式位的状态如何，都会产生一个异步更新。

2. 高速脉冲输出指令功能及说明

(1) 指令格式及功能见表 10.8。

表 10.8　　　　　　　　　高速脉冲输出指令 PLS 格式及功能

梯形图 LAD	语句表 STL	指令功能及说明
PLS EN ENO ????-Q0.X	PLS　Q0.X	使能有效时，检查用于脉冲输出（Q0.0 或 Q0.1）的特殊存储器位（SM），然后执行特殊存储器位定义的脉冲操作。 操作数 X 指定脉冲输出端子，0 为 Q0.0 输出，1 为 Q0.1 输出；PTO 和 PWM 都由 PLS 指令来激活；PTO 可采用中断方式进行控制，而 PWM 只能由指令 PLS 来激活

(2) 相关特殊功能寄存器。Q0.0 和 Q0.1 输出端子的高速输出功能通过对 PTO/PWM 寄存器的不同设置来实现。这些特殊寄存器分为三大类，各寄存器的字节值和位值的意义如表 10.9 所示，PTO/PWM 功能控制位控制字节设置可参考表 10.10。

表 10.9　　　　　　　　　PTO/PWM 寄存器的字节值和位值的意义

寄存器分类	Q0.0	Q0.1	状态位意义
PTO/PWM 功能状态位	SM66.4	SM76.4	PTO 包络由于增量计算错误异常终止（0—无错；1—异常终止）
	SM66.5	SM76.5	PTO 包络由于用户命令异常终止（0：无错；1：异常终止）
	SM66.6	SM76.6	PTO 流水线溢出（0：无溢出；1：溢出）
	SM66.7	SM76.7	PTO 空闲位（0：运行中；1：PTO 空闲）
PTO/PWM 功 能控制位	SM67.0	SM77.0	PTO/PWM 刷新周期值（0：不刷新；1：刷新）
	SM67.1	SM77.1	PWM 刷新脉冲宽度值（0：不刷新；1：刷新）
	SM67.2	SM77.2	PTO 刷新脉冲计数值（0：不刷新；1：刷新）
	SM67.3	SM77.3	PTO/PWM 时基选择（0：1μs；1：1ms）
	SM67.4	SM77.4	PWM 更新方法（0：异步更新；1：同步更新）
	SM67.5	SM77.5	PTO 操作（0：单段操作；1：多段操作）
	SM67.6	SM77.6	PTO/PWM 模式选择（0：选择 PTO；1：选择 PWM）
	SM67.7	SM77.7	PTO/PWM 允许（0—禁止；1—允许）
PTO/PWM 功 能寄存器	SMW68	SMW78	PTO/PWM 周期时间值（2~65535）
	SMW70	SMW80	PWM 脉冲宽度值（0~65535）
	SMD72	SMD82	PTO 脉冲计数值（1~4294967295）
	SMB166	SMB176	多段流水线 PTO 运行中的段的编号（仅用于多段 PTO 操作）
	SMW168	SMW178	包络表起始位置，用从 V0 开始的字节偏移量表示（仅用于多段 PTO 操作）
	SMB170	SMB180	线性包络状态字节
	SMB171	SMB181	线性包络结果寄存器
	SMB172	SMB182	手动模式频率寄存器

表 10.10　　　　　　　　　　　PTO/PWM 功能控制字节设置参考

控制字节	启用	执行 PLS 指令的结果				
		模式选择	PTO 段操作/ PWM 更新方法	时基	PTO 脉冲数/ PWM 脉冲宽度	周期
16♯81	是	PTO	单段	1μs/单位		更新
16♯84	是	PTO	单段	1μs/单位	更新脉冲数	
16♯85	是	PTO	单段	1μs/单位	更新脉冲数	更新
16♯89	是	PTO	单段	1ms/单位		更新
16♯8C	是	PTO	单段	1ms/单位	更新脉冲数	
16♯8D	是	PTO	单段	1ms/单位	更新脉冲数	更新
16♯A0	是	PTO	多段	1μs/单位		
16♯A8	是	PTO	多段	1ms/单位		
16♯D1	是	PWM	同步	1μs/单位		更新
16♯D2	是	PWM	同步	1μs/单位	更新脉冲宽度	
16♯D3	是	PWM	同步	1μs/单位	更新脉冲宽度	更新
16♯D9	是	PWM	同步	1ms/单位		
16♯DA	是	PWM	同步	1ms/单位	更新脉冲宽度	
16♯DB	是	PWM	同步	1ms/单位	更新脉冲宽度	更新

任务（一）　使用"位控向导设置"控制步进电动机

一、任务要求

自动化生产线 YL-335A 中输送单元负责工件在各单元之间的传送，输送单元中步进电动机为两相四线直流步进电动机，驱动电压为 24~40V。要求：按下启动按钮，步进电机带动输送单元以低速度将工件从送料站送往加工站，放好工完后再从加工站以高速度回到送料站（为简化程序，不考虑输送单元"抓取工件"等其他过程）。使用"位控向导设置"编写程序，控制步进电动机完成这一过程。

二、I/O 端口分配

YL-335A 自动化生产线 PLC 的 I/O 端口分配如表 10.11 所示。

表 10.11　　　　　　　YL-335A 自动化生产线 PLC 的 I/O 端口分配

	输入设备	输入继电器编号		输出设备	输出继电器编号
SB1	启动按钮（动合）	I0.0	CP	脉冲输出	Q0.0
SB2	停止按钮（动合）	I0.1	DIR	方向控制	Q0.2
4B	工件放置到位传感器	I0.3			

三、PLC 接线图

YL-335A 自动化生产线 PLC 控制接线如图 10.1 所示。

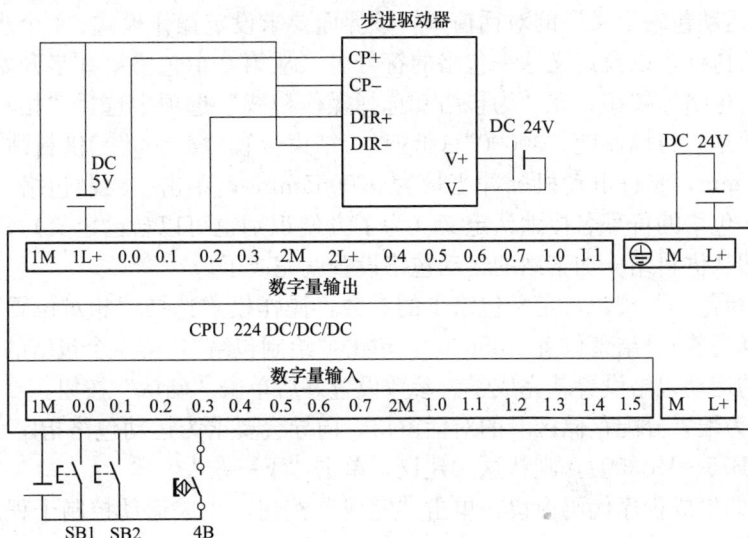

图 10.1 YL-335A 自动化生产线 PLC 端子接线

输送单元选择 CPU224DC/DC/DC PLC，该型号 PLC 的输出直流电压可在 5～30V DC 之间变动，步进驱动器控制信号为＋5V。如果 PLC 输出信号为＋24V，需要在 PLC 与步进驱动器之间串联一只 2kΩ 的电阻分压，使步进驱动器的输入信号近似等于＋5V。图 10.1 采用 PLC 直接输出＋5V 的接线方法，直接与步进驱动器相接。步进驱动器的 CP＋和 CP－是脉冲接线端子，DIR＋和 DIR－是方向控制信号的接线端子。步进驱动器有共阴极和共阳极两种接线方式，这里 PLC 输出信号为＋5V 信号，即 PNP 接法，所以采用共阴极接线，将步进驱动器的 CP－和 DIR－与电源的负极短接。

四、程序说明

(1) 使用"位置控制向导（P）"编写子程序的步骤如下：

1) 打开 STEP7-Micro/WIN 软件，选择主菜单"工具"→"位置控制向导（P）"进入"位置控制向导"选择窗口。在弹出的对话窗口中选择"配置 S7-200 PLC 内置 PTO/PWM 操作"单击"下一步"。

2) 在弹出的"指定一个脉冲发生器"对话窗口，选择"Q0.0"，单击"下一步"。

3) 弹出"选择 PTO 或 PWM"的对话窗口，选择"线性脉冲输出（PTO）"，如果想监视 PTO 产生的脉冲数目，可以选中复选框"使用高速计数器 HSC0（模式 12）自动计数线性 PTO 生成的脉冲"，再单击"下一步"。

4) 弹出"电动机速度"的对话窗口，在对应的编辑框中输入最高电机速度（MAX_SPEED）和电动机启动/停止速度（SS_SPEED）速度值。输入最高电动机速度"90000"，把电动机启动/停止速度设定为"600"。这时，如果单击 MIN_SPEED 值对应的灰色框，可以发现，MIN_SPEED 值改为 600。注意：MIN_SPEED 值由计算得出，用户不能在此域中输入其他数值。参数设置好后单击"下一步"。

5) 弹出"加速和减速"的对话窗口，在对应的编辑框中填写电动机加速时间（ACCEL-TIME）"1000"和电动机减速时间"200"（DECEL-TIME），然后单击"下一步"。

6）弹出"运动包络定义"的对话窗口，该界面要求设定操作模式、1 个步的目标速度、结束位置等步的指标，以及定义这一包络的符号名（从第 0 个包络第 0 步开始）。定义参数前首先单击"新包络"按钮，在"为包络 0 选择操作模式"选项中选择"相对位置"控制，填写包络 0 中数据，目标速度"30000"（低速），结束位置"85600"（供料站与加工站之间的距离设为 470mm，步进电动机脉冲当量为 0.0055mm），单击"绘制包络"，注意：这个包络只有 1 步，包络的符号名按默认定义（为了方便识别也可以自己定义）。这样，第 0 个包络的设置，即从供料站→加工站的运动包络设置就完成了。

7）单击"新包络"按钮，定义包络 1 的参数，操作模式选择"相对位置"控制，目标速度"60000"（高速），结束位置"85600"，单击"绘制包络"，第 1 个包络的设置，即从加工站→供料站的运动包络设置就完成了。参数设置好后单击"确认"按钮。

8）弹出"为配置分配存储区"的对话窗口，向导会要求为运动包络指定 V 存储区地址（建议地址为 VB75~VB300），默认这一建议，单击"下一步"。

9）在弹出的生成程序代码窗口，单击"完成"按钮，生成运动控制子程序。位置控制向导的设置完成。

（2）项目组件。运动包络组态完成后，向导会为所选的配置生成三个项目组件（子程序）是：PTO0_RUN 子程序（运行包络），PTO0_CTRL 子程序（控制）和 PTO0_MAN 子程序（手动模式）。一个由向导产生的子程序就可以在程序中调用。三个项目组件的功能分述如下：

1）PTOx_RUN 子程序（运行包络）：命令 PLC 执行存储于配置/包络表的特定包络中的运动操作。

2）PTOx_CTRL 子程序（控制）：启用和初始化与步进电动机或伺服电动机合用的 PTO 输出。在用户程序中只使用一次，并且确定在每次扫描时得到执行，即始终使用 SM0.0 作为 EN 的输入。

3）PTOx_MAN 子程序（手动模式）：将 PTO 输出置于手动模式。可以使电动机在向导中指定的范围（从启动/停止速度到最高电动机速度）内以不同的速度启动、停止和运行。当 PTOx_MAN 子程序已启用时，任何其他 PTO 子程序都无法执行。

项目组件参数如表 10.12 所示。

表 10.12　　　　　　　　　　　　项目组件参数

子程序	输入/输出参数	输入/输出参数含义
PTO0_RUN -EN -START -Profile　Done- -Abort　Error- C_Profile- C_Step- C_Pos-	EN	启用此子程序的使能位
	START	包络的执行启动信号。对于在 START 参数已开启且 PTO 当前不活动时的每次扫描，此子程序会激活 PTO。为了确保仅发送一个命令，使用上升沿以脉冲方式开启 START 参数
	Profile	包络为此运动包络指定的编号或符号名
	Abort	开启时位控模块停止当前包络并减速至电动机停止
	Done	当模块完成本子程序时，此参数 ON
	Error	（错误）参数，包含本子程序的结果
	C_Profile	包含位控模块当前执行的包络
	C_Step	包含目前正在执行的包络的步
	C_Pos	如果在向导中已启用 HSC 计数功能，此参数包含用脉冲数目表示的当前位置；否则此参数值始终为 0

续表

子程序	输入/输出参数	输入/输出参数含义
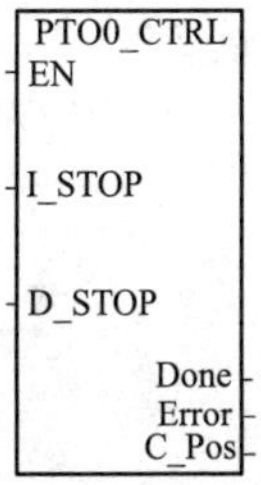PTO0_CTRL EN I_STOP D_STOP Done Error C_Pos	EN	启用此子程序的使能位
	I _ STOP	立即停止。当此输入为低时，PTO 功能会正常工作。当此输入变为高时，PTO 立即终止脉冲的发出
	D _ STOP	减速停止。当此输入为低时，PTO 功能会正常工作。当此输入变为高时，PTO 会产生将电动机减速至停止的脉冲串
	Done	完成。当“完成”位被设置为高时，表明 CPU 已执行完子程序
	Error	错误，包含本子程序的结果。当“完成”位为高时，错误字节会报告无错误或有错误代码表明是否正常完成
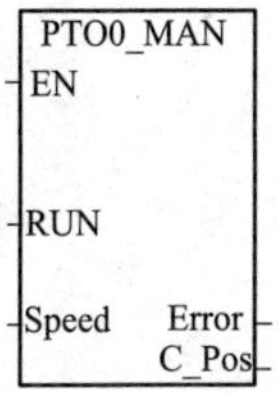PTO0_MAN EN RUN Speed Error C_Pos	EN	启用此子程序的使能位
	RUN	运行/停止。命令 PTO 加速到指定速度（Speed）。可以在电动机运行中更改 Speed 参数的数值。低电平时 RUN 参数命令 PTO 减速至电动机停止
	Speed	当 RUN 已启用时，Speed 参数确定速度，被限定在启动/停止速度和最大速度之间。速度是一个用每秒脉冲数计算的 DINT（双整数）值
	Error	参数包含本子程序的结果

（3）使用子程序编程。根据 I/O 配置及表 10.12，建立程序符号表，如图 10.2 所示。

			符号	地址	注释
1			启动按钮	I0.0	启动步进电动机
2			停止按钮	I0.1	停止步进电动机
3			工件放置到位	I0.3	输送单元将工件放置到加工单元指定位置
4			脉冲输出	Q0.0	高速脉冲控制步进电动机
5			方向控制	Q0.2	控制步进电动机方向
6			定时器	T37	放置工件延时
7			CTRL完成	M0.0	PTO0_CTRL完成标志
8			包络0完成	M0.1	包络0完成标志
9			包络1完成	M0.2	包络1完成标志
10			包络1中止	M0.4	包络1中止标志
11			包络1使能	M0.5	包络1使能标志
12			包络0中止	M0.6	包络0中止标志
13			包络0使能	M0.7	包络0使能标志
14			CTRL错误	MB1	PTOOL_CTRL错误代码
15			包络0错误	MB2	包络0错误代码
16			当前包络0	MB3	当前正在执行的包络
17			当前步0	MB4	当前正在执行的包络的步
18			包络1错误	MB5	包络1错误代码
19			当前包络1	MB6	当前正在执行的包络
20			当前步1	MB7	当前正在执行的包络的步
21			CTRL脉冲	MD10	PTOOL_CTRL脉冲数
22			包络0脉冲	MD14	包络0脉冲数
23			包络1脉冲	MD18	包络1脉冲数

用户定义1 / POU 符号 / PTO0_SYM

图 10.2　程序符号表

在主程序窗口中编写电动机控制程序，调用各项目组件。图 10.3 所示为调用 PTO0 _ CTRL 包络控制程序段。图 10.4 所示为启用包络 0 程序段。图 10.5 所示为运行包络 0 程序段。图 10.6 所示为复位包络 0 程序段。图 10.7 所示为启用包络 1 程序段。图 10.8 所示为运行包络 1 程序段。图 10.9 所示为复位包络 1 程序段。该参考程序没有考虑输送单元抓取工件装置的运动过程，简化了程序，在实训室实施时可在此程序基础上进行扩展。

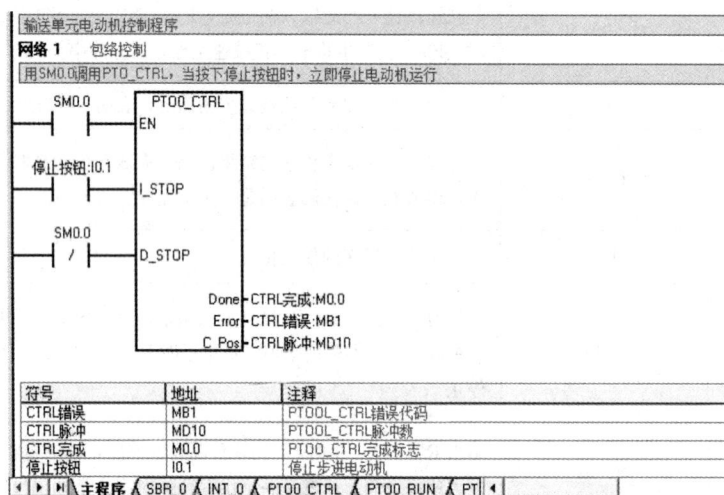

图 10.3 包络控制程序

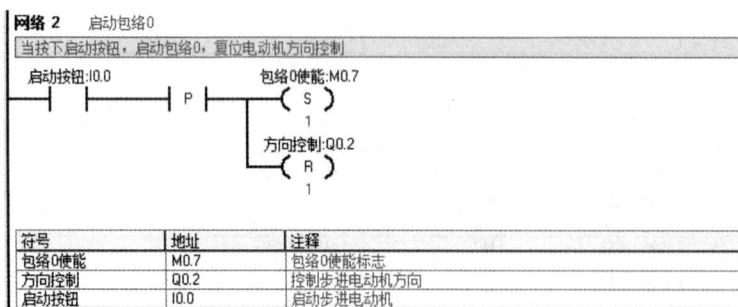

图 10.4 启用包络 0 程序

五、任务实施

（1）布线安装。按照布线工艺要求，根据控制接线图进行布线安装。

（2）电路断电检查。在断电的情况下，从电源端开始，逐段核对接线及接线端子处是否正确，有无漏接、错接之处，并用万用表检查电路的通断情况。

（3）在 STEP7-Micro/WIN 编程软件中输入、调试程序。

（4）在遵守安全规程的前提及指导教师现场监护下，通电试车。

网络 3　　运行包络0

调用PTO0_RUN函数，运行包络0，输送单元将工件从送料粘送到加工站

符号	地址	注释
包络0错误	MB2	包络0错误代码
包络0脉冲	MD14	包络0脉冲数
包络0使能	M0.7	包络0使能标志
包络0完成	M0.1	包络0完成标志
包络0中止	M0.6	包络0中止标志
当前包络0	MB3	当前正在执行的包络

◄ ► ►│ **主程序** ⟋ SBR_0 ⟋ INT_0 ⟋ PTO0_CTRL ⟋ PTO0_RUN ⟋ PT ◄

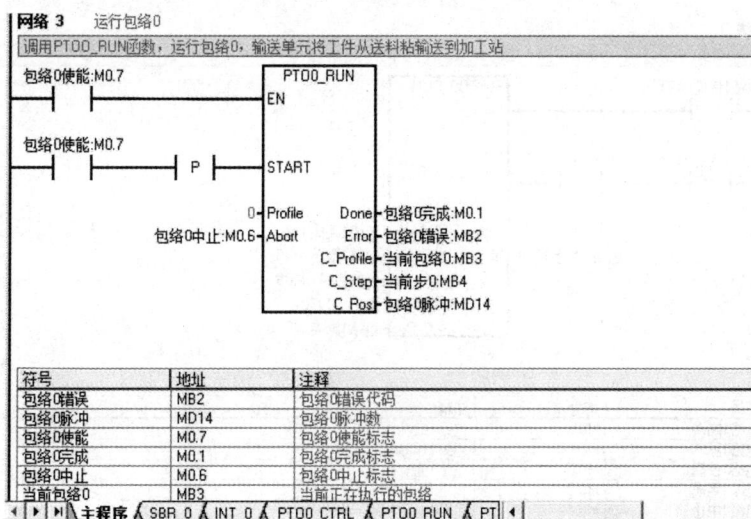

图 10.5　运行包络 0 程序段

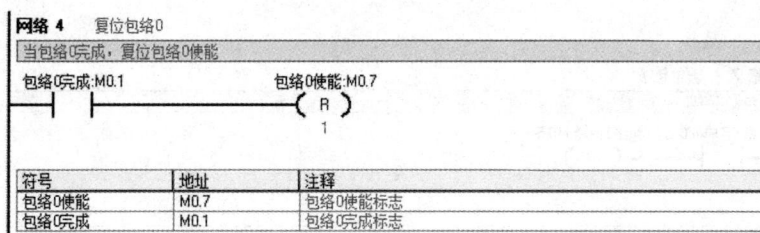

网络 4　　复位包络0

当包络0完成，复位包络0使能

符号	地址	注释
包络0使能	M0.7	包络0使能标志
包络0完成	M0.1	包络0完成标志

图 10.6　复位包络 0 程序

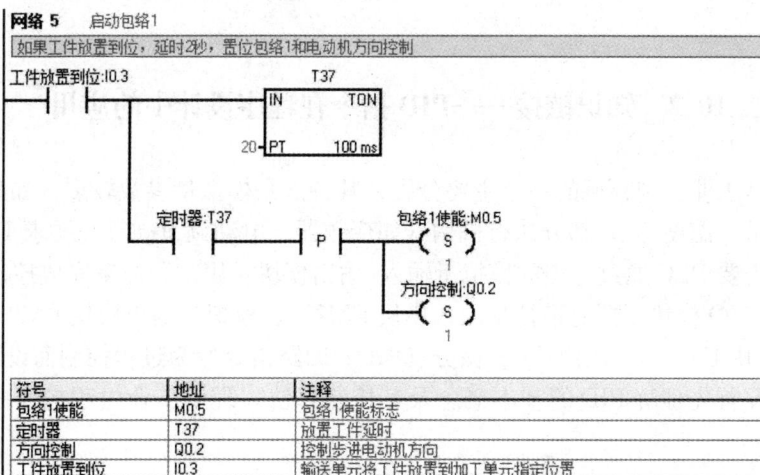

网络 5　　启动包络1

如果工件放置到位，延时2秒，置位包络1和电动机方向控制

符号	地址	注释
包络1使能	M0.5	包络1使能标志
定时器	T37	放置工件延时
方向控制	Q0.2	控制步进电动机方向
工件放置到位	I0.3	输送单元将工件放置到加工单元指定位置

图 10.7　启用包络 1 程序段

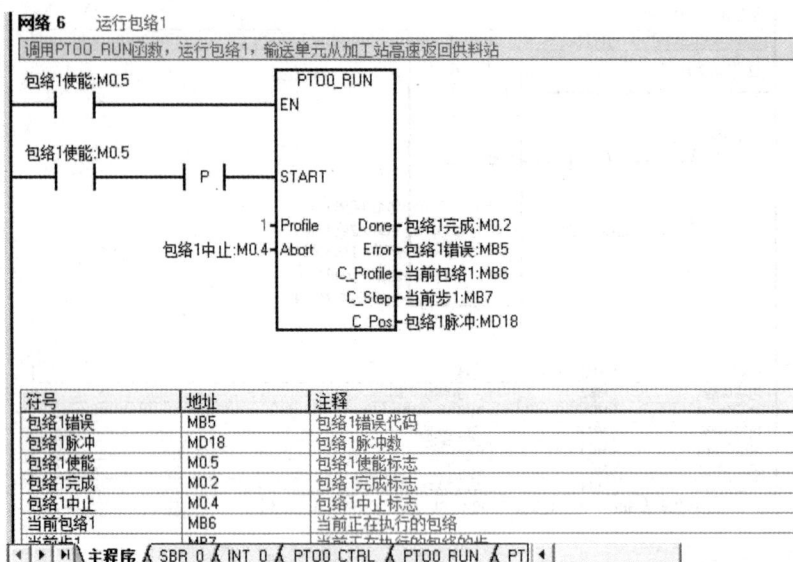

图 10.8　运行包络 1 程序

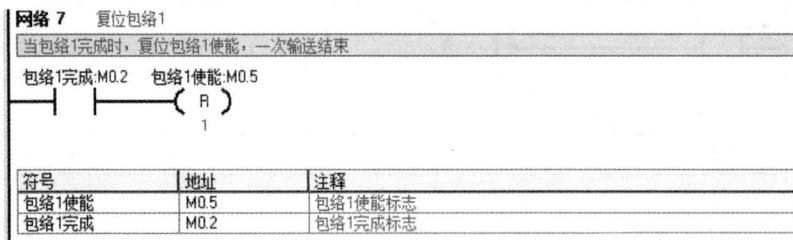

图 10.9　复位包络 1 程序

10.2　知识链接——PID 指令在程序设计中的应用

过程控制是工业控制领域的一个主要分支，其特点是模拟量参数较多（如某些输入量速度、压力、流量、温度等），部分执行机构（如变频器、电动调节阀等）要求 PLC 输出模拟量信号，这就需要 PLC 通过专用的模拟量输入/输出模块及用户程序来完成控制。S7-200 系列 PLC 模拟量 I/O 模块主要有模拟量输入模块 EM231、模拟量输出模块 EM232、模拟量输入/输出混合模块 EM235。比例-积分-微分（PID）回路指令专为过程控制而设计，学习 PID 回路指令时，要首先理解 PID 的基本概念及其控制算法，理解工业过程控制中对模拟量处理的实质。

10.2.1　S7-200 系列 PLC 模拟量 I/O 模块

S7-200 系列 PLC 模拟量 I/O 模块的规格如表 10.13 所示，除了表中的 3 种模块，还有专门用于温度控制的 EM231 模拟量输入热电偶模块和 EM231 模拟量输入热电阻模块。这里仅对模块简单介绍，具体使用某种模拟量模块时可查阅模块使用说明。

表 10.13   **S7-200 系列 PLC 模拟量 I/O 模块的规格**

型号	输入（I）点	输出（O）点	电压	功率/W	电源要求	
					5V DC	24V DC
EM231	4	0	24V DC	2	20mA	60mA
EM232	0	2	24V DC	2	20mA	70mA
EM235	4	1	24V DC	2	30mA	60mA

1. 模拟量输入模块 EM231

（1）模拟量输入数据的数字量格式及性能。EM231 模块的功能是把模拟量输入信号通过模拟/数字（A/D）转换电路转换为一个字长（16 位）的数字量信号，转换后的数字量直接送入 PLC 内部的模拟量输入寄存器 AIW 中。储在 AIW 中的数据的有效位为 12 位，格式如图 10.10 所示。对单极性而言，最高位为符号位，最低 3 位是测量精度位，即 A/D 转换是以 8 为单位进行的；对双极性而言，最低 4 位是测量精度位，即 A/D 转换是以 16 为单位进行的。

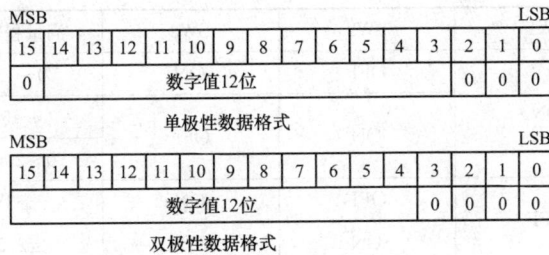

图 10.10 模拟量输入数据的数字量格式

EM231 模块的性能参数主要有：

1）数据格式：双极性范围为 -32000～32000，单极性范围为 0～32000。
2）输入电压范围：双极性为 ±5V 或 ±2.5V，单极性为 0～5V 或 0～10V。
3）输入电流范围：0～20mA。
4）最大输入电压：30V DC。
5）最大输入电流：32mA。

（2）校准与输入信号的整定。使用模拟量模块时，首先对于模拟量输入的电压或者电流信号的选择通过 DIP 开关设定（如图 10.11 所示）。量程的选择也是通过 DIP 开关来设定的，具体操作如表 10.14 所示，开关 SW1、SW2 和 SW3 可选择模拟量输入信号的范围。例如，如果模拟量输入信号为 0～10V 电压，则 DIP 开关应选为：SW1 为 ON，SW2 为 OFF，SW3 为 ON。一个模块可同时作为电流或者电压信号输入模块使用，必须分别按照电流和电压型信号的要求接线。但是 DIP 开关设置对整个模块的所有通道有效，在这种情况下，电流、电压信号的规格必须能设置为相同的 DIP 开关状态。表 10.14 中，0～5V 和 0～20mA 信号具有相同的 DIP 设置状态，可以接入同一个模拟量模块的不同通道。

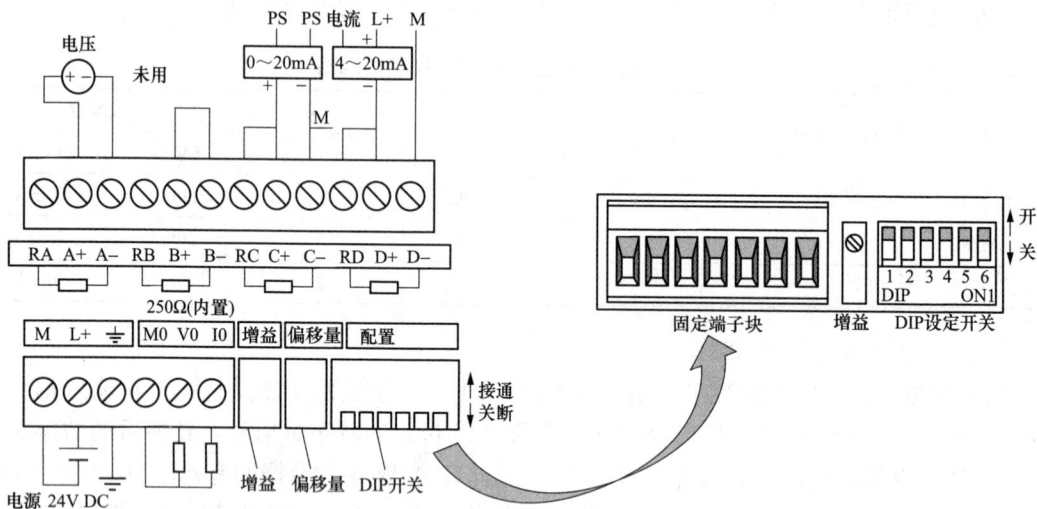

图 10.11 EM231 模块端子及 DIP 开关示意图

表 10.14   EM231 模块模拟量输入范围的开关表

极性	SW1	SW2	SW3	满量程输入	分辨率
单极性	ON	OFF	ON	0～10V	2.5mV
		ON	OFF	0～5V	1.25mV
				0～20mV	5μA
双极性	OFF	OFF	ON	±5V	2.5mV
		ON	OFF	±2.5V	1.25mV

选择好 DIP 开关的设置后，还需对输入信号进行整定，即确定模拟量输入信号与数字量转换结果的对应关系，通过调节 DIP 设定开关左侧的增益旋钮（见图 10.11）可调整该模块的输入输出关系。整定步骤如下：

1）切断模块电源，通过 DIP 开关选择需要的输入范围。

2）接通 CPU 及模块电源，并使模块稳定 15min。

3）用一个传感器、电压源或电流源给模块输入一个零值信号。

4）读取模拟量输入寄存器 AIW 相应地址中的值，获得偏移误差（输入为 0 时，模拟量模块产生的数字量偏差值），该误差在该模块中无法得到校正。

5）将一个工程量的最大值加到模块输入端，调节增益电位器，直到读数为 32 000，或为所需要的数值。

经上述整定后，若模拟量输入电压范围为 0～10V，则对应的数字量结果应为 0～32 000 或所需数值。

（3）外部接线。如图 10.11 所示，模块上部有 12 个端子，每 3 个点为一组，共 4 组，每组可作为 1 路模拟量的输入通道（电压信号或电流信号）。输入信号为电压信号时，用 2 个端子（如 A＋、A－）；输入信号为电流信号时，用 3 个端子（如 RC、C＋、C－，其中 RC 与 C＋端子短接）；未用的输入通道应短接（如 B＋、B－）。4 路模拟量地址分别是 AIW0、AIW2、AIW4 和 AIW6。

2. 模拟量输出模块 EM232

在 16 位数字量到模拟量转换器 AQW 中数据有效位为 12 位，其数据格式是左端对齐的，如图 10.12 所示。最高有效位是符号位，0 表示正值数据字，数据在装载到 D/A 转换器前，最低 4 位在转换为模拟量输出值时，将自动屏蔽，这些位不影响输出信号值。

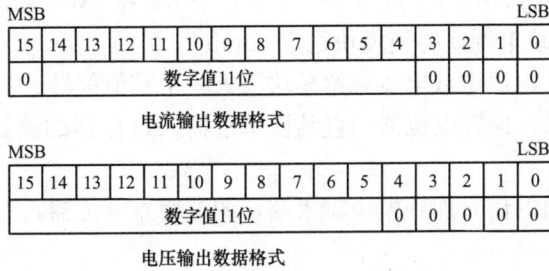

MSB   LSB

15	14	13	12	11	10	9	8	7	6	5	4	3	2	1	0
0			数字值11位									0	0	0	0

电流输出数据格式

MSB   LSB

15	14	13	12	11	10	9	8	7	6	5	4	3	2	1	0
		数字值11位									0	0	0	0	0

电压输出数据格式

图 10.12 模拟量输出数据之前的数字格式

EM232 模块的性能参数主要有：

1）数据格式：双极性范围为 -32000～32000，单极性范围为 0～32000。

2）输出电压范围：-10～+10V。

3）输出电流范围：0～20mA。

3. 模拟量输入/输出混合模块 EM235

（1）EM235 模块的特性。如图 10.13 所示，EM235 模块上部有 12 个端子，每 3 个点为一组，共 4 组，每组可作为 1 路模拟量的输入通道。下部电源右边的 3 个端子是 1 路模拟量输出（电压或电流信号），V0 端接电压负载，I0 端接电流负载，M0 端为公共端。4 路输入模拟量地址分别是 AIW0，AIW2，AIW4 和 AIW6；1 路输出模拟量地址是 AQW0。

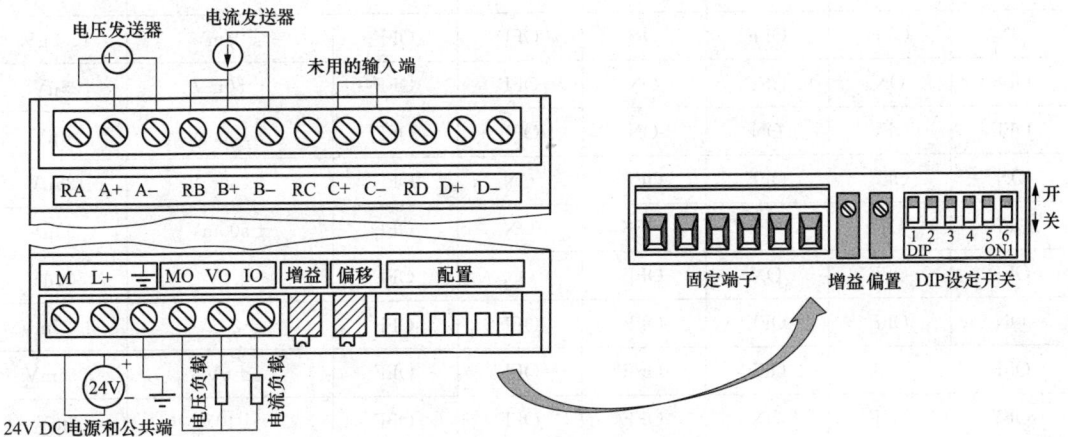

图 10.13 EM235 模块端子及 DIP 开关示意图

EM235 模块的输入回路与 EM231 模块的输入回路稍有不同，它增加了一个偏置电压调整回路，通过调节输出接线端子右侧的偏置电位器可以消除偏置误差，其输入特性对比

EM231 模块的输入特性，不同之处主要表现在可供选择的输入信号范围更加细致，以便适应其更加广泛的场合。EM235 模块的输出特性与 EM232 模块相同。

（2）EM235 模块的校准与输入信号的整定：

1）切断模块电源，通过 DIP 开关选择需要的输入范围，如表 10.15 所示，SW6 是单/双极性选择开关，SW4 和 SW5 是增益开关，SW1、SW2 和 SW3 是衰减开关。

2）接通 CPU 及模块电源，并使模块稳定 15min。

3）用一个传感器、电压源或电流源给模块输入一个零值信号。

4）调节（OFFSET）偏置电位器，直到模拟量输入寄存器的读数为零，或为所需要的数值。

5）将一个满刻度值的信号加到模块输入端，调节增益电位器，直到读数为 32 000 或所需要的数值。

6）必要时，重复偏置和增益校准过程。

表 10.15　　　　　　　　　　　　EM235 模块的 DIP 开关设置及分辨率

单极性						满量程输入	分辨率
SW1	SW2	SW3	SW4	SW5	SW6		
ON	OFF	OFF	ON	OFF	ON	0~50mV	12.5μV
OFF	ON	OFF	ON	OFF	ON	0~100mV	25μV
ON	OFF	OFF	OFF	ON	ON	0~500mV	125μA
OFF	ON	OFF	OFF	ON	ON	0~1V	250μV
ON	OFF	OFF	OFF	OFF	ON	0~5V	1.25mV
ON	OFF	OFF	OFF	ON	OFF	0~20mA	5μA
OFF	ON	OFF	OFF	OFF	ON	0~10V	2.5mV
双极性						满量程输入	分辨率
SW1	SW2	SW3	SW4	SW5	SW6		
ON	OFF	OFF	ON	OFF	OFF	±25mV	12.5μV
OFF	ON	OFF	ON	OFF	OFF	±50mV	25μV
OFF	OFF	ON	ON	OFF	OFF	±100mV	50μV
ON	OFF	OFF	OFF	ON	OFF	±250mV	125μV
OFF	ON	OFF	OFF	ON	OFF	±500mV	250μV
OFF	OFF	ON	OFF	ON	OFF	±1V	500μV
ON	OFF	OFF	OFF	OFF	OFF	±2.5V	1.25mV
OFF	ON	OFF	OFF	OFF	OFF	±5V	2.5mV
OFF	OFF	ON	OFF	OFF	OFF	±10V	5mV

10.2.2　模拟量数据的处理

1. 模拟量输入信号的整定

经模拟量输入模块转换后的数字信号直接存储在模拟量输入寄存器 AIW 中，这种数字量与被转换的过程量之间具有一定的函数对应关系，但数值上并不相等，必须经过某种转换才能使用。模拟量输入信号的整定是指：将模拟量输入对应的数字信号在 PLC 内部按照一定的函数关系进行转换。模拟量输入信号的整定通常需要考虑以下方面：

（1）模拟量输入值的数字量表示。首先应清楚模拟量输入模块输入数据的位数是多少，有效数据是否从数据字的第 0 位开始。若不是，应进行移位操作，使有效数据的最低位排列在数据字的第 0 位上，以保证数据的准确性。例如，EM231 模拟量输入模块，在双极性输入信号时，其模拟量有效值是从第 4 位开始的，因此数据整定的任务首先是把该数据字右移 4 位。

（2）模拟量输入值的数字量表示范围：该范围由模拟量输入模块的转换精度位数决定。

（3）系统偏移量的消除。系统偏移量是指在无模拟量输入信号的情况下由测量元件的测量误差及模拟量输入模块的转换死区所引起的具有一定数值的转换结果。消除偏移量的方法是在硬件方面进行必要的调整（EM235 模块可通过调整偏置电位器实现）或使用 PLC 的运算指令去除其影响。

（4）过程量的最大变化范围。过程量的最大变化范围与转换后的数字量最大变化范围应有一一对应关系，这样就可以使转换后的数字量精确地反映过程量的变化。如用 0～0FH 反映 0～10V 的电压与 0～FFH 反映 0～10V 的电压相比较，后者的灵敏度或精确度显然要比前者高得多。

（5）标准化。从模拟量输入模块采集到的过程量都是实际的工程量，其幅度、范围和测量单位都会不同。在 PLC 内部进行数据运算之前，必须将这些值转换为无量纲的标准化格式，如图 10.14 所示，步骤如下：

1）将工程实际值由 16 位整数转化为实数。

2）将实数格式的工程实际值转换为 [0.0, 1.0] 之间的无量纲相对值（称为标准化格式），公式如下

$$R_S = R_R/S_P + E \tag{10.1}$$

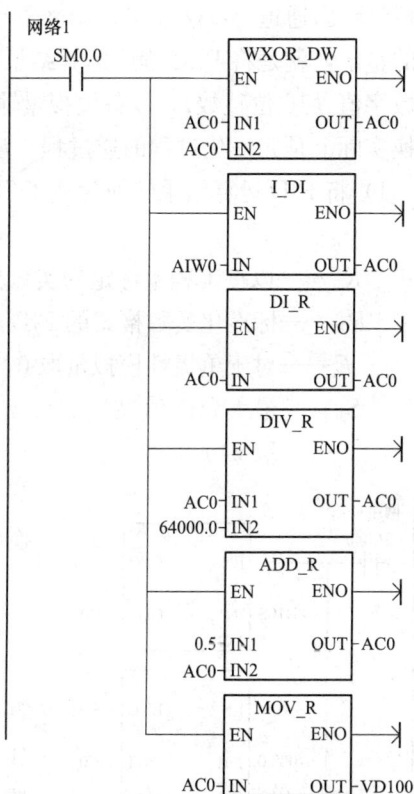

图 10.14　模拟量输入信号的标准化处理

式中　R_S——工程实际值的标准化值；

R_R——工程实际值的实数形式值，未标准化处理；

E——对于单极性值取 0，对于双极性取 0.5；

S_P——最大允许值减去最小允许值，对于单极性通常取 32000，对于双极性通常取 64000。

（6）数字量的滤波。电压、电流等模拟量常常会因为现场的瞬时干扰产生较大波动，这种波动经 A/D 转换后亦反映在 PLC 的数字量输入端。若仅用瞬时采样值进行控制计算，将会产生较大误差，有必要进行数字滤波。工程上数字滤波方法有算术平均值滤波、去极值平

均滤波以及惯性滤波等。算术平均值滤波的效果与采样次数有关，次数越多效果越好，但这种滤波方法对于强干扰的抑制作用不大。去极值平均滤波方获则可有效地消除明显的干扰信号，消除的方法是对多次采样值进行累加后，找出最大值和最小值，然后从累加和中减去最大值和最小值，再进行平均值滤波。惯性滤波的方法是逐次修正，它类似于较大惯性的低通滤波功能。这些方法也可同时使用。

2. 模拟量输出信号的整定

程序执行时，把各个标准化实数量用 PID 运算进行处理，产生一个标准化实数运算结果，这一结果同样也要用程序将其转化为相应的 16 位整数，然后周期性地被传送到指定的模拟量输出通道 AQW 输出，用来驱动模拟量负载，实现模拟量控制。所以，模拟量输出信号的整定，就是将 PLC 程序运算结果（标准化实数值）按照一定函数关系转换为 AQW 中的数字值（16 位整数），以备模拟量输出模块转换成工业现场需要的输出电压或电流。这一转换实际上是归一化过程的逆过程，步骤如下：

1）将 PID 运算结果转换为按工程量标定的实数格式，公式如下

$$R_S = (R_R - E)S_P \qquad (10.2)$$

式中 R_S——以按工程量标定的实数格式的 PID 运算结果；

R_R——标准化实数格式的 PID 运算结果；

E——对于单极性模拟量取 0，对于双极性模拟量取 0.5；

S_P——最大允许值减去最小允许值，对于单极性通常取 32000，对于双极性通常取 64000。

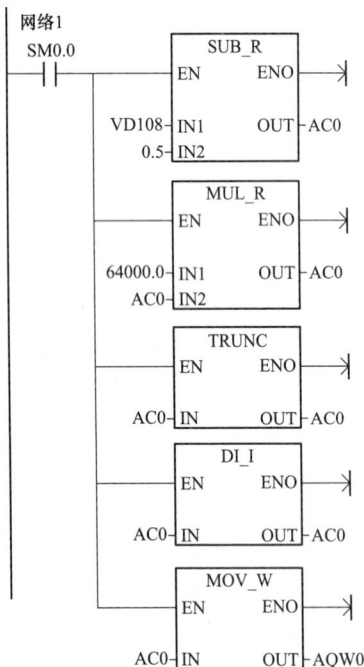

图 10.15 模拟量输出信号的整定

2）将已按工程量标定的实数格式的 PID 运算结果转换成 16 位的整数格式，程序如图 10.15 所示。

10.2.3 PLC 的 PID 控制

PID 是闭环控制系统的比例-积分-微分控制算法，运算中的积分作用可以消除系统的静态误差，提高精度，加强对系统参数变化的适应能力，而微分作用可以克服惯性滞后，提高抗干扰能力和系统的稳定性，可改善系统动态响应速度。因此，对于速度、位置等快过程及温度、化工合成等慢过程，PID 控制都具有良好的实际效果。PID 控制是负反馈闭环控制，控制器根据给定量与被控对象的实际值（反馈）的差值，按照 PID 算法计算出控制器的输出量，控制执行机构去影响被控对象的变化。

在 S7-200PLC 中，PID 功能是通 PID 指令功能块实现的。通过定时（按照采样时间）执行 PID 功能块，按照 PID 运算规律，根据当时的给定、反馈、比例-积分-微分数据，计算出控制量。

1. PID 指令

PID 指令的功能是进行 PID 运算。使能有效时，根据回路参数表（TBL）中的输入测量值、控制设定值及 PID 参数进行 PID 计算。指令格式如表 10.16 所示。

表 10.16 PID 指令格式

LAD	STL	指 令 说 明
PID EN ENO ????-TBL ????-LOOP	PID TBL, LOOP	TBL：参数表起始地址 VB，数据类型为字节。 LOOP：回路号，常量（0~7），数据类型为字节。 指令功能：PID 回路控制指令利用以 TBL 为起始地址的回路表中提供的回路参数，进行 PID 运算

使用 PID 指令关键有 3 步：建立 PID 回路参数表；对输入采样数据进行归一化处理；对 PID 输出数据进行工程量转换。

PID 控制回路参数表如表 10.17 所示。

表 10.17 PID 控制回路参数表

地址偏移量	参数名	数据格式	I/O 类型	参数说明
0	过程变量当前值 PV_n		I	必须在 0.0~1.0 之间
4	给定值 SP_n		I	必须在 0.0~1.0 之间
8	输出值 M_n		I/O	必须在 0.0~1.0 之间
12	增益 K_c		I	比例常数，可正可负
16	采样时间 T_s	双字，实数	I	单位 s，必须为正数
20	积分时间 T_i		I	单位 min，必须为正数
24	微分时间 T_d		I	单位 min，必须为正数
28	积分项前项 M_x		I/O	必须在 0.0~1.0 之间
32	过程变量前值 PV_{n-1}		I/O	最近一次 PID 运算的过程变量值

2. PID 算法

PID 调节是闭环模拟量控制中的传统调节规律。它可改善控制系统品质，保证系统偏差 e（e＝给定值 SP－过程变量 PV）达到预定指标，使系统在实现稳定状态方面具有良好的效果。该系统的结构简单，容易实现自动控制。PID 调节控制的原理基于下面的方程式，它描述了输出 $M(t)$ 作为比例项、积分项和微分项的函数关系

$$M(t)=K_c e+\frac{K_c}{T_i}\int_0^t e\,\mathrm{d}t+M_{initial}+K_c T_d\frac{\mathrm{d}e}{\mathrm{d}t} \tag{10.3}$$

式中 $M(t)$——PID 回路的输出，是时间的函数；

K_c——PID 回路的增益，也叫比例常数；

e——回路的误差（给定值与过程变量之差）；

$M_{initial}$——PID 回路输出的初始值；

T_i——积分时间常数；

T_d——微分时间常数。

在实际应用中，典型的 PID 算法包括比例项、积分项和微分项三项，即输出＝比例项＋积分项＋微分项。计算机在周期性地采样并离散化后进行 PID 运算，算法如下

$$M_n = K_c(SP_n - PV_n) + K_c(T_s/T_i)(SP_n - PV_n) + M_x + K_c(T_d/T_s)(PV_{n-1} - PV_n)$$

比例项 $K_c(SP_n - PV_n)$：能及时地产生与偏差（$SP_n - PV_n$）成正比的调节作用，比例系数 K_c 越大，比例调节作用越强，系统的稳态精度越高，但 K_c 过大会使系统的输出量振荡加剧，稳定性降低。

积分项 $K_c(T_s/T_i)(SP_n - PV_n) + M_x$：与偏差有关，只要偏差不为 0，PID 控制的输出就会因积分作用而不断变化，直到偏差消失，系统处于稳定状态，所以积分的作用是消除稳态误差，提高控制精度，但积分的动作缓慢，给系统的动态稳定带来不良影响，很少单独使用。从式中可以看出：积分时间常数增大，积分作用减弱，消除稳态误差的速度减慢。

微分项 $K_c(T_d/T_s)(PV_{n-1} - PV_n)$：根据误差变化的速度（既误差的微分）进行调节，具有超前和预测的特点。微分时间常数 T_d 增大时，超调量减少，动态性能得到改善，如 T_d 过大，系统输出量在接近稳态时可能上升缓慢。

在很多控制系统中，有时只采用一种或两种控制回路。例如，可能只要求比例控制回路或比例和积分控制回路，通过设置常量参数值选择所需的控制回路：①如果不需要积分回路（即在 PID 计算中无"I"），则应将积分时间 T_i 设为无限大。由于积分项 M_x 的初始值，虽然没有积分运算，积分项的数值也可能不为零。②如果不需要微分运算（即在 PID 计算中无"D"），则应将微分时间 T_d 设定为 0.0。③如果不需要比例运算（即在 PID 计算中无"P"），但需要 I 或 ID 控制，则应将增益值 K_c 指定为 0.0。因为 K_c 是计算积分和微分项公式中的系数，将循环增益设为 0.0 会导致在积分和微分项计算中使用的循环增益值为 1.0。

PID 功能可以使用 PID 回路指令，也可通过指令向导生成 PID 子程序，利用 PID 子程序实现 PID 功能。使用 PID 回路指令进行 PID 控制比较麻烦，特别是回路表不容易填写，在使用上易出错。为了方便用户使用，STEP 7-Mirco/WIN 软件中提供了 PID 指令向导，利用 PID 指令向导可以很容易地编写 PID 控制程序。在本项目任务（二）中，就选择用 PID 指令向导编写 PID 控制程序，控制电炉温度。

任务（二）PID 控制电炉温度

一、任务要求

有一台电炉采用电阻丝加热，通过双向晶闸管控制电流的通断，从而控制电炉的温度。要求将电炉的温度控制在一定的范围内，当温度过高或过低时，报警指示灯亮。当将温度控制切换到自动状态时，由 PLC 根据温度设定值对电炉温度进行控制；当将温度控制切换至手动状态时，由人工手动调节电阻丝电流大小。电炉的温度传感器采用热电偶，经变送器转换后，将温度信号转换为 0～10V 的电压信号。双向晶闸管由数字量输出控制。

二、I/O 端口分配

根据任务要求，本任务中需要 2 个数字量输入点、3 个数字量输出点和 1 个模拟量输入

点, I/O 端口分配如表 10.18 所示。

表 10.18   电炉温度 PID 控制系统 I/O 端口分配表

	输入设备	输入继电器编号		输出设备	输出继电器编号
SA1	手/自动切换开关	I0.0	KA	控制晶闸管通/断	Q0.0
SA2	接通/断开开关	I0.1	HL1	温度低报警指示灯	Q0.1
ST	温度传感器	AIW0	HL2	温度高报警指示灯	Q0.2

三、PLC 接线图

因为要用到模拟量输入,所以选用 224XP AC/DC/继电器 PLC 基本模块,接线如图 10.16 所示。

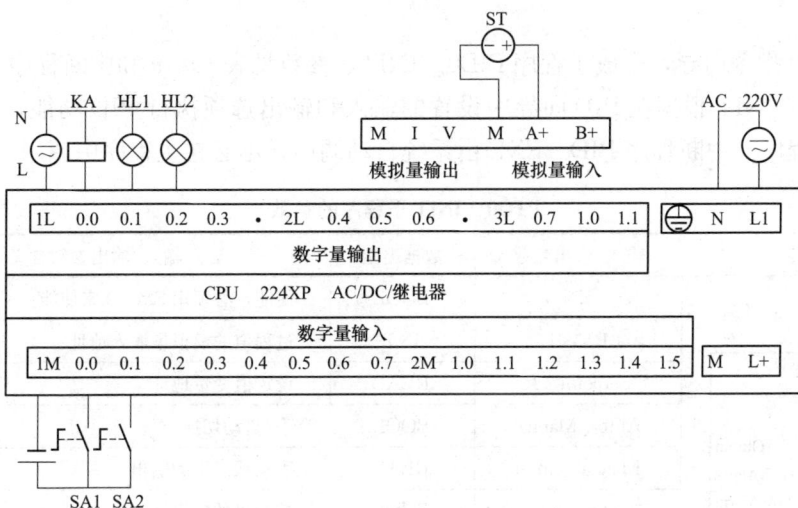

图 10.16   电炉温度 PID 控制系统的 PLC 端子接线图

四、程序说明

下面利用 PID 指令向导生成子程序,完成对该任务要求的程序编写。

(1) 使用 "PID 指令向导" 编写子程序:

1) 打开 STEP 7-Micro/WIN 软件,单击主菜单 "工具" → "指令向导",打开指令向导,选中 "PID" 选项,然后单击 "下一步" 按钮。

2) 在 "配置 PID 回路" 窗口选择 PID 回路号,本任务选择默认回路号 "0",然后单击 "下一步" 按钮。

3) 在 "回路给定值标定、回路参数" 窗口设置回路参数。给定值范围的低限和高限分别默认值为 0.0 和 100.0,表示给定值的取值范围占过程反馈量程的百分比。给定值范围也可以用实际的工程单位数值表示,便于设定值的修改。本任务中温度范围为 0.0～1000.0℃,所以给定值范围的低限为 0.0,高限为 1000.0;比例增益为 0.06,积分时间为 20min,微分时间为 0,即不使用微分项,采样时间为 10s。参数设置好后单击 "下一步" 按钮。

4) 在 "回路输入、输出" 窗口设置回路输入及输出选项。在本任务中,温度信号为

0~10V，所以选择单极性，过程变量低限为 0，高限为 32 000。回路输出类型为数字量，占空比周期为 20s。参数设置好后单击"下一步"按钮。

5）在"回路报警选项"窗口设置回路报警选项。本任务中需要有温度低限和高限报警，所以使能低限报警和高限报警选项，低限报警值为输入温度的 50%，高限报警值为输入温度的 90%。参数设置好后单击"下一步"按钮。

6）在"为配置分配存储区"窗口为 PID 子程序指定存储区。可单击建议地址，本任务中使用 VB120~VB239 的 V 存储区，单击"下一步"按钮。

7）在"初始化子程序名称、中断程序命名"窗口指定 PID 子程序和中断程序名称，此处采用默认名称。本任务中需要用到 PID 手动控制功能，因此勾选"增加 PID 手动控制"复选框，生成 PID 代码。设置完成后单击"完成"按钮，向导自动生成 PID 子程序、中断程序。

通过 PID 指令向导，生成子程序 PID0 _ INIT，参数见表 10.19 和中断程序 PID _ EXE。子程序 PID0 _ INIT 根据在 PID 向导中设置的输入和输出选项执行 PID 功能，每次扫描均需调用该子程序。中断程序 PID　EXE 由系统自动调用，不必在主程序中调用。

表 10.19　　　　　　　　　　　　　PTO0 _ INIT 子程序的参数

子程序	输入/输出参数	数据类型	输入/输出参数含义
	EN	BOOL	使能，必须用 SM0.0 来使能
	RV _ 1	INT	过程值的模拟量输入地址
PID0_INIT EN PV_1　　　　Output Setpoint_R　HighAlarm Auto_Manual　LowAlarm ManualOutput	Setpoint _ R	REAL	设定值变量地址
	Auto _ Manual	BOOL	手/自动切换
	ManualOutput	REAL	手动状态下的输出
	Output	BOOL	控制量的输出地址
	HighAlarm	BOOL	高报警条件满足时，输出置位为 1
	LowAlarm	BOOL	低报警条件满足时，输出置位为 1

（2）使用子程序编程。根据 I/O 配置，建立程序符号表，如图 10.17 所示。MD0 为 PID 的设定值，MD4 为 PID 手动给定值。

			符号	地址	注释
1			手自动切换	I0.0	手自动切换，1=自动
2			接通_断开	I0.1	手动接通或断开晶闸管
3			温度输入	AIW0	电炉温度输入信号
4			温度控制	Q0.0	控制晶闸管通断
5			温度低报警	Q0.1	温度低报警指示
6			温度高报警	Q0.2	温度高报警指示
7			设定值	MD0	PID 设定值
8			手动给定	MD4	PID 手动给定值

图 10.17　程序符号表

由 PID 指令向导生成的符号表如图 10.18 所示，可以在状态表中修改 PID 的三个参数回路增益（P）、积分时间（I）和微分时间（D）的值。

			符号	地址	注释
1			PID0_Low_Alarm	VD236	报警低限
2			PID0_High_Alarm	VD232	报警高限
3			PID0_Output_D	VD207	
4			PID0_Dig_Timer	VD203	
5			PID0_Mode	V202.0	
6			PID0_WS	VB202	
7			PID0_D_Counter	VW200	
8			PID0_D_Time	VD144	微分时间
9			PID0_I_Time	VD140	积分时间
10			PID0_SampleTime	VD136	采样时间 (要修改请重新运行 PID 向导)
11			PID0_Gain	VD132	回路增益
12			PID0_Output	VD128	标准化的回路输出计算值
13			PID0_SP	VD124	标准化的过程给定值
14			PID0_PV	VD120	标准化的过程变量
15			PID0_Table	VB120	PID 0 的回路表起始地址

图 10.18　PID 指令向导生成的符号表

　　该任务主程序如图 10.19 所示。在网络 1 中，每个扫描周期都由 SM0.0 调用 PID 子程序 PID0_INIT。在网络 2 中，当将切换开关切换至手动接通时（I0.1＝1），将 1.0 赋值给手动给定 MD4。在网络 3 中，当将切换开关切换至手动断开时（I0.1＝0），将 0.0 赋值给手动给定 MD4。手动给定 MD4 中的值，只有在 PID 切换至手动模式时才有效。

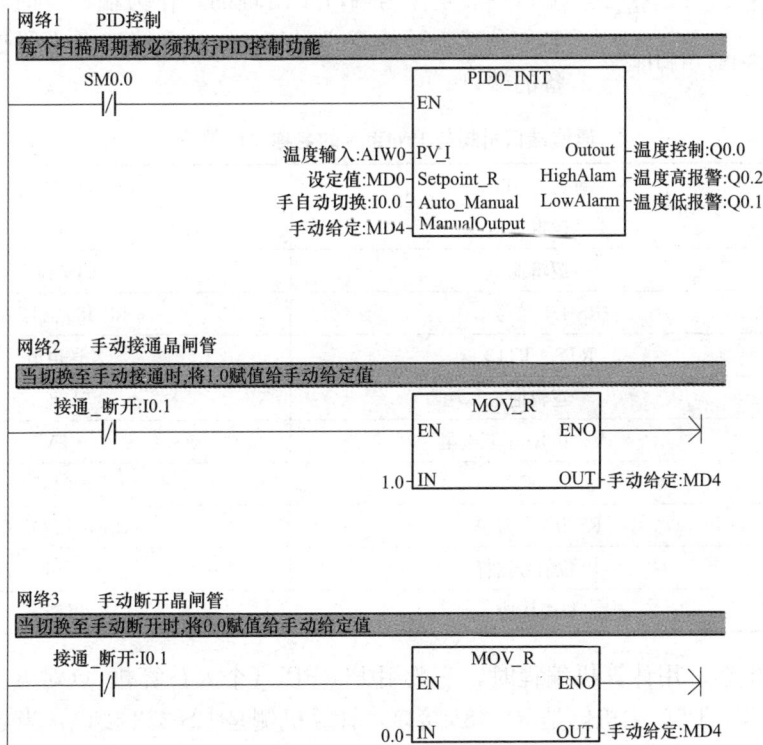

图 10.19　调用 PID 控制主程序

五、任务实施

（1）布线安装。按照布线工艺要求，根据控制接线图进行布线安装。

（2）电路断电检查。在断电的情况下，从电源端开始，逐段核对接线及接线端子处是否正确，有无漏接、错接之处，并用万用表检查电路的通断情况。

（3）在 STEP7-Micro/WIN 编程软件中输入、调试程序。

（4）在遵守安全规程的前提及指导教师现场监护下，通电试车。

10.3　知识链接——通信指令在程序设计中的应用

工业现场参与控制的设备一般均满足可相互连接、构成网络及远程通信的要求。PLC 各生产厂商均开发了各自的 PLC 通信技术和通信网络，增强了 PLC 的网络通信能力。

10.3.1　S7-200 PLC 的网络通信

1. 通信设备

（1）通信端口。S7-200PLC 内部集成的 PPI 接口的物理特性为 RS-485 串行接口，9 针 D 型，该端口也符合欧洲标准 EN50170 中 Profibus 标准。S7-200 PLC 的 CPU 上的通信口外形如图 10.20 所示，CPU221、CPU222 和 CPU224 有 1 个 RS-485 串行通信端口，CPU226 有 2 个 RS-485 端口。调试时将 PLC 接入网络，该端口一般是作为端口 1 出现的，作为端口 1 时端口各引脚的名称及其表示的意义见表 10.20。端口 0 为所连接的调试设备的端口。

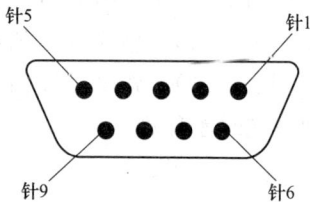

图 10.20　RS-485 引脚排列

表 10.20　　　　　　　　　通信端口引脚与 Profibus 的名称对应关系

引脚号	端口 0/端口 1	Profibus 的名称
①	逻辑地	屏蔽
②	逻辑地	24V 地
③	RS-485 信号 B	RS-485 信号 B
④	RTS（TTL）	发送申请
⑤	逻辑地	5V 地
⑥	+5V、100Ω 串联电阻	+5V
⑦	+24V	+24V
⑧	RS-485 信号 A	RS-485 信号 A
⑨	10 位信号选择	不用
外壳	机壳接地	屏蔽

（2）通信电缆。用计算机编程时，一般用 PC/PPI（个人计算机/点对点接口）电缆连接计算机与 PLC。PLC 主机侧是 RS-485 接口，计算机侧是 RS-232 接口，当数据从 RS-232 传送到 RS-485 时，PC/PPI 电缆是发送模式，但数据从 RS-485 传送到 RS-232 时，PC/PPI 电缆是接收模式。电缆的中部是 RS-485/RS-232 适配器，在适配器上有 4 个或者 5 个 DIP 开关，用于设置波特率、字符数据格式及设备模式，PC/PPI 电缆上的 DIP 开关选择的波特率应与编程软件中设置的波特率一致，初学者可选通信速率的默认值 9600bit/s。

　　当通信设备相距较远时，可使用 Profibus 电缆进行连接。Profibus 网络的最大长度有赖于波特率和所用电缆的类型，根据波特率不同，网络段的最大长度可达到 1200m。

　　（3）网络连接器。西门子公司提供的两种网络连接器可以把多个设备连到网络中。两种连接器都有两组螺丝端子，可以连接网络的输入和输出。通过网络连接器上的选择开关可以对网络进行偏置和终端匹配。两个连接器中的一个连接器仅提供连接到 CPU 的接口，而另一个连接器增加了一个编程接口。带有编程接口的连接器可以把 SIMATIC 编程器或操作面板增加到网络中，而不用改动现有的网络连接。编程口连接器把 CPU 的信号传到编程口（包括电源引线）。这个连接器对于连接从 CPU 取电源的设备（例如文本显示器 TD2003）很有用。两种网络连接器还有网络偏置和终端偏置的选择开关，接在网络端部的连接器上的开关放在 ON 位置时，有偏置电阻和终端电阻，在 OFF 位置时未接偏置电阻和终端电阻，如图 10.21 所示。

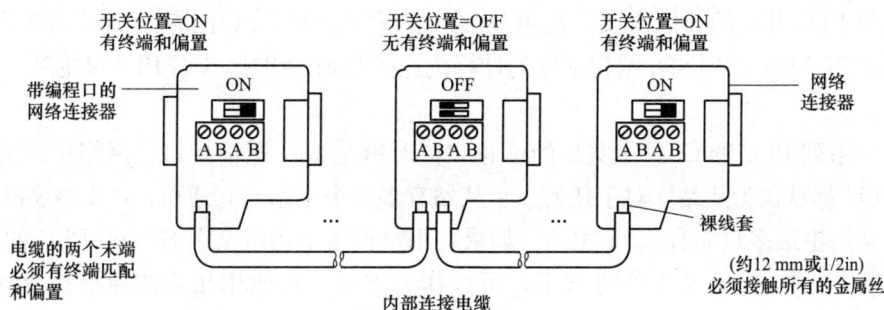

图 10.21　网络连接器

　　（4）网络中继器。利用西门子公司提供连接到 Profibus 网络环的网络中继器可以延长网络通信距离，允许在网络中加入设备，并且提供了一个隔离不同网络环的方法。在波特率是 9600bit/s 时，Profibus 允许在一个网络环上最多有 32 个设备，这时通信的最长距离是 1200m。每个中继器允许加入另外 32 个设备，而且可以把网络再延长 1200m，在网络中最多可以使用 9 个中继器，每个中继器为网络环提供偏置和终端匹配。

　　2. 网络连接

　　（1）S7-200 PLC 的网络层次结构。S7-200 PLC 网络金字塔模型分为：最高级为公司管理级，其他依次为工厂及过程管理级、过程监控级，最低级为过程测量及控制级。通过 3 级工业控制总线，即工业以太网 Ethernet、现场总线 Profibus 及执行器级总线 AS-I，将网络连接起来。

　　最高级工业以太网，使用通用协议，传送生产管理信息；中间级现场总线 Profibus，完成现场、控制和监控的通信；最低级 AS-I 总线，负责与现场传感器及执行器的通信，也可以是远程 I/O 总线，负责 PLC 主机与分布式 I/O 系统的通信。

　　（2）通信连接。在通信网络中，各种设备一般有主站和从站不同的角色。

　　1）主站：可以主动发起数据通信，读/写其他站点的数据。

　　2）从站：从站只能响应主站的访问，提供或接收数据。从站不能主动发起通信，进行数据交换，从站不能访问其他从站。

　　主站与从站之间有单主站和多主站两种连接方式。只有一个主站，连接一个或多个从站的网络称为单主站网络；有两个以上的主站，连接多个从站的网络称为多主站网络。

设备在通信网络中究竟是做主站还是做从站，是由通信协议决定的。用户在编制通信协议时，各自定义每个设备在通信中的角色。安装 STEP7-Micro/WIN 的计算机一定是通信主站，所有人机界面 HMI 也是通信主站，与 S7-200 PLC 通信的 S7-300/400 也往往是主站，某 S7-200 PLC 的 CPU 在读/写其他 S7-200 PLC 的 CPU（使用 PPI 协议）就作为主站。而多数情况下，S7-200 PLC 在网络通信中是作为从站出现的，它响应主站设备的数据请求。S7-200 PLC 的 CPU 使用自由口通信模式时，既可以作主站也可以做从站。

3. 通信协议

S7-200 PLC 的 CPU 支持多种通信协议，具体有以下 3 个标准化协议和 1 个自由口协议。

（1）PPI 协议。PPI（point-to-point interface，点对点接口）协议是西门子公司专门为 S7-200 系列 PLC 开发的通信协议，是主/从协议，利用 PC/PPI 电缆，将 S7-200 系列 PLC 与装有 STEP7-Micro/WIN32 编程软件的计算机连接起来，组成 PC/PPI（单主站）的主/从网络连接。

S7-200 系列 PLC 的 CPU 上集成的编程口同时就是 PPI 通信接口。网络中所有 S7-200 PLC 的 CPU 都默认为从站，对于任何一个从站有多少个主站与它通信，PPI 协议没有限制，但在 PPI 网络中最多只能有 32 个主站。如果在用户程序中指定某个 S7-200 PLC 的 CPU 为 PPI 主站模式，则在 RUN 工作方式下，可以作为主站，可使用相关的通信指令如网络读（NERT）指令或网络写（NETW）指令对其他的 PLC 主机进行读/写操作；与此同时，它还可以作为从站响应主站的请求或查询。

（2）MPI 协议。MPI（multi-point interface，多点接口）协议可以是主/主协议或主/从协议。通过在计算机或编程设备中插入 1 块多点接口卡（MPI 卡，如 CP5611），组成多主站网络。如果网络中的 PLC 都是 S7-300 PLC，由于 S7-300 PLC 都默认为网络主站，则可建立主/主网络连接，如果有 S7-200 PLC，则可建立主/从网络连接。MPI 协议总是在两个相互通信的设备之间建立连接，主站根据需要可以在短时间内建立一个连接，也可以无限期地保持连接断开。运行时，另一个主站不能干涉两个设备已经建立的连接。

（3）Profibus 协议。Profibus（process field bus）协议是欧洲 EN50170 和国际电工委员会标准 IEC61158 定义的一种远程 I/O 通信协议，用于分布式 I/O（远程 I/O）的高速通信。S7-200 系列 PLC 的 CPU22X 都可以通过增加 EM277 Profibus DP 扩展模块支持 Profibus DP 网络协议。最高传输速率可达 12Mbit/s。

采用 Profibus 的系统，对于不同厂家所生产的设备不需要对接口进行特别的处理和转换，就可以通信。Profibus 除了支持主/从模式，还支持多主/多从的模式。Profibus DP 网络通常有一个主站和几个 I/O 从站，主站初始化网络，核对网络上的从站设备和组态情况。当 DP（distribute peripheral）成功地组态一个从站时，它就拥有该从站。如果网络中有第 2 个主站，则它只能访问第 1 个主站的各个从站。

（4）TCP/IP 协议。S7-200 PLC 配备了以太网模块 CP-243-1IT 通信处理器，支持 TCP/IP 以太网协议。通过工业以太网（IE），一台 S7-200 PLC 可以与另一台 S7-200 PLC、S7-300/400 PLC 进行通信，还可与 OPC 服务器及计算机进行通信。还可通过 CP-243-1 IT

通信处理器的 IT 功能，与其他计算机及控制器系统交换文件。

（5）用户定义的协议。自由口模式通信是 S7-200 PLC 独特的一种通信方式。在自由端口模式下，由用户自定义与其他串行通信设备的通信协议。自由端口模式使用接受中断、发送中断、字符中断、发送指令和接收指令，以实现 CPU 通信口与其他设备的通信。当处于自由口模式时，通信协议完全由梯形图程序控制。

4. 通信的实现

进行 S7-200 PLC 通信时，需要建立通信方案、进行参数组态。

（1）建立通信方案。通信前要根据实际需要建立通信方案，主要考虑的是：

1）主站与从站之间的连接形式。单主站还是多主站，可通过软件组态进行设置。

2）站号。站号是网络中各个站的编号，网络中的每个设备（PC、PLC、HMI 等）都要分配唯一的编号（站地址）。站号 0 是安装编程软件 STEP7-Micro/WIN32 的计算机或编程器的默认站地址，操作面板（如 TD200、OP3 和 OP7）的默认站号为 1，与站号 0 相连的第 1 台 PLC 默认为站号 2。一个网络中最多可以有 127 个站地址（站号 0～126）。

3）选择通信器件。根据需要，选择功能满足要求的通信器件。

（2）进行参数组态。在编程软件 STEP7-Micro/WIN32 中，对通信硬件参数进行设置，即通信参数组态，涉及通信设置、通信器件的安装/删除、PC/PPI（MPI、MODEM）参数设置。下面以 PC/PPI 电缆为例，介绍参数组态方法。其他通信器件的参数组态方法与 PC/PPI 电缆组态方法基本相同。

1）通信设置。在 STEP7-Micro/WIN32 中，使用菜单命令"查看"→"通信"，或者在指令树窗口中单击"通信"按钮，进入"通信设置状态"对话框。在"通信设置状态"对话框中，所显示的参数配置如下：

本地设备地址（Local Address）：0。

远程设备地址（Remote Address）：2。

通信模式（Module）：PC/PPI 电缆（计算机通信端口为 COM1）。

通信协议（Protocol）：PPI。

传输字符数据模式（Mode）：11 位。

传输速率（Transmission Rate）：9.6kbit/s。

2）安装/删除通信器件。在"通信设置状态"对话框中，双击"PC/PPI"电缆图标，则弹出"通信器件设置（Set PG/PC Interface）"对话框。在"Add/Remove"区域，单击"Select"按钮，弹出"Install/Remore Interface（安装/删除接口）"对话框。

在左边"Selection"列表框中选择要安装的通信器件（如 PC Adapter），单击"Install"按钮后，按照安装向导逐步安装通信器件。安装完成后，在右边的"Installed"列表框中将出现已经安装的通信器件。

在右边"Installed"列表框中选择要删除的通信器件，单击"Uninstall"按钮后，按照删除向导逐步删除通信器件。删除完成后，该器件将从"Installed"列表框中消失。

（3）通信器件参数设置。如果在"通信器件设置（Set PG/PC Interface）"对话框中，单击"Properties"按钮，将弹出参数设置对话框，可设置 PPI 通信参数及本机的连接属性。

1）进入"PPI"选项卡，设置 PPI 通信参数，系统默认值如下：

站号（address）：0。

超时时间（time out）：1s。

传输速率：9.6kbit/s。

最高站地址：31。

2）进入"Local Connection"选项卡，设置本机的连接属性，包括选择串行通信口 COM1 或 COM2，是否选择调制解调器。默认选择是 COM1，不选择调制解调器。

10.3.2　S7-200 PLC 的通信指令

1. S7-200 PLC 的自由端口通信模式

S7-200 PLC 的串行通信口可以由用户程序来控制，这种由用户程序控制的通信方式称为自由端口通信模式。利用自由口模式，可以实现用户定义的通信协议，可以与多种智能设备（如打印机、条形码阅读器、显示器等）进行通信。当选择自由端口通信模式时，用户程序可通过发送/接收中断、发送/接收指令来控制串行通信口的操作。通信所使用的波特率、奇偶校验以及数据位数等由特殊存储器位 SMB30（对应端口 0）和 SMB130（对应端口 1）来设定。SMB30 和 SMB130 的具体内容如表 10.21 所示。

表 10.21　　　　　　　存储器位 SMB30 和 SMB130 的具体内容

端口 0	端口 1	说　　明
SMB30 格式	SMB130 格式	｜ p ｜ p ｜ d ｜ b ｜ b ｜ b ｜ m ｜ m ｜ 自由端口模式控制字
SM30.7 SM30.6	SM130.7 SM130.6	pp：奇偶校验选择。 00—无校验；01—偶校验；10—无校验；11—奇校验
SM30.5	SM130.5	d：每个字符的有效数据位数。 0—每个字符 8 位有效数据；1—每个字符 7 位有效数据
SM30.4 SM30.3 SM30.2	SM130.4 SM130.3 SM130.2	bbb：波特率。 000—38400b/s；001—19200b/s；010—9600b/s；011—4800b/s；100—2400b/s； 101—1200b/s；110—600b/s；111—300b/s
SM30.1 SM30.0	SM130.1 SM130.0	mm：通信协议选择。 00—PPI 协议（PPI 从机模式）；01—自由端口协议；10—PPI 协议（PPI 主机模式）；11—保留（默认为 PPI 从机模式）

注意：只有 PLC 处于 RUN 模式时，才能进行自由端口通信。处于自由端口通信模式时，不能与可编程设备通信，比如编程器、计算机等。若要修改 PLC 程序，则需将 PLC 处于 STOP 方式。此时，所有的自由口通信被禁止，通信协议自动切换到 PPI 通信模式。

2. S7-200 PLC 的发送和接收指令

（1）发送和接收指令格式及功能。自由口通信发送、接收指令格式及功能如表 10.22 所示。

表 10. 22　　　　　　　　　**发送和接收指令格式及功能**

LAB	STL	指令功能描述
XMT EN　ENO TBL PORT	XMT TBL, PORT	发送指令 XMT，使能端有效时，激活发送的数据缓冲区（TBL）中的数据。通过通信端口（PORT）将缓冲区（TBL）的数据发送出去
RCV EN　ENO TBL PORT	RCV TBL, PORT	接收指令 RCV，使能端有效时，激活初始化或结束接收信息服务。通过指定端口（PORT）接收从远程设备上传送来的数据，并放到缓冲区（TBL）

（2）XMT 指令发送数据。XMT 指令可以方便地发送一个或多个字节缓冲区的内容（最多为 255 个字节）。

（3）RCV 指令接收数据。用 RCV 指令可以方便地接收一个或多个字节缓冲区的内容（最多为 255B）。

3. S7-200 PLC 的网络读/写指令

（1）网络读/写指令格式及功能。在 S7-200 PLC 的 PPI 主站模式下，网络读/写指令分别是 NETR 和 NETW，指令格式及功能如表 10.23 所示。

表 10. 23　　　　　　　　　**网络读/写指令格式及功能**

梯形图（LAB）	指令表（STL）	指令功能描述
NETR EN　ENO TBL PORT	NETR TBL, PORT	网络读指令 NETR，使能端有效时，指令初始化通信操作，通过端口（PORT）接收从远程设备上传送来的数据，并放到指定的缓冲区表（TBL）中，形成数据表
NETW EN　ENO TBL PORT	NETW TBL, PORT	网络写指令 NETW，使能端有效时，指令初始化通信操作，通过端口（PORT）将缓冲区表（TBL）中的数据发送到远程设备

（2）主站与从站传输数据表的格式。在执行网络读/写指令时，PPI 主站与从站间传输数据的数据表（TBL）的格式如表 10.24 所示。

表 10. 24　　　　　　　　　**PPI 主站与从站间传输数据的数据表（TBL）格式**

字节偏移地址	字节名称	描　　述
0	状态字节	D A E 0 F3 F2 F1 F0 D：操作完成位。D=0：未完成；D=1：完成。 A：激活操作排队有效位。A=0：未激活；A=0：已激活。 E：错误标志位。E=0：无错误；E=1：有错误。 F0～F3：错误码。如果执行指令后，E=1，则 F0～F3 返回一个错误码

字节偏移地址	字节名称	描　　述
1	远程设备地址	被访问的 PLC 从站地址
2	远程设备的数据指针	被访问远程 PLC 存储器中数据的间接指针，占 4 字节；指针可以指向 I、Q、M 和 V 数据区
3		
4		
5		
6	数据长度	远程站点上被访问数据的字节数（1～16）
7	数据字节 0	接收或发送数据区：对 NETR，执行 NETR 后，从远程站点读到的数据存放在这个数据区中；对 NETW，执行 NETW 前，要发送到远程站点的数据存放在这个数据区
8	数据字节 1	
⋮	⋮	
22	数据字节 15	

参 考 文 献

[1] 吕景泉. 自动化生产线安装与调试 [M]. 北京：中国铁道出版社，2015.
[2] 李宁. 电气控制与 PLC 应用技术 [M]. 北京：北京理工大学出版社，2011.
[3] 罗光伟. PLC 控制系统设计安装与调试 [M]. 北京：电子工业出版社，2013.
[4] 祝福，等. 西门子 S7-200 系列 PLC 应用技术 [M]. 北京：电子工业出版社，2015.
[5] 韩战涛. 西门子 S7-200 PLC 编程与工程实例详解 [M]. 北京：电子工业出版社，2013.
[6] 李道霖. 电气控制与 PLC 原理及应用（西门子系列）[M]. 北京：电子工业出版社，2013.
[7] 于润伟. 电气控制与 PLC 应用 [M]. 北京：机械工业出版社，2012.
[8] 孙平. 电气控制与 PLC [M]. 2 版. 北京：高等教育出版社，2010.
[9] 张运波，郑文. 工厂电气控制技术 [M]. 3 版. 北京：高等教育出版社，2012.
[10] 华满香，刘小春. 电气控制 PLC 应用 [M]. 2 版. 北京：人民邮电出版社，2013.